DINÂMICAS CONTEMPORÂNEAS
DO FENÔMENO RELIGIOSO
NA SOCIEDADE BRASILEIRA

EDLAINE DE CAMPOS GOMES
(Organizadora)

DINÂMICAS CONTEMPORÂNEAS DO FENÔMENO RELIGIOSO NA SOCIEDADE BRASILEIRA

DIRETOR EDITORIAL:
Marcelo C. Araújo

EDITORES:
Avelino Grassi
Márcio F. dos Anjos

COORDENAÇÃO EDITORIAL:
Ana Lúcia de Castro Leite

Revisão Técnica:
Naara Luna

REVISÃO:
Eliana Maria Barreto Ferreira

DIAGRAMAÇÃO:
Juliano de Sousa Cervelin

CAPA:
Simone Godoy

Coleção *Sujeitos e Sociedade* coordenada por Brenda Carranza

* Revisão do texto conforme o novo Acordo Ortográfico da Língua Portuguesa, em vigor a partir de 1º de janeiro de 2009

© Idéias & Letras, 2009

Editora Idéias & Letras
Rua Pe. Claro Monteiro, 342 – Centro
12570-000 Aparecida-SP
Tel. (12) 3104-2000 – Fax (12) 3104-2036
Televendas: 0800 16 00 04
vendas@ideiaseletras.com.br
http//www.ideiaseletras.com.br

Dados Internacionais de Catalogação na Publicação (CIP)
(Câmara Brasileira do Livro, SP, Brasil)

Dinâmicas contemporâneas do fenômeno religioso na sociedade brasileira / Edlaine de Campos Gomes (organizadora). – Aparecida, SP: Idéias & Letras, 2009.

Vários autores
ISBN 978-85-7698-039-1

1. Antropologia 2. Brasil – Religião 3. Experiência religiosa 4. Fenomenologia 5. Pluralismo religioso 6. Religião – Aspectos socioculturais 7. Religião e sociologia – Brasil I. Gomes, Edlaine de Campos.

09-04855   CDD-306.60981

Índices para catálogo sistemático:

1. Brasil: Fenômeno religioso: Antropologia cultural: Sociologia da religião 306.60981

SUMÁRIO

Sobre os autores 7

Apresentação 11
  Edlaine de Campos Gomes

1. O caso da Pomba-Gira: reflexões sobre crime,
   possessão e imagem feminina 17
   Marcia Contins

2. Preparação para a morte: entre religião, medicina e psicologia 53
   Rachel Aisengart Menezes

3. Simbólica de parentesco e religião no ocidente:
   uma abordagem histórico-cultural 75
   Naara Luna

4. Ser homossexual ou ser evangélico?
   Dilemas de construção de identidade 101
   Marcelo Natividade

5. Catolicismo contemporâneo: tratando da diversidade
   a partir da experiência religiosa dos fiéis 125
   Andrea Damacena Martins

6. Canção Nova, homens novos, mundo novo:
entre o "velho" destes tempos e o "novo" do final dos tempos
numa nova comunidade carismática 147
Eliane Martins de Oliveira

7. Doce de Cosme e Damião: dar, receber, ou não?...............................169
Edlaine de Campos Gomes

8. Parceria civil, aborto e eutanásia: Controvérsias em torno
da tramitação de projetos de lei...188
Edlaine Gomes; Marcelo Natividade; Rachel Aisengart Menezes

Referências bibliográficas 211

SOBRE OS AUTORES

ANDREA DAMASCENA MARTINS

Doutora em Ciências Sociais pelo Programa de Pós-Graduação em Ciências Sociais da Universidade do Estado do Rio de Janeiro. Atualmente residente nos Países Baixos, onde vem desenvolvendo pesquisa sobre migração e catolicismo.

EDLAINE DE CAMPOS GOMES

Doutora em Ciências Sociais pelo Programa de Pós-Graduação em Ciências Sociais da Universidade do Estado do Rio de Janeiro. Realizou estágio pós-doutoral no Programa de Pós-Graduação em Antropologia Social do Museu Nacional, Universidade Federal do Rio de Janeiro. Realiza pós-doutorado no Centro de Estudos da Metrópole (Cebrap), com Bolsa da Fapesp. Atualmente é professora de Antropologia Cultural da graduação e da pós-graduação em Memória Social da Universidade Federal do Rio de Janeiro (DFCS e PPGMS-Unirio). Pesquisadora nas áreas da Antropologia da Religião, Antropologia Urbana e Memória e Identidades Sociais.

ELIANE MARTINS DE OLIVEIRA

Doutora em Ciências Sociais pelo Centro de Pós-graduação em Ciências Sociais do Instituto de Ciências Humanas e Sociais da Universidade Federal Rural do Rio de Janeiro (CPDA/UFRRJ), mestre em Ciências Sociais pelo Programa de Pós-graduação em Ciências Sociais do Instituto de Filosofia e Ciências Humanas da Universidade Estadual do Rio de Janeiro (PPCIS/UERJ) e bacharel em Ciências Sociais pelo Instituto de Filosofia, Ciências Sociais e História da Universidade do Estado do Rio de Janeiro (IFCH/UERJ). Áreas de interesse e pesquisa: Catolicismo, movimento Nova Era, comunidade, antropologia e sociologia.

Marcelo Tavares Natividade

Doutor em Antropologia Social pelo PPGSA (IFCS/UFRJ), mestre em Ciências Humanas e Saúde pelo PPGSC (IMS/UERJ), bacharel em Ciências Sociais pelo IFCH (UERJ) e, atualmente, professor substituto do Departamento de Antropologia Cultural do IFCS (UFRJ). Áreas de atuação em pesquisa: religiosidades e ethos privado, religião e homossexualidade, novos movimentos religiosos, direitos sexuais, religião e Aids. Áreas do conhecimento: antropologia da religião, antropologia da sexualidade e do gênero, antropologia dos direitos humanos.

Marcia Contins

Doutora em Comunicação e Cultura pela UFRJ com a tese "Tornando-se Pentecostal: um estudo comparativo sobre pentecostais negros no Brasil e nos Estados Unidos". Mestre em Antropologia Social pelo PPGAS do Museu Nacional, UFRJ. Professora de Antropologia do Departamento de Ciências Sociais e do Programa de Pós-Graduação em Ciências Sociais (PPCIS) da Uerj, Pró-Cientista da Faperj/Uerj. Realiza atualmente pesquisas sobre religião, cidade e subjetividade no Rio de Janeiro. Tem publicado em revistas especializadas vários artigos sobre religião, etnicidade e relações raciais. Publicou em 2005 o livro "Lideranças Negras" (Aeroplano/Faperj, 2005).

Naara Luna

Antropóloga, com graduação em Ciências Sociais e em Teologia, tendo cursado mestrado e doutorado no Programa de Pós-Graduação em Antropologia Social, do Museu Nacional, UFRJ. Publicou diversos artigos sobre novas tecnologias reprodutivas e clonagem humana, buscando a interface de representações de pessoa e parentesco com temas religiosos. Atualmente é professora visitante no Laboratório de Estudos da Ciência do Núcleo de Tecnologia Educacional para a Saúde da UFRJ, onde investiga os usos e significados das terapias e pesquisas com células-tronco adultas e embrionárias.

Sobre os autores

RACHEL AISENGART MENEZES

Médica, psicanalista, Mestre e Doutora em Saúde Coletiva (Instituto de Medicina Social/UERJ), Pós-doutorado em Antropologia Social (PP-GAS/Museu Nacional/UFRJ). Professora Visitante da Universidade do Estado do Rio de Janeiro. Autora dos livros: Difíceis decisões: etnografia de um Centro de Tratamento Intensivo (Ed. Fiocruz, 2006) e Em busca da boa morte. Antropologia dos Cuidados Paliativos (Ed. Fiocruz/Garamond, 2004). Professora visitante do Departamento de Ciências Sociais (UERJ).

APRESENTAÇÃO

Os capítulos que compõem esta obra caracterizam-se pela heterogeneidade de estilos e temas abordados, provenientes de investigações realizadas por pesquisadores das Ciências Sociais. O fenômeno religioso é apresentado em suas variadas perspectivas, manifestações e entrecruzamentos com outras temáticas prementes da sociedade contemporânea. A ideia original de reuni-los, baseou-se no desejo de expor as análises e, assim, ampliar as possibilidades de interlocução, e, quem sabe, extrapolar os limites estritamente acadêmicos, já que o objetivo da publicação é, também, mostrar que a presença da religião, em seu sentido lato, não se limita às instituições e convenções. Embora os temas sejam distintos, existem nexos que atravessam os debates: institucionalização, desinstitucionalização, experiência religiosa, autonomia, trajetórias, entre outros. Em tensão ou em diálogo com outros temas, a religião emerge nas perspectivas dos autores como foco analítico central e indissociável do contexto social mais amplo. Trata-se da religião em movimento na sociedade contemporânea, assim como se apresenta em distintos contextos e situações.

O primeiro capítulo apresentado é de Marcia Contins. Trata-se de análise que a autora amadurece há vários anos e suscita questões atuais relevantes para o conjunto de estudos desta obra. Cabe lembrar que à época da pesquisa o campo religioso brasileiro passava por intensas transformações, sua configuração começava a receber novos contornos, devido a maior evidência do pluralismo religioso e, em especial, da disseminação das igrejas evangélicas pentecostais. A atualidade do texto "O caso da Pomba Gira" está justamente na abordagem dos múltiplos atores e discursos presentes no emblemático caso policial, vastamente explorado pela imprensa em 1979. O que, inicialmente, poderia ser visto apenas como um crime – homicídio de um homem na periferia do Rio de Janeiro – tornou-se foco de interesse pelo teor sobrenatural que assumiu, com a entrada em cena de "Maria Padilha", entidade que teria provocado o crime. O crime em si cedeu lugar à possessão, deixando de ser o centro das atenções. Médicos, juristas, policiais, acusados, testemunhas, enfim, todos partilhavam de conhecimentos sobre possessão. A autora explora a situação pautada na perspectiva do "drama social" e nas distintas concepções de pessoa que dali emergiram, explorando, especialmente, a imagem feminina projetada nas diferentes personagens que atuaram neste drama.

O religioso que extrapola os limites institucionais e que se dissemina nas relações sociais vistas como essencialmente laicas, como nas instâncias médicas e jurídicas, constitui base para a análise de Rachel Menezes. O foco analítico é a proposta de atenção no processo de morrer promovida pela Medicina Paliativa – também denominada Cuidados Paliativos – que envolve a noção de "boa morte". Morrer bem, nesta perspectiva, significa ser atendido, ser cuidado, em sentido amplo, incluindo: assistência biológica, psicológica, social e espiritual; esferas que para a medicina moderna estariam totalmente dissociadas. O ideário paliativista não enfoca somente o "moribundo", estão em interação equipe médica, familiares e amigos. Todos precisam estar em consonância e "aceitar o término da vida". A morte como passagem, transição, está aqui presente e fundamenta técnicas. A autora analisa uma, em especial, que possibilitaria visualizar Jesus por meio da mentalização, baseada em "experiências de quase-morte".

Nessa mesma perspectiva da possibilidade de entrelaçamentos entre religião e outras esferas sociais, como o direito e a ciência, Naara Luna apresenta o desenrolar da construção histórica da ideia de parentesco de sangue no Ocidente, mostrando a influência dos referenciais religioso, jurídico e científico para sua conformação moderna. Ressalta que tanto as religiões antigas – dos hebreus, da Grécia e de Roma – quanto a ordem jurídica romana fundamentaram a constituição da família. Na Idade Média, a centralidade e a hegemonia da Igreja Católica infligia diretrizes

Apresentação

rígidas, regulando os tipos possíveis de casamento. Da preocupação com o incesto à estabilidade do casamento, a instituição religiosa mantém sua influência na construção simbólica de concepções sobre parentesco, família, consanguinidade, transmissão e concepção. A autora destaca, ainda, que as referências ao sangue possuem continuidade temporal e cultural.

De certa maneira, o histórico elaborado por Luna ilumina alguns aspectos abordados por Marcelo Natividade. O autor discorre sobre dois temas que no ocidente estão em constante e tensa inter-relação: sexualidade (no caso a homossexualidade) e religião. A regulação da sexualidade pelas vias religiosa e familiar aparece em tensão nas trajetórias de homossexuais masculinos que passam pelo processo de conversão às igrejas evangélicas. Esta é entendida no argumento do autor como "texto cultural". Destaca que as trajetórias religiosas e sexuais competem entre si, de maneira mais crítica entre homossexuais que passam pela conversão às igrejas evangélicas pentecostais. Os dilemas são aqui inerentes, mas há lugar para as soluções. Ser evangélico. Ser homossexual. Ser evangélico-homossexual. São diferentes posições que podem compor uma mesma trajetória. Cabe frisar que a própria noção de trajetória define-se pela não linearidade. O autor adota o conceito de "alternação", cunhado por Peter Berger, para compreender de que maneira esses indivíduos reinterpretam e atualizam a homossexualidade em seus percursos pessoais e religiosos. O vínculo institucional está sujeito a regulações e controle, no entanto, a relação indivíduo-instituição religiosa não se dá sem tensões e ambiguidades, como ressaltam outros autores deste livro.

Andréa Martins aborda a questão da "desregulação institucional" presente no catolicismo contemporâneo, tendo em vista a Teologia da Libertação e a Renovação Carismática Católica. Em seu argumento, os fiéis são percebidos como produtores de conhecimento e significados na relação que estabelecem com a instituição religiosa. Assinala a existência de uma pluralidade de "modos de ser católico", característica que permite também diferentes maneiras de lidar com os valores e práticas institucionais.

Utiliza dois conceitos fundamentais para a compreensão dessa dinâmica: "campanha cultural" e "autonomia religiosa". Neste contexto, observa que a modernidade confere maior dinamismo à relação fiel-instituição religiosa, incorrendo até mesmo a adoção de posturas contrastantes àquelas ditadas pela instituição. Articulações teóricas são possíveis em relação a outros capítulos deste livro, em especial, o elaborado por Eliane Oliveira. A autora apresenta a perspectiva da Comunidade de Vida no Espírito Canção Nova sobre "o final dos tempos". Esta comunidade aparece no bojo da Renovação Carismática Católica e se configura como um dos mais expressivos movimentos. A autora problematiza as noções de "novo" e "velho" presentes no discurso cançãonovista para lançar luz sobre seu projeto de construção de um "novo mundo".

Em outro estudo, Edlaine C. Gomes discute as transformações, combinações e conflitos que vêm ocorrendo nas relações cotidianas urbanas, e disposições sociais e pessoais, diante do quadro de pluralismo religioso contemporâneo - marcado pelo crescimento quantitativo e pela influência conquistada pelo chamado campo evangélico no cenário religioso brasileiro. A distribuição de doces na festa de São Cosme e São Damião, presente tanto no catolicismo popular como nas religiões afro-brasileiras, se insere nesta dinâmica, ganhando novas roupagens em situações que envolvem complexas mudanças nas relações interpessoais que envolvem algum tipo de fonte religiosa. A atitude de reserva em relação ao dar-receber é apresentada como exemplo singular da tendência exclusivista do campo religioso contemporâneo. A distribuição de doces na Baixada Fluminense pautou a análise da autora.

O último capítulo, "Parceria Civil, Aborto e Eutanásia: controvérsias contemporâneas", apresenta análise conjunta de Edlaine C. Gomes, Marcelo T. Natividade e Rachel A. Menezes, sobre temáticas em voga nos debates públicos atuais. Os valores religiosos emergem com grande potência na tramitação de projetos de lei no âmbito do Poder Legislativo e nas controvérsias públicas relativas aos temas abordados. Neste contexto, avaliam que as respostas religiosas tanto podem ser no sentido de flexibilização das normas como de seu recrudescimento. Novos embates, resistências e núcleos de discussão são constituídos, envolvendo disputas de significado e lutas por reconhecimento no espaço público. Espera-se que esta publicação possa estimular a produção de novas perspectivas e possibilidades de cruzamentos da "religião" com outras temáticas.

Agradeço a Naara Luna pelo trabalho de revisão técnica. Aproveito o momento para agradecer também a todos os autores por acreditarem no projeto deste livro.

Edlaine de Campos Gomes

O CASO DA POMBA-GIRA: REFLEXÕES SOBRE CRIME, POSSESSÃO E IMAGEM FEMININA[1]

Marcia Contins

Introdução

Ao longo dos últimos anos venho realizando pesquisas sobre as religiões afro-brasileiras, os pentecostalismos e o catolicismo popular (Contins, 1983, 1995, 2002, 2003, 2003a). Mais recentemente, incorporei às análises as relações entre essas religiões e o contexto urbano. O fato de se desenrolarem no espaço da grande cidade contemporânea tornou-se um dado relevante para sua compreensão, na medida em que lhes impõe algumas características fundamentais (Contins, 2003). Ainda no final dos anos 1970 e 1980 do século passado, pude realizar pesquisas sobre religiões afro-brasileiras na Baixada Fluminense, no Rio de Janeiro. Naquele momento eram poucas as igrejas pentecostais existentes nessa região, ao mesmo tempo eram numerosos os terreiros de umbanda e candomblé. Esses funcionavam basicamente com clientela do próprio bairro, embora recebessem eventualmente pessoas de outros locais. Diversos estudos foram realizados sobre

---

[1] O presente estudo baseia-se na pesquisa que realizei em 1983, em vista de minha dissertação de mestrado intitulada "O caso da Pomba-Gira: reflexões sobre crime, possessão e imagem feminina" (PPGAS/Museu Nacional/UFRJ, 1983).

essas religiões em cidades como Rio de Janeiro, São Paulo, Salvador etc. As pesquisas antropológicas da época centravam suas discussões a partir de trabalhos de campo realizados em um único grupo religioso e, em alguns casos, em um único terreiro de umbanda ou candomblé. Os pesquisadores problematizavam aqueles estudos que assumiam como ponto de referência a suposta autenticidade ou pureza africana dos terreiros de umbanda e candomblé. As análises das religiões afro-brasileiras produzidas no período focalizavam especialmente as acusações sofridas por esses grupos por parte de outros segmentos e instituições sociais (polícia, governos estadual e federal, instituições religiosas dominantes).

É no contexto desses debates acadêmicos (cf. Maggie, 1975; 1992; Dantas, 1988) sumariamente esquematizados nas linhas acima, que desenvolvi a pesquisa que resultou nesta análise. No momento em que a presença de outras religiões nas cidades brasileiras, especialmente na Baixada Fluminense, complexifica aquele quadro, parece-me oportuna sua publicação, uma vez que ele pode nos oferecer uma perspectiva temporal para a compreensão dos debates contemporâneos sobre religiões em contextos urbanos.

O objetivo deste estudo é analisar o fenômeno da possessão no âmbito restrito dos cultos afro-brasileiros[2]. Através dessa análise é minha intenção focalizar as diferentes concepções de pessoa que se utilizam nesse universo. Os sujeitos da pesquisa seriam nesse caso categorias, grupos e indivíduos que mantivessem relações de "familiaridade" com esse mundo religioso. No entanto, o projeto adquiriu maior amplitude na medida em que adotei um determinado tipo de tratamento em relação ao material etnográfico, descrevendo o desenrolar de um drama onde os atores envolvidos são não somente aqueles que mantêm relações de familiaridade com os referidos cultos, mas outros cuja relação define-se pelo estranhamento em relação a

---

[2] Neste trabalho vou utilizar a denominação "cultos afro-brasileiros" com o sentido puramente descritivo, sem com isso significar uma homogeneidade com relação aos vários cultos, nem colocá-los hierarquicamente inferiores às religiões.

estes últimos. Embora o foco de minha discussão permaneça – o problema da possessão nos cultos afro-brasileiros e as diversas concepções de *pessoa* aí atualizados – pretendo incluir em minha análise o ponto de vista desses atores que podem ser definidos como "estranhos" em relação ao universo desses cultos.

Em seu conjunto, todos esses atores estão debatendo um mesmo problema: a possessão. Este pode ser considerado estratégico na medida em que sua discussão funciona como um catalisador em relação às diferentes "visões de mundo" e "*ethos*"[3] que se expressam através do discurso verbal e das ações desses atores. Considero assim a discussão do fenômeno da possessão uma das estradas principais para a compreensão dos cultos afro-brasileiros e de sua inserção em diferentes segmentos da sociedade brasileira.

Em um estudo realizado anteriormente (Maggie e Contins, 1980) em um terreiro de Umbanda e Candomblé na periferia do Rio de Janeiro tornou-se perceptível para mim o forte vínculo existente entre a prática dessas religiões e o cotidiano de seus adeptos. A experiência social da possessão podia aí ser vista como a dramatização de um determinado "ethos" e "visão de mundo", um instrumento simbólico por meio do qual se elaborava uma interpretação desse cotidiano. Em um outro estudo (Maggie; Contins; Monte-Mór, 1979), foi possível visualizar o problema das acusações sofridas por esses cultos por parte de determinados segmentos da sociedade brasileira. Essas religiões podem ser acusadas de "mistificadoras" e propiciadoras da criminalidade entre outros atributos negativos. No drama que pretendo focalizar é notável a associação entre esses cultos e a criminalidade, razão pela qual me pareceu necessária uma discussão específica a respeito desse problema. Este parece ser um caminho fértil para se tornar

---

[3] Sigo a definição de Geertz para esses conceitos. Para esse autor: *ethos* são os aspectos morais e estéticos de uma cultura, ou seja, o tom, o caráter, a qualidade de vida, disposição, atitude subjacente em relação a ele mesmo e ao mundo; e "visão de mundo" são os aspectos cognitivos, existenciais de uma determinada cultura (Geertz, 1978).

inteligível uma das modalidades de inserção sócio-cultural dessas religiões na sociedade brasileira.

O conjunto dos problemas acima referidos – as concepções de pessoa nos cultos afro-brasileiros, o problema da possessão e sua importância para a compreensão desses cultos e sua inserção na sociedade brasileira – serão discutidos através da apresentação e da análise de um caso policial ocorrido na cidade do Rio de Janeiro em 1979 e amplamente noticiado pelos jornais. Entre os acusados – pois tratava-se de um caso de homicídio – encontra-vam-se pessoas diretamente ligadas à Umbanda e para quem a experiência da possessão apresentava um forte significado cultural.

Conforme já disse anteriormente, minha intenção é tratar esse caso como um drama social, usando como material as notícias veiculadas por dois jornais cariocas, os autos do processo referente ao caso e entrevistas com alguns dos atores participantes desse drama. Desse modo vou pri-meiramente analisar o noticiário relativo ao caso veiculado pelos jornais – O Dia e O Globo, cobrindo assim dois órgãos inequivocamente destina-dos a camadas sociais diferentes. Em seguida, vou apresentar os "Autos do Processo", que envolvem o inquérito policial, laudos médico-psiquiátricos, o julgamento propriamente dito e as apelações. Entrevistei também um Pai-de-Santo que participou do inquérito como apoio de defesa e pos-teriormente como protetor de uma das acusadas. Esse caso é importante porque através dele tomamos conhecimento das várias visões a respeito da Umbanda (visões externas e internas à Umbanda) e, finalmente, das diver-sas concepções de pessoa.

O caso da pomba-gira

O que poderia ter sido rotineiramente noticiado como mais um crime de morte na cidade do Rio de Janeiro veio, no entanto, a ganhar um amplo espaço no noticiário jornalístico sendo sugestivamente conhecido como "O Caso da Pomba-Gira". O assassinato de um homem (um comerciante de nome Álvaro) na periferia do Rio de Janeiro no ano de 1979 por si só não mereceria tanto espaço no noticiário. Afinal, quantos assassinatos não ocorrem diariamente nesta cidade? Nem mesmo o fato de que a principal acusada tenha sido sua própria esposa. Um outro fato parece ter repercutido mais sensivelmente na consciência coletiva, garantindo assim o interesse despertado pelo acontecimento: segundo os jornais da época os acusados teriam agido, supostamente, sob inspiração sobrenatural. Em outras palavras: uma das principais acusadas, uma médium de nome Celina, que habitualmente "recebia" uma entidade de Umbanda conhecida pelo nome de "Maria Padilha", teria sido veículo por meio do qual se realizara aquela inspiração.

Meu objetivo nesta parte é descrever esse acontecimento na forma de um drama social. Este conceito, simultaneamente um instrumento de análise e de descrição etnográfica, me parece particularmente adequado para o tratamento deste caso. Segundo Turner: "Quando os interesses e atitudes de grupos e indivíduos colocam-se em evidente oposição, os dramas sociais parecem constituir-se para mim em unidades do processo social isoláveis e minuciosamente descritíveis"[4]. Um drama social surge em situações de conflito.

> O desenrolar de um drama nos permite ter acesso a sua forma processual, onde se verifica um momento de ruptura das normas vigentes, um momento consequente de crise, um outro momento se desenvolvem ações no sentido de reajustar as relações que foram rompidas a um quarto e último momento onde se verifica ou a reintegração das relações ou o reconhecimento e a legitimação da mudança que se tenha processado (Turner, 1978, p. 38).

Dessa forma, a partir de um conflito é possível visualizar as modalidades de mecanismos corretivos acionados para lidar com ele. As várias posições definidas durante a crise e as fontes de iniciativa para finalizá-las (todos manifestos no dra-

---

[4] "When the interest and atitudes of groups and individuals stood in obvious oposition, social dramas did seem to me to constitute isolable and minutele describable units of social process" (Turner, 1978, p. 33).

ma social) fornecem pistas sobre o caráter do sistema social (Turner, 1978).

O foco da presente discussão é o problema da possessão percebida como meio de acesso à compreensão de diferentes *ethos* e visões de mundo. O caso que agora apresento se configura como uma situação social privilegiada, na qual a possessão, usualmente associada aos espaços sagrados, ocupa um espaço "profano", "cotidiano" sendo portanto o alvo de uma controvérsia de que participam representantes de diferentes segmentos e categorias sociais.

É importante ressaltar a participação de diferentes segmentos e categorias sociais nessa controvérsia: todos os atores nesse drama discutem a possessão. Atores como delegados de polícia, juizes, psiquiatras abordam o fenômeno às vezes com o mesmo vocabulário daqueles que estão diretamente ligados ao mundo religioso da Umbanda. Certamente, essa discussão se processa através de códigos sócio-culturais diferenciados: o código jurídico, o código médico (associados a uma visão racional-legal do mundo); os códigos internos à Umbanda (em parte associados a uma visão mágica do mundo). No entanto, o que é notável é o papel central que a possessão desempenha para os atores. Se todos a discutem, é certo que ela está sendo usada como um canal de expressão do *ethos* e da visão de mundo de cada uma das categorias e segmentos sociais a que pertencem esses atores. Essas diferentes perspectivas sobre a possessão permitem desenhar as diversas concepções de pessoa que se atualizam nessas perspectivas presentes na controvérsia abordada. Em outras palavras, essas diversas concepções de pessoa estão embutidas nas diferentes visões relativas ao transe.

O drama que irei narrar nos oferece ainda um outro ponto de extremo interesse: o destacado papel de mulheres, enquanto acusadas, que de algum modo estavam ligadas à Umbanda. Dessa maneira, além do fenômeno da possessão, discutem-se diferentes imagens por meio das quais se atualiza a identidade feminina. Cabe ressaltar que uma dessas acusadas, à época da pesquisa, era uma médium que recebia uma entidade de Umbanda conhecida pelo nome de "Maria Padilha". Essa entidade é ambiguamente classificada: por um lado é vista positivamente (capaz de fazer o bem); por outro negativamente (também capaz de fazer o mal)[5]. Este ponto nos parece de extrema importância porque nos permite articular essa discussão sobre identidade feminina com um outro problema a que já havíamos aludido, qual seja o das relações entre Umbanda e criminalidade. Isto porque as ações classificadas como criminosas e que levaram ao assassinato do comerciante teriam sido inspiradas por essa entidade. O que nos remete ao problema dos processos de acusação tanto externos quanto internos à própria Umbanda.

O drama interpretado através dos jornais[6]

O Globo *e* O Dia

No dia 20 de agosto de 1979 morre com um tiro no peito, em sua residência em Brás de Pina (subúrbio carioca), um comerciante de nome Álvaro. Os jornais cariocas *O Globo* e *O Dia* noticiam o caso no dia 21

---

[5] A entidade "Pomba-Gira" possui características específicas, variando de acordo com suas várias denominações: se é uma Pomba-Gira Maria Padilha, se é a Cigana etc. Segundo Maggie a entidade Pomba-Gira é geralmente descrita pelos umbandistas como "a mulher de Exu" (...) "e representa uma 'mulher de vida fácil'", "mulher de sete maridos", que faz o bem e o mal, diz palavrões e faz gestos obscenos. Sua imagem de cerâmica representa uma mulher com muitas joias, algumas vezes vestida de cigana, outras vezes com o corpo pintado de uma cor avermelhada" (Maggie, 1975, p. 166).

[6] Os personagens do drama são: 1.Álvaro, comerciante em Duque de Caxias, RJ – morador de Brás de Pina, carioca, esposo de Sílvia – morto com um tiro no peito em sua casa quando estava dormindo em 20 de agosto de 1979, dois filhos. 2. Wanderlei, 25 anos – natural de João Pessoa – solteiro – foi servente de edifício e depois padeiro – trabalhou como faxineiro no edifício e também no apartamento de Álvaro/ Sílvia – conheceu-os quando tinha apenas 12 para 13 anos. 3. Maria Luiza, 26 anos – na época do crime; natural do Espírito Santo, empregada doméstica, moradora de Duque de Caxias – vive com seu companheiro (com quem teve 2 filhos) e com a mãe deste (Celina outra acusada de participar do crime). 4. Sílvia, 35 anos na época do crime – carioca, viúva de Álvaro – moradora de Brás de Pina, RJ – profissão prendas domésticas – 2 filhos. 5. Celina, 35 anos, viúva – natural do Espírito Santo – faxineira de uma funerária em Duque de Caxias – moradora de Caxias, RJ – mora com seu filho e sua companheira Maria Luiza – é "médium" porém não frequenta Terreiros de Umbanda. 6. Vanda, 37 anos, solteira, irmã de Sílvia e cunhada de Álvaro – profissão prendas domésticas (trabalhou numa clínica médica durante o tempo em que Álvaro foi morto), moradora de Vila Cosmos, RJ.

de setembro. Nesta data os jornais relatam a história do assassinato em todos os seus detalhes e o crime já se apresenta aparentemente esclarecido e desvendado em seus principais detalhes. Os principais envolvidos no assassinato já tinham confessado em depoimento à polícia, como autores e co-autores deste crime. Este drama teria terminado aqui e não ouviríamos mais notícias sobre ele se outros fatos que se seguiram não o levassem a seguir outros rumos bem diferentes. Num primeiro momento, os jornais *O Globo* e *O Dia* (*O Globo*, 11 set. 1979; O Dia, 11 set 1979) relatam o crime como resultante de motivos passionais. Trata-se, segundo esses matutinos, de uma mulher que mandou matar o marido. Neste primeiro momento, todos os acusados confessam-se responsáveis pelo assassinato do comerciante. No entanto, este crime, não teve um desfecho tão simples: de um lado pela própria cobertura da imprensa carioca (que ora nos propomos a apresentar); de outro pelas declarações subsequentes das pessoas envolvidas.

O crime é noticiado pelos jornais a partir das declarações dos envolvidos e que podem ser não apenas as opiniões dos incriminados como também as do delegado, advogados, pais-de-santo, psiquiatras, repórteres etc. A maneira como descrevi o drama seguiu as notícias diárias contadas pelos dois jornais. Indicarei aqui apenas os fatos mais importantes relatados por eles.

As primeiras versões sobre o crime foram dadas por Sílvia (mulher da vítima), Wanderlei (pessoalmente ligado à vítima e sua esposa), e Maria Luisa. Sílvia foi chamada a depor na delegacia, segundo *O Globo*, porque foi considerada "suspeita" pela polícia, pois "brigava muito com o marido e até dormiam em quartos separados". Outro motivo para a polícia ter suspeitado do envolvimento de Sílvia foi o fato de que a vítima estava para receber uma herança muito grande de seu pai (já falecido), pois era seu único herdeiro. Wanderlei foi o primeiro a depor na Polícia. Em sua declaração contou que era quase um filho para Sílvia e Álvaro e que portanto fazia tudo que aquela lhe pedisse. Ela teria contado a Wanderlei que se dava muito mal com o marido e que esse tinha um problema de "impotência sexual". Sílvia, então, teria lhe oferecido 100 mil cruzeiros para matar o marido.

Segundo Wanderlei, por três vezes ele tentou, mas não conseguiu. Na primeira tentativa usou como arma uma barra de ferro mas faltou-lhe coragem. Na segunda vez, ele próprio fez barulho no quarto e Álvaro acordou; Wanderlei conseguiu apenas machucá-lo na cabeça. Na terceira e última tentativa, na primeira semana de agosto, chegou a tomar alguns goles de cachaça para tomar coragem, mas também desta vez não conseguiu. Com as tentativas frustradas de assassinar Álvaro, Wanderlei contratou, a pedido de Sílvia, Maria Luisa. Esta última iria ganhar metade do dinheiro (100 mil cruzeiros) que Sílvia prometeu à Wanderlei no caso dele conseguir eliminar o marido. Maria Luisa, segundo Wanderlei, morava com Ronaldo, filho de sua "mulher" Celina. Todos viviam na mesma casa em Caxias. Com este novo plano em andamento, Wanderlei comprou um revólver, a pedido e com o dinheiro de Sílvia, para que Maria Luisa matasse o comerciante.

No dia 20 de agosto de 1979, às duas e trinta da tarde, Maria Luisa chegou à casa de Sílvia, levada por Wanderlei, que teria permanecido na portaria do prédio. Nesse dia, o comerciante iria ser morto por Maria Luisa. Sílvia abriu-lhe a porta do apartamento e mostrou-lhe todos os aposentos. Maria Luisa ficou num quarto de hóspedes, escondida até a hora do crime. Sílvia deu-lhe um copo de uísque para que esta tivesse coragem de cometer o crime. Quando bem tarde Maria Luisa saiu na sacada do quarto de hóspede onde se encontrava, viu lá embaixo, na portaria, Wanderlei, que acenava para ela: era meia noite, portanto, já poderia ir para o quarto onde Álvaro se encontrava dormindo. Maria Luisa apontou-lhe o revólver, mas, não teve coragem de disparar-lo. Saiu do quarto e Sílvia, novamente, deu-lhe outra dose da bebida. Maria Luisa voltou ao quarto do casal, ficou com raiva, apontou o revólver para o peito do homem e disparou o tiro.

No dia 11 de setembro, os dois jornais acima mencionados já relatam o crime em seus pormenores. Segundo os jornais: 1. A polícia já desconfiava do envolvimento de Sílvia no assassinato do marido. Sílvia teria negado a princípio a autoria do crime à polícia, pois, segundo ela, gostava do marido, mas não pôde sustentar por muito tempo essa versão; 2. Wanderlei também teria negado, a princípio, sua participação no crime. Quatro dias depois apresentou-se espontaneamente à polícia e confessou; 3. Maria Luisa, ao depor na polícia pela primeira vez, contou que matara o comerciante numa cena de ciúme (Maria Luisa sustentou a princípio que era "amante" de Álvaro e que havia tido uma briga com ele). Esta também não foi sua versão derradeira; contou depois à polícia que só aceitou cometer o crime por dinheiro, pois seu marido tinha um salário muito baixo e não dava para as despesas com ela e sua filha de quatro anos.

Em 14 de setembro de 1979, segundo *O Globo*, "a estória se complica": entrou em cena, neste dia, Celina, "amante" de Wanderlei. Esta sabia que Wanderlei encontrava-se preso e procurara Sílvia para que esta interviesse em favor de seu "amante". Celina lembrava-se que, no dia do crime, Wanderlei voltara de madrugada para casa com Maria Luisa, dizendo que a acompanhara para que "fizesse uns docinhos" para Sílvia. Posteriormente, soube da morte do comerciante através de sua nora Maria Luisa, que teria lhe confessado o crime. Celina então foi à 22ª DP para denunciar Maria Luisa, com o objetivo em inocentar Wanderlei (segundo *O Globo*).

Em 15 de setembro deste mesmo ano apareceu a 2ª versão do crime. As manchetes dos jornais não se concentravam apenas no crime da "mulher que mandou matar o marido". Outro fato foi acrescentado ao drama: "crime foi tramado em terreiro". O motivo do crime passava a ter um outro elemento: "influência de culto da magia negra". Segundo *O Globo*, "A morte de Álvaro foi tramada por sua mulher, Sílvia, entre adeptos da magia negra num Terreiro de Candomblé de Caxias". Mudava, então, de feição o assassinato de um comerciante "a mando de sua mulher". Continuava sendo um crime em que a mulher da vítima estava seriamente implicada (não conseguia convencer ninguém de seus motivos pessoais para o assassinato do marido); porém esta 2ª versão do drama afirmava que Sílvia antes de se decidir pelo assassinato do marido teria tentado eliminá-lo " pela via espiritual", num ritual de Candomblé a pedido da "Pomba-Gira Maria Padilha" (entidade que Celina costumava "incorporar"). Segundo esta versão, a *Pomba Gira* de Celina pedira a Sílvia para levar em sua casa sete retratos do marido, uma sunga, uma camisa e um par de meias suadas, além de bonecos que representassem o comerciante.

Segundo os jornais *O Globo* e *O Dia*, "Maria Padilha" garantia "sem pressa" que faria com que Álvaro ficasse, primeiro, impotente sexualmente (comparar com a versão de Sílvia em que dizia que ele já era impotente e que por isso queria eliminá-lo); depois faria com que ele sofresse um enfarte (como o que sofrera o pai de Álvaro). Os jornais afirmavam que Sílvia acreditava que seu sogro morrera devido também à sua "magia". Nesta 2ª versão, Sílvia "vivia há anos frequentando Terreiros de Candomblé" sem sucesso. Então passara a se consultar no Terreiro de Celina, exigindo pressa para resolver o problema. Os jornais informavam que Celina /Maria Padilha teria dito a Sílvia que as dificuldades em provocar um enfarte em Álvaro se devia a que este "tinha o corpo fechado", com "proteção do além".

Sílvia, então, decidira que a morte teria que ser violenta, ou ela procuraria outro Terreiro. A *Pomba-Gira* pediu então ao seu "cambono"[7] Wanderlei que assassinasse Álvaro; por três vezes ele tentou, sem sucesso. A cada tentativa frustrada marcava-se uma nova sessão no Terreiro. A própria *Pomba-Gira* teria transferido o encargo do crime para Maria Luiza, já que Wanderlei não conseguia eliminá-lo.

Outro fato sobre o qual os jornais chamaram a atenção era a exigência do "ritual de Magia Negra": Sílvia deveria colocar junto ao caixão do morto os objetos solicitados pela *Pomba-Gira*. A própria Maria Luiza teria levado os objetos do Terreiro de Caxias para casa de Sílvia, a pedido de Vanda. Essa nova versão fora conseguida, segundo o jornal *O Globo*, por seus repórteres.

---

[7] Cambono – "na Umbanda significa médium auxiliar da Mãe ou Pai Pequeno. Esse posto da hierarquia espiritual que organiza o terreiro tem como função auxiliar os médiuns incorporados nas consultas" (Maggie, 1975, p.159).

Ao entrevistarem Vanda, esta teria deixado escapar que fora à casa de Wanderlei "por três vezes com Sílvia para pedir proteção à Pomba-Gira. Segundo *O Globo*, na confissão de Wanderlei este dissera que morava com Celina há 7 anos e que Sílvia, há vários anos, vinha tentando matar seu marido: "Ela frequentou de tudo, até quimbanda, em todo lugar era explorada. Gastou muito dinheiro e deu muitas joias. Até que um dia, há uns três anos, eu lhe disse que minha mulher recebia uma entidade forte, a Maria Padilha".

Wanderlei apontou os motivos para que tudo desse errado quanto ao crime, pois, as ordens da "Pomba-Gira" teriam sido desobedecidas. No entanto, Sílvia, segundo disse Wanderlei ao O Globo, insistia e dava dinheiro a ele para que comprasse a arma. Desta vez também, Wanderlei não conseguira atirar no comerciante. Desse modo, Sílvia quase desistia de obter ajuda no "Terreiro" de Celina quando então a própria "Pomba-Gira", "Maria Padilha" determinou que o crime teria que ser praticado por Maria Luisa.

No depoimento de Maria Luisa na delegacia, esta disse que "Maria Padilha" não concordava com a utilização de arma de fogo na eliminação do comerciante, no entanto, mesmo assim, ela prometeu que a "guiaria" no momento necessário. Segundo Maria Luiza, "uma força estranha me empurrou para aquele quarto (onde Álvaro estava). Quando dei por mim, tinha apertado o gatilho". Esta declaração foi dada por Maria Luiza quando entrevistada pela televisão. Esta acusada, de acordo com o jornal *O Globo*, tentara minimizar a participação de Celina na trama do crime. No final de sua declaração, Maria Luisa disse que "tem muito medo é de Maria Padilha e não da cadeia". Revelou ainda que cometeu o crime porque precisava dos cinquenta mil e receberia a "proteção dos espíritos"[8].

Em 18 de setembro de 1979, O Globo trazia a seguinte manchete: "Mãe-de-Santo só depõe em transe". Segundo este jornal, no dia anterior (17), de-

---

[8] Através desse depoimento de Maria Luiza, "Maria Padilha" aparece enquanto fazendo parte da trama, ou seja, enquanto personagem no assassinato de Álvaro. A Pomba-Gira foi considerada uma das mandantes do crime através de Maria Luisa. Celina, no entanto, segundo essa versão, não teria participação do assassinato do comerciante.

pois de seis horas de tentativas, o delegado Faria (da 22ª DP) não conseguira fazer com que Celina, a "Mãe-de-Santo" que dizia encarnar a entidade Maria Padilha, assinasse o depoimento que prestara "em transe" e no qual voltava a acusar Sílvia. Celina, quando "voltava a si, dizia que não se lembrava de nada e negava ter feito qualquer acusação. O delegado Faria chegou a mandar buscar um amigo seu, que era pai-de-santo, mas de nada adiantou o auxílio. O delegado marcou novo depoimento desta acusada para aquele mesmo dia (18) à tarde. Segundo *O Globo*, no dia anterior (17) o Dr. Faria decidira fazer a acareação de Celina, Maria Luisa e Wanderlei já que a primeira recusara-se a assinar o depoimento supostamente ditado pela entidade. Mas nem assim o delegado obteve resultado pois "quando chegava a entidade Maria Padilha, havia um consenso entre os três, e ninguém dizia nada posteriormente a respeito dessas declarações. No entanto, Wanderlei e Maria Luisa disseram que Vanda e Sílvia prometeram a Maria Padilha que montariam um Terreiro de Candomblé para Celina se Álvaro morresse".

O jornal *O Globo* publicou as declarações de "Celina/Maria Padilha" na delegacia. Celina "incorporada", dissera que Vanda, irmã de Sílvia, estava também envolvida no crime e que ela foi quem "instigou a irmã a matar o marido". Segundo "Maria Padilha", a Vanda era apaixonada pelo cunhado, mas este preferiu Sílvia e a primeira quis se vingar. O delegado após marcar para o dia seguinte novo depoimento de Celina, afirmou que se essa segunda tentativa fracassasse iria "registrar o depoimento de Celina ou de Maria Padilha, enviando-o sem assinatura à justiça, junto com o inquérito". Afirmou ainda o seguinte: "Se o juiz duvidar ou quiser novos esclarecimentos, não precisará devolver o inquérito à delegacia para novas investigações, basta convocar Celina, que "baixará" em seu gabinete"[9].

O jornal *O Dia* trazia a seguinte manchete em sua primeira página: "Pomba-Gira na Polícia", justamente com uma foto de Celina "incorpora-

---

[9] As discussões a partir desse momento vão girar em torno das várias versões sobre a incorporação de Celina. Se esta era ou não a própria *Pomba-Gira*.

da"[10]. Segundo este jornal a "Pomba – Gira Maria Padilha" dissera que sabia mais do caso do que seu "cavalo". Na página onze, a matéria tem o seguinte título: "Pomba-Gira baixa e depõe na Polícia". As características pessoais de "Maria Padilha" eram descritas: soltando muitas gargalhadas e exigindo sua bebida preferida (champagne), a *Pomba-Gira* fez sérias revelações. "O delegado na conversa que manteve com a *Pomba-Gira* teria perguntado a ela quem era, tendo a mesma respondido: "Eu sou a *Pomba-Gira*, você tem que falar comigo, porque Celina não sabe de nada, e eu conheço tudo"[11].

Nesse impasse, o delegado chamou às pressas o "Babalorixá Ari" (muito conhecido em Jacarepaguá, segundo *o jornal*) que após ter dado uns "passes", cumprimentado a entidade e conversado com ela, veio a confirmar que realmente quem estava ali na delegacia era a "Maria Padilha". Na declaração da *Pomba--Gira*, a respeito do pedido das irmãs (Sílvia e Vanda) para que ela providenciasse a morte de Álvaro, respondeu: "acontece que eu não tenho autorização para matar ninguém e resolvi brincar com as duas mulheres". Prosseguindo, a *Pomba--Gira* declarou: "receitei um pó fatal", que de matança somente tinha o nome e mandei que elas o misturassem à comida de Álvaro. Sílvia e Vanda ficaram cada vez mais furiosas percebendo que nada de anormal acontecia com ele. Vinham aqui, às vezes, e me xingavam muito até que resolveram matar o comerciante por processos menos espirituais". Maria Padilha declarou ainda que Wanderlei fora contratado, mas que depois foi Maria Luisa quem finalmente o matou. Segundo este jornal, depois das declarações da *Pomba-Gira* o "Babalorixá" que lá se encontrava teve de se retirar da delegacia mas antes disse ao delegado que se tranquilizasse pois iria conversar com a entidade e pedir para ela "subir". Assim,

---

[10] A denominação "incorporada" é uma categoria que vai acompanhar todos os discursos sobre Celina e sua entidade. É enfim a categoria chave, central nos discursos das pessoas que analisam o crime. Segundo Yvonne Maggie: incorporar – entrar em estado de possessão – O Orixá incorporou no médium". Cavalo – O médium enquanto veículo dos Orixás" (Maggie, 1975).

[11] Através desse discurso da *Pomba-Gira* na delegacia, esta se diferencia de seu "cavalo", de Celina. Segundo a mesma entidade Celina "não sabe de nada, e eu conheço tudo" – trata-se de um caso onde o médium inconsciente não sabe o que se passa quando incorporada.

as feições de Celina voltaram ao "normal" e, segundo o mesmo jornal, o pai-de-
-santo "firmou um ponto" para que tudo ficasse bem na delegacia.

O delegado Faria, depois desses acontecimentos, achou indispensável para o depoimento do dia seguinte assessorar-se de um pai-de-santo, um parapsicólogo e um psiquiatra para que tivesse certeza de que não se tratava de uma "farsa"[12]. *O Dia,* de 19 de setembro de 1979, noticiou que o delegado, preocupado com a possessão de Celina no primeiro depoimento que dera a polícia, "provou saber tudo o que relacionava-se com a entidade espiritual. Informou-se também que nos meios de Umbanda ela é identificada como a mulher de Lúcifer, o "Rei dos Diabos", o mais respeitado de todos os Exus, sendo ela então chamada a "Comadre Real"[13].

Segundo este mesmo jornal, o delegado "tratara de assessorar-se com dois poderosos pais-de-santo na tentativa de que a entidade voltasse a baixar[14]. Marcou para o dia de sexta-feira, segundo conselho desses pais-de-santo, porque representava dia da "gira de Exu"[15] e este poderia ser melhor controlado" (...) "Os Pais-de-Santo estarão presentes e garantiram ao delegado que, desta vez, a *Pomba-Gira* não vai descer, porque na véspera, em sessão especial que farão em um Terreiro de Umbanda, com a presença de vários médiuns e Babalaorixás trabalhando em corrente" (...) "farão o que eles chamam de "amarração" (para "trabalhar" a entidade presa sem condição de se libertar e baixar a terra)". Segundo o delegado da 22ª DP, através do mesmo jornal, se a Maria Padilha voltasse a manifestar-se e ele se visse impedido de saber o depoimento

---

[12] As categorias "farsa", "falsidade", "mistificação" são usadas pelos jornais, delegado, espíritas e pelos próprios umbandistas que falam ao jornal, como uma possibilidade para o caso de Celina. Essas categorias não são usadas pelos acusados.

[13] Nesta versão o delegado, segundo *O Dia,* estava preocupado em definir aquela entidade. Identificou-a com objetos "finos e caros"; tendo também se informado que ela é muito respeitada. Os exus são chamados de "compadres". Ver para essa discussão em Maggie, 1975 e Trindade, 1982.

[14] O delegado distinguira pais-de-santo poderosos de outros não poderosos, ou seja, para ele existem os médiuns "verdadeiros" e os "falsos". Porém, neste caso, todos (delegado e Pais-de-Santo) acreditaram na existência da Pomba-Gira.

[15] Dia da semana consagrado aos Exus.

de Celina (que é a figura jurídica "legal"), determinaria, então, a tomada verbal do depoimento da entidade espiritual e enviaria esse depoimento anexado aos autos do processo, deixando a solução para a esfera do Poder Judiciário. A opinião do jornal *O Dia*, nesse momento, era a de que "teremos um caso inédito na história da criminologia brasileira, pois não se conhece qualquer registro em que uma entidade espiritual tenha dado depoimento perante uma autoridade terrena e que este depoimento tenha tomado a forma de documento oficial".

Segundo *O Globo*, esses especialistas que deveriam assistir ao "transe" eram: 1) um "exorcista" – o pastor Josias, "com longa prática na expulsão do demônio do corpo das pessoas" usando para isto um "óleo sagrado" com o qual vai untar o corpo de Celina. O óleo vai impedir a libertação de qualquer demônio ou mal espírito que quiser dominá-la; este pastor pertencia à "Cruzada Mundial dos Sinais e Prodígios" da Igreja Pentecostal. Para ele, não havia dúvida que Celina incorporava um demônio. Ele usaria para tentar exorcizar o "demônio" de Celina uma túnica branca, crucifixos e uma Bíblia. Segundo o noticiário, a participação deste exorcista teria sido "espontânea", visto que ninguém o havia convidado a ir à delegacia; 2) o Presidente da Federação Nacional de Umbanda , Jerônimo de Sousa, foi convidado pelo advogado de Celina, para testar a mediunidade de sua cliente. Segundo o jornal este *pai-de-santo* iria fornecer "certidão de qualquer conclusão a que venha a chegar sobre sua condição de espiritualidade"; 3) um psiquiatra e um para psicólogo convidados pelo delegado Faria. *O Dia* informou que esses dois especialistas iriam trazer " recursos científicos para o caso. O delegado Faria, segundo o jornal *O Globo*, queria "saber se a Mãe-de-Santo" realmente incorporava a entidade Maria Padilha ou se o transe é uma mistificação; dois pais-de-santo segundo o jornal, "para segurar a barra na delegacia, caso a mulher tenha realmente poderes sobrenaturais".

Segundo *O Dia*:

> às 15 horas deu-se a primeira incorporação de Celina na Pomba-Gira Maria Padilha. O delegado perdeu o controle da situação e multidão de curiosos invade o gabinete. A Pomba-Gira dava gargalhadas e o ambiente era de completo tumulto. O pastor evangélico começou a entoar can-

O caso da pomba-gira: reflexões sobre crime, possessão e imagem feminina   33

tos religiosos e tudo parecia que ia degenerar. Os policiais conseguiram restabelecer a ordem e se iniciaram os testes e as conclusões do psiquiatra e do dirigente umbandista que são as mais conflitantes.

A seguir as conclusões dos "especialistas" que estiveram com a médium: 1. Pai Jerônimo – atesta a espiritualidade de Celina. Segundo os jornais, este pai-de-santo era possuidor de vasta cultura religiosa; 2. Paulo Rebouças (psiquiatra) – atestou que a incorporação é inautêntica, pois a paciente respondeu positivamente aos testes de sensibilidade e estava em seu estado normal. 3. Pastor Josias – conclui que ela possuía um demônio muito violento e precisaria de outros irmãos e um local mais apropriado para retirá-lo de seu corpo.

Logo que voltou ao normal e foi iniciada a tomada de depoimento, Celina disse que desconhecia qualquer detalhe do crime e que somente sua *pomba-gira* conhecia os episódios. Wanderlei e Maria Luisa, que se encontravam presentes, confirmaram que em seu "estado normal", Celina jamais conversara sobre esse assunto. Segundo *O Dia,* "o delegado registrou tudo e resolveu tomar a termo todas as declarações. Ele deixou a encargo do juiz indicar ou não Celina como mentora do crime. Para ele a *figura* a ser autuada seria Celina que, em última análise, é a responsável pela personalidade da *Pomba-Gira*. Entretanto, não sabe se essa incorporação lhe traz o estado de inconsciência e nesse caso, não haveria forma de indiciá-la, mas de enviá-la a tratamento médico[16]. O advogado de Celina assistiu a todos esses fatos ocorridos na delegacia, e, solicitará uma certidão das declarações de Pai Jerônimo atestando a mediunidade de sua cliente para anexá-la aos autos do processo e basear nesse atestado a de-

---

[16] Segundo este ponto de vista, Celina e a *Pomba-Gira* são a mesma pessoa. Para o delegado a primeira é responsável pela "personalidade" da Maria Padilha. Desta maneira, o problema colocado, para o delegado, foi o de escolher se este caso deveria ser encaminhado à justiça (pois se tratou de uma "farsa"), ou se foi um caso para a medicina (Celina incorporada perdeu a "consciência" e não respondia por seus atos).

fesa de sua constituinte que considera "inocente em seu estado normal"[17]. Depois do depoimento na delegacia Celina, foi recolhida a um templo espírita para tratamento espiritual, em face dos últimos acontecimentos.

Segundo *O Dia*, o "patrono da *Pomba-Gira* deu a entender que baseará sua defesa na tese de isenção completa de sentido, que é quase inédita na nossa história Judicial". Em 6 de outubro deste ano *O Globo* trazia a seguinte manchete: "O delegado do caso da Magia Negra vai ser substituído da 22ª DP".

Segundo *O Globo* de 15 de outubro, vão ser interrogados, no primeiro Tribunal do Júri os seguintes acusados: Celina, Sílvia, Vanda, Maria Luisa e Wanderlei. No entanto segundo *O Globo*, "Juiz impede Mãe-de-Santo de repetir no tribunal o *"show"* que deu na polícia".

O Juiz chegou ao tribunal por volta das duas e trinta e imediatamente proibiu que se tirassem fotografias de Celina "para que essa moça não tenha plateia e não se repita o show. Seria desmoralizar a Justiça". Até esse momento, somente Celina e Vanda estavam no Tribunal, pois as duas, entre os cinco acusados, eram as únicas em liberdade. Logo depois chegaram escoltados Maria Luisa e Wanderlei, seguidos de Sílvia (que estava chorando no momento).

Em primeiro de agosto de 1981 *O Globo* traz a seguinte manchete: "Juiz condena quatro no crime da *Pomba-Gira*". Sílvia, acusada de planejar a morte do marido, o comerciante Álvaro foi condenada a dezoito anos de prisão e mais dois por medida de segurança. Celina que, segundo o jornal, aconselhara Sílvia a matar o marido, foi condenada a 12 anos. Maria Luiza, que o matou, após ser contratada por Sílvia, cumpriria pena de dezoito anos. O faxineiro Wanderlei, confidente de Sílvia, e que comprara a arma do crime, foi condenado a dezesseis anos. Os três, assim como Sílvia, receberam mais dois anos de pena por medida de segurança. Vanda ainda seria julgada neste mesmo mês por solidarizar-se com conduta criminosa.

---

[17] Este advogado de Celina não foi o que a defendeu durante o Julgamento. Para ele, sua cliente e a *pomba-gira* são duas pessoas e portanto, a primeira não poderia responder pelos atos da segunda.

O Drama através dos "Autos do Processo"

A partir dos autos do processo é possível interpretar o drama de várias maneiras, segundo o ponto de vista dos agentes. Uma possibilidade é tomar como referência o desfecho do processo, as sentenças, já que não é possível aqui explorar todos os fatos revelados. Mas apenas enfatizar o fato de os psiquiatras não terem considerado Sílvia e Celina "incapazes de responderem por seus atos". A Justiça viu o drama de uma forma enquanto os jornais e a opinião pública de outra. Esse drama pode ainda ser interpretado de um terceiro ponto de vista: o do pesquisador. Durante o julgamento, Celina manteve-se calada, só respondeu às perguntas que lhes eram dirigidas. Em nenhum momento falou sobre seu envolvimento como médium. Celina não tocou nesse assunto, dizendo apenas que de nada sabia sobre o assassinato (no interrogatório da polícia ela havia declarado que apenas sua *Pomba-Gira* sabia de tudo, ela não). Quando Celina esteve no Terreiro de Pai Jerônimo, alguns jornais comentaram que o sacerdote havia "prendido seu santo". Isto queria dizer que durante algum tempo a entidade não poderia manifestar-se na médium. Desta maneira, Celina teria ficado sem proteção de seu "guia"[18], quando na polícia a entidade Maria Padilha acompanhou seu "cavalo" e respondeu ao interrogatório do delegado em seu lugar. No julgamento, a médium já tinha sido advertida pelo juiz para que "não repetisse o *show* da delegacia". Empregariam a força física e ela não mais poderia se defender.

A atitude do pai-de-santo foi no sentido de que Celina viesse a receber a proteção e orientação religiosa no seu Terreiro. Mas foi também

---

[18] Segundo Maggie, para as pessoas do Terreiro envolvidas em "demanda", "o maior perigo era que os Orixás de uma delas conseguissem "prender as linhas" de algum Orixá da outra. Para isso era necessário que o médium conhecesse as linhas dos Orixás oponentes para poder fazer "trabalhos" com o objetivo de prendê-las. A linha, como já foi dito, marca como o Orixá, "deve trabalhar", é a sua "origem". Prendendo a linha de um Orixá, este não podia mais "trabalhar" para proteger seu cavalo" (Maggie, 1975, p. 50) .

uma atitude que tinha como meta mostrar à sociedade um outro lado da Umbanda – o lado centralizador e controlador. Para o pai-de-santo, o que Celina precisava era desenvolver sua capacidade mediúnica, sobre a qual dispunha até então de pouco controle. O que a doutrina umbandista poderia fazer, segundo esse pai-de-santo, era desenvolver a médium a ponto dela poder dominar seu "guia". Na relação médium-entidade, a identidade do médium se faz através desse relacionamento. Para o médium a relação com seu Orixá pode ser dominante em sua vida. As entidades de um médium, ao ficarem presas, fazem com que este último também perca sua identidade enquanto pessoa. Esta identidade é construída a partir dessa relação. Na manhã do dia 22 de maio de 1981, às nove horas e cinquenta minutos, o juiz presidente do 1º Tribunal do Júri leu as sentenças dos réus e em 1982 os autos do processo do chamado "caso da *Pomba-Gira*" foram desarquivados, pois houve, por parte do advogado de Celina, um pedido de revisão do processo e portanto de apelação em seu favor.

Umbanda e Crime: Acusações

Já havia chamado a atenção, nesta análise, para o caráter ambíguo da Umbanda, ou seja, a incorporação desta crença como elemento auto-definidor de uma "identidade nacional", ao mesmo tempo que sofre acusações de estar relacionada tanto a distúrbios mentais (no caso de problemas individuais) quanto às acusações de "selvageria", "atraso" etc. (no caso de problemas sociais). O chamado "caso da *Pomba-Gira*", visto através dos jornais e dos autos do processo, por si só constitui um veículo através do qual se processam vários níveis de acusações à Umbanda ou às crenças a ela vinculadas. Pretendo agora analisar essas acusações dentro do drama descrito e compará-las com outros casos de acusação (como, por exemplo, a análise feita em jornais sobre as perseguições policiais a Terreiros entre as décadas de 1930 e 1960, por Maggie, Monte Mor e Contins, 1979).

O primeiro problema que vou discutir é o termo "Macumba" (e também "macumbeiro") enquanto categoria de acusação. Vimos durante a descrição do "caso da *Pomba-Gira*" que esse termo "macumba" aparece em diversos momentos e é mencionado por pessoas diferentes, tanto socialmente como em nível de crença religiosa.

As acusações que partem de dentro da própria Umbanda tendem a focalizar basicamente a pessoa da médium e a valorizar a entidade. Para alguns "líderes umbandistas", que deram entrevistas ao jornal *O Dia* (16 de Setembro), "tudo não passa de falsidade e grossa mistificação", pois a *Pomba-Gira* Maria Padilha "é um orixá de muita luz" (...) "porém existem espíritos obsessivos que estão nas trevas, incorporam em algum médium e até em pessoas de mediunidade não desenvolvida e se anunciam como Pomba-Gira Maria Padilha, mas não é a verdadeira...". Neste sentido o caráter isolado da médium Celina, que incorpora a *Pomba-Gira*, propicia a acusação (da Umbanda) de mistificação e falsificação. No entanto, Wanderlei e Maria Luisa descrevem a *Pomba-Gira* Maria Padilha como sendo uma entidade muito "forte" que pode resolver os problemas das pessoas que a consultam. Outra relação que se faz é com a possível "loucura" da médium. Dizem os psiquiatras sobre a médium Celina: "A mistificação e as atitudes histéricas, a onipotência levada ao extremo e a falência da autocrítica, o comportamento anormal, enfim, tem sua origem no radical psicopático" (...) "não tem condições de reflexão suficiente para se conduzir adequadamente". Assim, os psiquiatras encaram esta paciente e a relação que ela mantém com a "macumba" ou com sua "divindade" como "mistificação". Isto é, entendem como mistificação a capacidade que Celina tem para "enganar" os crédulos e isso estaria ligado à sua "personalidade histérica" e ao seu "comportamento anormal".

A relação Umbanda-loucura já foi estudada antes por Guedes, que afirma (a partir do depoimento de um informante) que os próprios umbandistas separam casos que são destinados à medicina e doenças que não são – "cerca de 90% não são doenças" (...) "A maioria das manifestações de ordem nervosa correm por conta de Exus e dos Eguns" (Guedes, 1974, p. 92). Mais adiante diz que, segundo um outro informante, "o encosto de um espírito na vítima, a mediunidade não desenvolvida ou paralisada provoca perturbações mentais" (p. 93)[19]. Caberia, então aos Pais-de-Santo distinguir cada tipo de doença.

A acusação interna à Umbanda afirma-se também no nível da prática desta crença, situando-a enquanto uma prática perigosa e, portanto, possuidora de poderes (Douglas, 1976). Um umbandista que falou sobre o "caso da Pomba-Gira" disse que: "Maria Padilha é entidade de alta magia, muito perigosa, e quem se consulta deve ter cuidado ao executar uma ordem" (...) Magia é coisa séria, perigosa; e não se deve praticá-la a grosso modo". A verdadeira Umbanda repele coisas como esta que está se passando, caso criminoso e de baixo astral. Outros entrevistados afirmam também que a entidade "Maria Padilha é muito perigosa e capaz de fazer o que quiser sem precisar de ser humano para isto" – neste sentido referindo-se aos poderes que esta entidade possui para eliminar alguém através de sua magia, sem precisar de intermediários[20].

O presidente da Federação Nacional de Umbanda, Pai Jerônimo, ao ser entrevistado sobre o "caso da *Pomba-Gira*", ressaltou que a questão se apresentava como não "desenvolvimento" da médium na religião Umbandista: "para um médium incorporado, quando não é suficientemente desenvolvido na religião, pode, no entanto exteriorizar os aspectos negativos de sua personalidade ao entrar em transe. Os possuídos apresentam certa dualidade psíquica que, de acordo com o preparo religioso da pessoa, é mais ou menos controlado. Em transe (inconsciente) o médium pode dizer coisas ou fazer

---

[19] Ver também para esta discussão, Fry, 1982a.

[20] Evans-Pritchard (1978) ao estudar os Azande coloca que do ponto de vista desta comunidade geralmente eles encaram a bruxaria como uma característica individual, e acreditam que certas pessoas são bruxas e que podem fazer-lhe mal em virtude de uma qualidade intrínseca. Segundo este autor, a bruxaria para os Azande é um pano de fundo indispensável para as demais crenças.

coisas que não correspondem à doutrina da entidade que incorpora. Daí nossa preocupação na Umbanda de 'trabalhar' e desenvolver o médium para que ele atue dentro da linha da entidade, que é sempre positiva. Dentro desse ponto de vista afirma-se em primeiro lugar que a médium deveria 'desenvolver-se' para que estivesse ligada à entidade que diz incorporar, ou seja, dentro da linha da entidade que seria sempre 'positiva'. Em segundo lugar, o 'transe inconsciente', como não é controlado, é uma forma de poder. Pode levar o médium a cometer atos que este não tem nenhum controle sobre eles, levado por 'um espírito mau'" (segundo o Pai-de-Santo).

A perspectiva umbandista, através da pessoa do pai-de-santo, teme as repercussões negativas do "caso da *Pomba-Gira*" para a Umbanda. Pai Jerônimo atesta a mediunidade de Celina, mas por outro lado nega sua religiosidade[21]. Leva-a até seu Terreiro e controla sua mediunidade e impede a incorporação de sua *Pomba-Gira* no Tribunal. Quando se analisam os diversos discursos acerca do drama ocorrido (Contins e Goldman, 1982) verifica-se que o pai-de-santo tinha uma posição "para fora" do culto – para jornais, juízes, tribunais –, que não correspondia exatamente à sua posição "para dentro" do culto que comanda. No entanto, as duas não são excluden-

---

[21] Segundo o Pai Jerônimo o transe é um fenômeno que pode ser controlado e explicado pela "ciência", assim como fisicamente localizável em no nosso cérebro. Segundo ele: "toda pessoa é formada fisicamente para receber determinadas energias, como acontece com as ondas de um rádio transmissor, e nosso corpo seria como o rádio que capta essas ondas. Depende então do físico dessas pessoas – umas tem maior potência que as outras e assim por diante". Essas energias são captadas, numa parte do cérebro correspondente ao "consciente" do indivíduo. Para este pai-de-santo é possível delimitar no cérebro de uma pessoa uma parte correspondente ao "consciente" e outra relativa ao "inconsciente". As energias (ou entidades) são então captadas pela parte "consciente" do cérebro. Para Pai Jerônimo "quando a energia é captada e não é 'trabalhada' – fica só o inconsciente funcionando e desta maneira o consciente é anulado". E, então, o que ele chama de "transe total" (Celina é um exemplo disso, não se lembra de nada o que lhe acontece quando em transe). Religiosidade, por outro lado, diz respeito ao aprendizado da crença umbandista, ou seja, a maneira pela qual o médium dentro de um determinado Terreiro (com a ajuda do Pai-de-Santo e do cambono) organiza aquela energia (que nada mais é do que uma entidade em sua forma primeira). O grau de conhecimento de um médium acerca da crença religiosa possibilita a ele dominar sua entidade.

tes; por exemplo, a explicação interna à Umbanda diz que Celina pode ser uma médium possuidora de uma *Pomba-Gira* Maria Padilha e que estaria sendo castigada por esta entidade por não ter seguido a iniciação na Umbanda, não tendo montado um terreiro para sua entidade, embora tivesse condições para tanto. A explicação "para fora", para a sociedade, tenta "defender" a Umbanda ao isolá-la de outras manifestações de transe em que ela não estaria presente, o transe manifestando-se de maneira selvagem, incontrolada e inconsciente (a Umbanda daria então ordem e significado para a possessão). A explicação "para dentro", interna aos participantes do culto, na qual se afirma a existência de um espaço independente da vontade dos homens, no qual apenas os deuses têm voz. Esse espaço serve para as explicações não "científicas" dos fatos, ou seja, aquelas que invocam "santos", "entidades", derivadas de uma lógica mágica.

Fazendo parte dessa explicação interna à Umbanda cabe ressaltar que os personagens do drama, Wanderlei e Maria Luiza convivem diariamente com essas práticas umbandistas, moram num "quase Terreiro" e participam dos rituais. O primeiro como "cambono" (auxiliar místico) da mãe-de-santo Celina. A segunda, como sua "nora", convive diariamente com ela. Recorrer à Umbanda faz parte de seu cotidiano. Seu discurso é em defesa da acusação de "trabalhar pro mal" e não em defesa do crime praticado. Defendem a Umbanda. Como havíamos apontado no trabalho já citado sobre as perseguições policiais aos Terreiros (Maggie; Monte-Mór; Contins, 1979) acusa-se e reprime-se não o que é o "africano puro" ou "espírita estrangeiro", reprime-se e acusa-se o cotidiano vivido. Neste sentido, o "vivido" que é acusado tem o sentido que Evans-Pritchard dá à bruxaria.

As acusações internas a essas crenças destinam-se, principalmente, em marcar as fronteira de cada grupo. As acusações veiculadas através dos jornais, referente ao caso da *Pomba-Gira* vinham, por exemplo, dos umbandistas que diziam que o que a médium fazia era "Quimbanda" e não tinha nada a ver com Umbanda. "Curandeirismo", assim como "mistificação" e "farsa", estavam incluídos entre as categorias de acusação dos religiosos que se manifestaram sobre o caso. Há inclusive ataques, por parte de conhecedores dessas crenças, ao caráter perigoso desta entidade (Maria Padilha), por ser um espírito de "baixo astral" e saber lidar com magia. A própria Celina se defendeu dizendo "não saber nada de magia".

Tomar as acusações a esses cultos é também se referir aos mesmos praticantes enquanto "marginais" e "desviantes". Segundo H. Becker:

> todos os grupos sociais fazem regras e tentam, em alguns momentos e em algumas circunstâncias, fazer com que elas sejam seguidas. Regras sociais definem situações sociais e os tipos de comportamento apropriados a elas, especificando algumas ações como "certas" e proibindo outras como "erradas". Quando uma regra é imposta, a pessoa que se supõe tê-la transgredido pode ser vista como um tipo especial de pessoa, alguém que não se espera que viva segundo as regras com as quais o grupo concorda. Ela é vista como marginal ou desviante (Becker, 1977, p. 54).

No "caso da *Pomba-Gira*", a médium Celina viu-se acusada como participante e coautora de um crime de morte, porém como "cavalo" de sua entidade. De acordo com Becker, crimes como o assassinato, a violação ou a traição levam-nos a encarar o violador como verdadeiro marginal. Através de sua *Pomba-Gira* Maria Padilha, a médium teria (segundo algumas versões) feito um "pó da matança", contendo veneno que provocaria a morte do comerciante. Como não obtive êxito, a *Pomba-Gira* atendeu ao pedido de Sílvia (mulher da vítima), autorizando o "crime direto" (Maria Luiza mata o comerciante com um tiro de revólver). A acusação se dá, então, em dois níveis. No primeiro momento ela é acusada de praticar "magia negra"; e a seguir, de ter sido a mandante do crime junto com a mulher do comerciante. As acusações[22] externas à Umbanda, da sociedade abrangente, no caso referido anteriormente, vêm assim: "Umbanda e crime" (a Umbanda

---

[22] Para a discussão sobre acusação aos cultos afro-brasileiros no Brasil, principalmente as acusações de feitiçaria e charlatanismo, ver Yvonne Maggie, 1992.

como propiciadora da criminalidade, na medida em que se intensifica as formas individuais em detrimento das formas coletivas (Gonçalves Fernandes, 1941); "Umbanda e Magia Negra" (como duas maneiras de se falar da mesma crença); "Pomba-Gira" e Umbanda como "farsa" (por parte dos juízes, psiquiatras, psicólogos, advogados).

A primeira das acusações à Umbanda (Umbanda e Crime), (Bastide, 1971), liga-se ao fato dos jornais, ao publicarem notícias sobre Terreiros (vistos enquanto "coisa de gente ignorante" e "propiciadoras de crimes"), as situarem nas páginas policiais. Quando as notícias se referem aos aspectos definidores de sua "tradição africana", "gegê", "nagô" etc., localizam-se junto com as matérias culturais (Maggie; Monte-Mór e Contins, 1979). Assim o título das matérias dos jornais que noticiaram o chamado "caso da *Pomba-Gira*" já contém em si mesmo visões acusatórias à Umbanda. Dos títulos que mais chamam a atenção pelo fato de relacionar crime e umbanda, destaco: "Mulher que mandou matar marido: crime foi tramado em 'terreiro'" (*O Globo*, 15/9/79); "Mãe-de-Santo só depõe em transe" (*O Globo*, 18/9/79); "Crime da magia negra" (19/9/79); "Exorcista vai à 22ª DP ver Mãe-de-Santo depor" (20/9/79); "Delegado foi ao Pai-de-Santo pedir para segurar Pomba-Gira" (*O Dia*, 19/9/79); "Pomba-Gira baixa e depõe na Polícia" (18/9/79). O jornal *O Globo* dedicou inclusive, num setor do jornal não reservado a casos policiais, algumas páginas de análise de casos como o da *Pomba-Gira*. Por exemplo, no dia 30 de setembro de 1979, a matéria recebeu o seguinte título: "A religião violenta – quando a mão do além arma o braço dos comuns mortais". Neste artigo há uma tentativa de relacionar os vários casos de "violência" (como por exemplo o chamado "Crime do Cantagalo"). No dia 28 de outubro, *O Globo* volta a dar espaço para análises de especialistas em várias áreas (advogado, criminalistas e até antropólogos), o título da matéria é o seguinte: "Magia negra. Feitiçaria. Bruxaria. Messianismo". O artigo explora de que forma essas "seitas exóticas" podem ser controladas e por quem: "Nos últimos anos tem se registrado o aparecimento de estranhas seitas religiosas, em que a violência, o terror e os sacrifícios – até mesmo humanos – são uma constante".

O caso da pomba-gira: reflexões sobre crime, possessão e imagem feminina   43

A Umbanda se vista negativamente, é acusada de "magia negra". A acusação por parte dos advogados, juízes, delegados, psiquiatras se dá no nível de considerar essas pessoas ou grupos de pessoas que praticam tais crenças, como "falsificadoras" e "curandeiras".

Desta forma, os campos de acusação externos à Umbanda mantêm interpretações diversas sobre essas crenças. O Estado, representado pelo delegado de polícia, os médicos, o juiz e os advogados apresentam discursos não uniformes sobre o drama. O delegado tem uma posição ambígua: crê firmemente na culpa dos envolvidos, mas acredita também na participação da *Pomba-Gira*, pois permite sua incorporação na presença de testemunhas, convoca "especialistas" e registra seus depoimentos, mesmo sem saber se poderão ser utilizados durante o julgamento. Desta forma o delegado participa da visão de mundo dos que acreditam na eficácia dessas crenças. Os médicos (psiquiatras e psicólogos) dão laudos incertos. De todos os acusados, apenas Celina, que "recebe" a *Pomba-Gira*, é sumariamente diagnosticada como possuidora de uma "personalidade psicopática clássica", "mitômana", "histérica", "com falência de autocrítica". Para a medicina legal parece não haver dúvidas: o transe de Celina não passa de desajustes psíquicos que revelam tratar-se de uma fraude, ainda que esta fraude escape ao controle da "doente", já que seus motivos estariam alojados em seu inconsciente. Mas quando no Tribunal do Júri é perguntado sobre a sanidade mental de Celina à época do crime, os mesmos psiquiatras encarregados do laudo médico afirmam, então, sua plena sanidade. Concluíram que Celina gozava de plena capacidade mental, consciente de tudo o que estava acontecendo. A "loucura" da acusada não era suficiente para evitar sua condenação. O juiz tenta ignorar tudo que diz respeito à suposta entidade que a acusada Celina diz "encarnar". Trata-se, para ele, de uma mistificação consciente (um *"show"*) que tenta encobrir um crime de morte.

Enfim, todas as declarações sobre o possível envolvimento de uma crença (a Umbanda especificamente) nos acontecimentos que findaram com o crime do comerciante foram abandonadas. O delegado que permitiu a "possessão" da acusada na delegacia foi afastado ainda durante a fase do inquérito policial. Embora a mediunidade e a possessão de Celina não fossem consideradas relevantes para o juiz, o advogado etc., indiretamente, vão aparecer no depoimento dos acusados. As pessoas que se encontravam envolvidas no assassinato (Wanderlei, Maria Luiza, Sílvia e Vanda), acreditavam na Umbanda. As duas últimas desconfiavam dessas estranhas práticas – "inferiores" –, mas a procuravam quando precisavam. A crença na possessão era uma possibilidade, mesmo para aqueles que não se diziam umbandistas ou candomblezeiros.

Concepções de Transe: "Transe Controlado" e "Transe Inconsciente"

No decorrer do drama, percebi que uma das oposições sempre presentes no discurso dos informantes umbandistas entrevistados pelos jornais (depois eu mesma entrevistei o Pai Jerônimo) era o seguinte: existe um tipo de incorporação por um médium em que este não possui consciência de seus atos quando "possuído". O transe o torna inconsciente. Por outro lado, quando o médium recebe conhecimento e é "desenvolvido" na doutrina umbandista, possui consciência sobre seus atos quando está incorporado. Falando sobre a médium Celina (numa carta que foi anexada aos autos, e que teve a intenção por parte do advogado da médium, de atestar a mediunidade de sua cliente) pai Jerônimo diz o seguinte:

> A incorporação efetuada torna a médium inconsciente, isto é, a médium não tem consciência das perguntas dos consulentes e das respostas da entidade. A médium Celina não tem conhecimento de ritual e nem da doutrina umbandista, pois frequentou outra religião, da qual se afastou quando de suas primeiras manifestações mediúnicas" (...) "não sendo doutrinada para o controle de seu transe mediúnico total, com características de Pomba-Gira e de Maria Padilha. É o tipo de mediunidade procurada por consulentes, que por motivo óbvios, dese-

jam segredos de suas consultas. Quando em terreiros, os médiuns são assistidos por auxiliares (cambonos), para proteção dos médiuns, o que não ocorria com a médium Celina (nota-se uma acusação à Celina por parte do Pai-de-Santo).

Desse modo, as fronteiras internas às crenças umbandistas são demarcadas por essa oposição ("transe controlado *versus* transe inconsciente"). No entanto, o que pretendo aqui é justamente discutir essa oposição no sentido de que não pretendo tomar o transe enquanto tipos opostos ou fazendo uma tipologia do transe (ver Camargo, 1961, p. 64). Nem mesmo relacionar o transe às formas inarticuladas da organização social que ganham expressão na dissociação do corpo (ver Mary Douglas, 1970). Penso, no entanto, em relacionar o transe, que as pessoas definem como "inconsciente" ou "controlado", ao *ethos* e à visão de mundo das pessoas ou grupos sociais.

No "caso da *Pomba-Gira*", quem recebeu a acusação de "mistificação" e de "farsa" ou mesmo de "curandeirismo" foi a médium Celina, individualmente. Indivíduos usam a acusação de "bruxaria" – no sentido que Evans-Prichard elaborou – como uma arma de ataque, onde as relações são ambíguas. Segundo Douglas (1970), essas relações são normalmente competitivas e irregulares. Constituem-se como forma de ataque entre grupos rivais ou facções com pontos de vista diversos. A acusação de "bruxo" sempre se dá em nível individual. A crença na "bruxaria" significa essencialmente esclarecer e afirmar definições sociais. Mary Douglas observa ainda que o "bruxo" é quem ataca e é o "mistificador". Ele usa o que é impuro e poderoso para ferir o que é puro e desamparado. Porém esses símbolos variam de acordo com os padrões de significado e as variações da estrutura social (Douglas,1970).

Evans-Pritchard (1978) diz que em algumas culturas tipos distintos de bruxaria estão localizados em diferentes setores da sociedade. Para este autor, segundo o ponto de vista dos Azande, a "feitiçaria" está relacionada à "magia negra" e "bruxaria" a um ato psíquico que tem poderes que podem ser usados para prejudicar outros. No caso da médium Celina, quando estava "incorporada" era acusada de fazer "magia negra", já que era uma médium "inconsciente", sem nenhum controle sobre sua entidade. As pessoas que a consultavam (à sua *Pomba-Gira*) se aproveitando deste fato, a usavam no sentido de tirarem poder disso. Neste caso, sua mediunidade constituía-se como um fato intrínseco a sua personalidade, sua "natureza". Por isso mesmo configurava-se como característica perigosa e poderosa.

A mediunidade de Celina é descrita como perigosa justamente porque sua entidade, Maria Padilha, é um guia "muito perigoso e capaz de fazer o que quiser sem precisar de ser humano para isto". Celina aparece nos jornais, ora como ela mesma, ora como "Maria Padilha". Porém estão sempre juntas. Pode-se dizer que para a Umbanda o que é perigoso e sem controle – e portanto poderoso – é o fato Celina não se distinguir (ou não saber se distinguir) de sua entidade. Voltarei a essa discussão mais adiante. Aqui desejo apenas enfatizar por quê a acusam de fazer "magia negra" ou "feitiçaria". Penso que uma das razões residia na "independência" que mostrava em relação às crenças oficializadas, em sentido de uma definição de Umbanda "para fora", para a sociedade. E, mais ainda, à relação que ela mantém com sua entidade. A partir dessa relação, tão estreita (que ela mesma não distinguia) Celina se coloca no mundo. A noção de pessoa estava assim diretamente ligada à relação que mantinha com a entidade Maria Padilha[23].

O pai Jerônimo foi entrevistado (Goldman; Contins, 1982) em seu Terreiro, o mesmo em que Celina foi "recolhida" depois da "queda de sua *Pomba-Gira*" na delegacia. Nessa entrevista, o pai-de-santo disse que Celina tinha um tipo de mediunidade muito procurada pelas pessoas que querem fazer seus pedidos em segredo, exatamente porque os médiuns não têm consciência do que ouviram quando estão incorporados. Disse ainda que quando Celina esteve em seu Terreiro, ele procurou afastar (por uns tempos apenas) a capacidade de Celina ficar com o "consciente anulado e o

---

[23] Ver Lepine (1978) para essa discussão da relação médium-entidade.

inconsciente totalmente disponível e sugestionável às energias ou às entidades". Depois de uma explicação sobre a possessão, de um ponto de vista "científico", ele disse que o "papel" do pai-de-santo seria fazer com que as pessoas pudessem controlar seu inconsciente e não anulá-lo totalmente[24]. Liana Trindade afirma que "os representantes teóricos da Umbanda passam a admitir em seu culto as entidades espirituais pertencentes ao domínio da Quimbanda, desde que sejam doutrinadas, denominando-as "exus batizados" ou "exus de lei". (...) "Renegam os que negam a aceitação doutrinária, considerando-os como exus pagãos ou quimbandas. Estes últimos caracterizam-se pela atuação de marginalidade espiritual, submetidos às formas sociais de repressão infligidas ao comportamento social marginalizado. A Umbanda oficial estabelece meios de doutrinar e, implicitamente, de domesticar os exus. Para isto utilizam o modelo social de repressão" (Trindade, 1982, p. 34). Mais adiante essa autora segue dizendo: "enquanto 'válvulas de escape' fornecida pelo sistema, os agentes sociais encontram na magia dos exus soluções para seus conflitos" (...). "A doutrina estabelece os limites para prática mágica impedindo a utilização exclusiva de sua magia proibitiva" (p. 35). No entanto, como essa mesma autora reitera, "mesmo nos locais onde existe essa prática de doutrinação, persiste a utilização dos exus não doutrinados, contradizendo os princípios da doutrinação para o atendimento de sua clientela" (p. 35).

Essas "práticas mágicas" utilizadas por algumas crenças religiosa (Macumba, Quimbanda e Magia Negra) e negadas por outras (Umbanda, Candomblé etc.) marcam suas fronteiras através dessas diferenciações. Ver por

---

[24] Pai Jerônimo afirmou a importância de "prender o santo" de Celina. Quando esteve no Tribunal, Celina estava "sem a proteção de seu santo", e foi condenada. Afirmou também a importância do "desenvolvimento" na Umbanda. Quando falamos com um "Obá" do Terreiro de Candomblé do Pai Jerônimo ele disse que a mediunidade de Celina não era falsa e que ela de fato, "recebia" a Pomba-Gira Maria Padilha. Comentou inclusive que o envolvimento de Celina no drama se deu justamente porque a médium se recusava a vários anos "desenvolver-se" e montar um Terreiro para sua Pomba-Gira. Seria uma espécie de castigo que sua Maria Padilha havia feito com Celina/

exemplo essa discussão acima: "exu batizado" (Umbanda) versus "exus pagãos" (Quimbanda). No contexto cotidiano dessas crenças e de seus respectivos Terreiros, as diferenças entre os tipos de transe (transe inconsciente e transe controlado) são menos enfatizadas e, de certa maneira, são consideradas complementares. Tomando como exemplo o "caso da *Pomba-Gira*", a ênfase pode estar numa visão da Umbanda "para fora", para a sociedade (Pai Jerônimo). Por outro lado, no cotidiano dos Terreiros, o chamado "transe inconsciente" é possível e até desejável.

Conclusão: Pomba-Gira e Imagem Feminina

A ambiguidade parece constituir o eixo a partir do qual é dramatizada a imagem feminina no desenrolar do drama. Em primeiro lugar é notável a associação entre os acusados (particularmente as mulheres) e uma entidade feminina: a *Pomba-Gira* Maria Padilha. A ambiguidade é sua característica: é, ao mesmo tempo, considerada uma entidade espiritual capaz de fazer o bem e agir para o mal. Sua representação é elaborada a partir de atributos femininos, tais como: sedução, sensualidade, vaidade etc. Estes são seus poderes. A figura da *Pomba-Gira* enfatiza precisamente aqueles atributos femininos considerados "perigosos" porque dificilmente controláveis pela sociedade. Ela torna explícita simbolicamente a "outra face" da mulher visualizada pelo prisma mais conservador. A *Pomba-Gira* de certo modo é a "anti-esposa", a negação da mãe de família na medida em que sua imagem é definida de forma não complementar aos homens (maridos, filhos etc.). A sua sexualidade, por exemplo, não está a serviço da reprodução. Assim como a prostituta, a "mulher de vida fácil", a "mulher da vida", ela usa sua sexualidade em seu próprio benefício. Os poderes e perigos que fluem de sua imagem estão certamente associados a essa liminaridade[25].

[25] Para essa discussão ver Da Matta, 1979.

O caso da pomba-gira: reflexões sobre crime, possessão e imagem feminina   49

Na apresentação do drama vimos que essa entidade se fez presente através de uma médium, cujos atributos sociais e religiosos são também marcados pela liminaridade – além do fato de ser mulher, é pobre e sua relação com a entidade não se realiza pela mediação institucional de um terreiro de Umbanda. Além disso, seu transe é definido por um pai-de-santo como "inconsciente" e sobre ele não dispõe de nenhum controle. É por seu intermédio que os demais envolvidos na série de acontecimentos que resultaram na morte do comerciante mantinham uma relação de dependência com a entidade. A fonte de seu poder estava exatamente na *Pomba-Gira* que recebia e que era considerada "muito forte", e cuja presença lhe garantia proteção. A ausência da entidade tornava Celina uma pessoa comum, sujeita a todas as limitações que sua condição de classe lhe impunha. Desse modo, estava protegida pela *Pomba-Gira* quando na delegacia foi ameaçada de agressão física pelos policiais. No julgamento não pôde contar com essa proteção, porque um pai-de-santo havia "amarrado" seu santo para que esse não se manifestasse. Assim, o lado "forte" da médium não reside em sua pessoa individual, mas em sua condição de "cavalo" da entidade que se manifestava. Em tais momentos, a médium só pensava como pessoa por meio da experiência da incorporação, quando recebia "sua" *Pomba-Gira*. Nos momentos em que não estava incorporada ela dizia apenas – referindo-se à entidade – que "aquela mulher vem e eu não posso fazer nada"; ou, "ela é quem sabe de tudo" (referindo-se ao crime), "eu não sei nada".

A principal acusada e esposa da vítima também mantinha determinado tipo de relação com a entidade. E, de certo modo, igualmente atualizava alguns de seus atributos. Teria procurado a *Pomba-Gira* para que "curasse" o marido, pois este, segundo ela, sofria de impotência sexual. Em seu depoimento tornou público esse fato. Além disso, foi também acusada de ser amante de um dos acusados e de com ele tramar a morte do marido. Desse modo, seu comportamento não se enquadra de modo preciso naquele conjunto de valores e regras que norteiam o espaço doméstico e familiar; ela efetivamente não realiza de modo pleno e ideal a "boa esposa" e "mãe de família", estando seu comportamento predominantemente referenciado aos seus interesses e desejos individuais.

É possível também perceber alguns atributos semelhantes de liminaridade na imagem daquela que foi acusada de ter realizado o ato que resultou na morte do comerciante. Esta sua liminaridade expressa-se socialmente: dentre todos os personagens do drama é a que parece ocupar o nível inferior na hierarquia social. Pode-se dizer que também no nível religioso, já que ela própria reconheceu uma relação muito intensa com a *Pomba-Gira,* mantendo um contato diário com ela. Chegou a declarar que quando atirou no comerciante sentiu-se "movida por uma força estranha". Para ela, tal relação era motivo de temor: teria dito que temia mais a *Pomba-Gira* do que a Justiça.

A *Pomba-Gira* parece fornecer um paradigma simbólico onde se desenham atributos femininos classificados como "negativos" e "perigosos". Em contraste com essa dimensão, o outro personagem feminino do drama (e que significativamente não foi condenado) encarna aspectos "positivos" e legitimados da imagem feminina: consideram-na uma boa irmã, boa cunhada, nunca se interessou por homem nenhum etc.

Um outro contraste a ser assinalado é aquele dramatizado pela presença dos personagens masculinos: um deles é a vítima; o outro é um homem aparentemente manipulado pelas mulheres com as quais estava envolvido. Eles não desempenham papéis importantes, já que nesse quadro simbólico definido pela *Pomba-Gira* não há lugar para "homens fortes". As mulheres é que ocupam posição predominante.

A *Pomba-Gira* dramatiza simbolicamente uma concepção fortemente individualista da pessoa feminina. Esta não é visualizada de forma dependente e complementar em relação aos homens, é autônoma e usa seus poderes em benefício próprio. É daí que advêm seus poderes e perigos. Ela parece representar uma imagem invertida da concepção que situa o espaço doméstico como o espaço feminino por excelência e em que os recursos femininos estão definidos complementarmente aos personagens masculinos.

A *Pomba-Gira*, ao contrário, é percebida como uma ameaça a esse espaço doméstico e às relações aí legitimadas. O drama, em seus vários momentos, pode ser interpretado como uma reflexão sobre a imagem feminina na medida em que focaliza – e pune – os aspectos invertidos dessa imagem. Ele é de certa forma uma polêmica em torno do como ser ou não ser mulher. Acredito que o código da possessão é particularmente adequado à elaboração simbólica dos atributos aqui referidos. A possessão permite o acesso àquelas qualidades da imagem feminina mais "individuais" e que estão situadas fora do controle consciente.

Um outro problema que merece ser ressaltado é o fato de os atores envolvidos no drama, independentemente de identidade social ou ideológica (ou especificamente religiosa), reconhecerem a possessão como terreno comum de discussão. Assim é que policiais, advogados, juízes de direito, psiquiatras, pais-de-santo, pastores protestantes e, extensivamente, o público leitor dos jornais que noticiaram o caso, não parecem tão preocupados com o crime propriamente dito quanto com a discussão a respeito da mediunidade de uma das acusadas. Desse modo, a possessão, como modelo cultural, parece mais abrangente do que nos fazem crer aqueles estudos que restringem o fenômeno a determinadas camadas sociais. Uma perspectiva estritamente sociológica não nos leva muito longe na compreensão desse fenômeno e de sua importância na sociedade brasileira. Pensar a possessão enquanto modelo cultural significa entendê-la como um código por meio do qual diversos grupos, camadas e categorias sociais refletem sobre relevantes problemas de seu cotidiano.

2

PREPARAÇÃO PARA A MORTE: ENTRE RELIGIÃO, MEDICINA E PSICOLOGIA

Rachel Aisengart Menezes

Introdução

Oito de outubro, Dia Internacional de Hospice e Cuidados Paliativos. Em 2005 e 2006, associações profissionais de cerca de sessenta países organizaram eventos comemorativos e campanhas direcionadas à divulgação desta modalidade de assistência em saúde a doentes categorizados como "fora de possibilidades terapêuticas de cura", ou, em linguagem coloquial, "terminais". Os lemas "*The voice of the dying*, um canto de esperança"; "Doentes terminais: descubra o que a medicina, a sociedade e você podem fazer por eles" e a proposta de "dar voz aos pacientes portadores de doenças incuráveis, que, na maioria das vezes, não recebem a assistência e o carinho adequados para a situação em que se encontram" foram amplamente divulgados em cartazes e mensagens pela internet em muitos países. No Brasil, eventos foram organizados nas cidades de Brasília, Campinas, Curitiba, Fortaleza, Goiânia, Londrina, Rio de Janeiro, São Paulo, Vitória e Uberlândia.

Apoiado em observação etnográfica da Jornada de Cuidados Paliativos, realizada em São Paulo em 2005, e em ampla pesquisa[26] sobre esta forma

---

[26] Pesquisa desenvolvida durante o doutorado em Saúde Coletiva no Instituto de Medicina Social da UERJ, sob orientação do Professor Sérgio Carrara e no pós-doutorado em Antropologia Social no Programa de Pós-graduação em Antropologia Social do Museu Nacional da UFRJ, sob a supervisão do Professor Luiz Fernando Dias Duarte, em 2005 e 2006. Sobre o tema, ver Menezes, 2004; 2005; 2006.

de assistência ao último período de vida, este capítulo discute e analisa esta construção em torno do processo de morrer, enfocando, em especial, uma técnica direcionada à "preparação espiritual da morte".

Os Cuidados Paliativos constituem uma nova especialidade médica – inserida em uma proposta mais ampla, denominada Projeto ou filosofia *Hospice* – dirigida a doentes com patologias crônico-degenerativas, como câncer e AIDS, entre outras. Este modelo assistencial surgiu na segunda metade do século XX, por iniciativa de movimentos sociais pelos direitos dos doentes – sobretudo nos Estados Unidos – e pela atuação de profissionais de saúde, especialmente na Inglaterra. Com a crescente legitimidade da especialidade em diversos países, como Inglaterra, Estados Unidos, Canadá, Austrália, França, Itália, dentre outros, há uma tendência ao uso da expressão Medicina Paliativa, em substituição a Cuidados Paliativos, caracterizando uma ênfase na atenção médica, em detrimento dos cuidados de enfermagem.

O objetivo desta modalidade de assistência é propiciar "qualidade de vida", por meio de um atendimento à "totalidade bio-psico-social-espiritual" dos doentes e de seus familiares. A meta principal é produzir uma "boa morte", aceita por todos os envolvidos: doentes, familiares e equipe de saúde. Esta especialidade define uma nova categoria de enfermos – "fora de possibilidades terapêuticas de cura" – e constitui um corpo de conhecimentos acerca do processo do morrer, composto por um saber detalhado acerca das mudanças corporais produzidas pelo avanço da doença degenerativa. Uma atenção específica às esferas biológica, social, emocional e espiritual do indivíduo e de sua família deve ser efetuada pela equipe multiprofissional, aspecto que integra o conjunto de princípios que regem a assistência paliativa.

De acordo com pesquisadores sobre o tema, dentre os quais me incluo, os Cuidados Paliativos refletem as preocupações contemporâneas com o acelerado desenvolvimento tecnológico da medicina na segunda metade do século XX. O modelo assistencial teria surgido em oposição a uma determinada forma de exercício médico, produtor de uma morte "desumana", na qual o doente era silenciado e falecia isolado, em modernos Centros de Tratamento Intensivo. A vida seria prolongada às custas de maior sofrimento para doentes e familiares. O termo distanásia é cunhado em referência a um processo do morrer estendido, com uso excessivo de aparelhagem, invasão corporal, desconforto e solidão. Especialmente nos Estados Unidos, o movimento inicial pelo "morrer bem" era sobretudo antimédico, inserido no movimento mais amplo pelos direitos civis e pela autonomia dos doentes. No entanto, em pouco tempo foi apropriado pelo aparato médico.

Para Baumann (1998, p.198), a insuportabilidade da ideia da morte conduz a distintas estratégias no lidar coletivo com este evento: esconder aqueles que estão próximos ao falecimento; expulsá-los da memória; confinar os velhos em asilos geriátricos; transferir funerais para locais mais isolados e afastados; moderar a demonstração pública de luto e pesar; produzir explicações psicológicas e diagnósticos psiquiátricos para sentimentos de pesar e perda, de modo a considerar tais condições passíveis de tratamento médico/psicológico. Ainda de acordo com este autor, a ampla difusão pela mídia da morte anônima, especialmente de forma espetacular, constitui mais uma estratégia de proteção à ideia da finitude humana. Em outras palavras, trata-se de banalizar a morte.

Os Cuidados Paliativos estruturam uma nova forma de gestão da morte, essencialmente dependente de uma expertise técnica, a serviço de uma maior visibilidade do processo do morrer, em oposição ao ocultamento dos moribundos (Elias, 2001). A Medicina Paliativa busca, sobretudo, promover uma ampla aceitação social da morte. Cada vez mais a morte deixa de ser tabu[27], especialmente em países nos quais a especialidade já possui uma inserção oficial e legítima, como na Inglaterra e Estados Unidos. A produção de discur-

---

[27] Glennys Howarth, em conferência "A morte e o esquadro", no evento "A indesejada das gentes", Centro Cultural Banco do Brasil, Rio de Janeiro, 9 de novembro de 2005.

sos em torno da ideia de uma "boa morte" é ampla e abrangente, o que pode ser comprovado por publicações técnicas, direcionadas a profissionais de saúde; e uma ampla produção cultural, como filmes (por exemplo, "As invasões bárbaras", dirigido por Denys Arcand, 2003), peças de teatro ("A jornada de um poema", de Margaret Edson, 1999), artigos em jornais e revistas (como a matéria de capa "Serenidade até o fim", da revista *Veja* de 9 de novembro de 2005), e pelo crescente número de livros sobre o último período de vida e acerca do processo de luto, que vêm sendo publicados em diversos países. Os títulos ilustram exemplarmente o ideário do "morrer bem", em prol de uma maior visibilidade deste evento: o pioneiro *Como morremos*, de um médico norte-americano, objetiva desmistificar a morte, "lutando para integrá-la à vida" (Nuland, 1995: 2ª orelha); *Morrer não se improvisa* (César, 2001) e *A arte de morrer* (Hennezel e Leloup, 1999) buscam demonstrar a possibilidade de alcançar a meta da "boa morte", com casos bem-sucedidos, entre outros.

Assistência paliativa no Brasil

Os Cuidados Paliativos foram implantados no Brasil no final da década de 1980, por iniciativa exclusiva de profissionais de saúde. Desde então, foram fundadas duas associações profissionais e dezenas de unidades paliativas públicas em diversos estados. A proposta assistencial tornou-se mais conhecida a partir de 2000, com uma maior divulgação do tema em um número crescente de congressos e cursos.

A cidade de São Paulo sediou em 2005 alguns encontros comemorativos do Dia Internacional de Hospice e Cuidados Paliativos, sendo o principal promovido pela Academia Nacional de Cuidados Paliativos, no Hospital do Servidor Público do Estado. Com duração de três dias, o evento intitulado "Cuidados Paliativos: um avanço na prática da medicina contemporânea" foi dividido em duas partes. A primeira, restrita a profissionais de saúde, com duração de um dia, foi inteiramente dedicada ao tema da dor (II Jornada de Tratamento da Dor), com o título "Hospital sem dor: uma meta a ser alcançada".

Na segunda parte, nos dois dias seguintes – "Cuidados Paliativos: um avanço na prática da medicina contemporânea" – era permitida a participação de "médicos, profissionais de saúde e de outras áreas de interesse", de acordo com mensagem de divulgação do evento. Marcando o primeiro encontro público organizado pela nova associação profissional, a abertura contou com a exposição, por uma médica paliativista, da proposta. Seguiram-se então as seguintes atividades: conferência "Cuidados Paliativos: novos conceitos norteiam uma prática médica", proferida por uma médica do Rio de Janeiro; mesa-redonda "Decisões terapêuticas em Cuidados Paliativos", composta por quatro médicos; conferência "Dor: o sintoma mais paliado", proferida por um médico especialista; painel "Excelência no controle dos sintomas", com dois médicos, uma enfermeira, uma fisioterapeuta e uma psicóloga; e, por fim, conferência e vivência "Espiritualidade: intervenções possíveis em uma unidade de Cuidados Paliativos", por uma psicóloga.

Nesta conferência foi apresentada a técnica denominada de "RIME: relaxamento, imagens mentais e espiritualidade", uma nova proposta de intervenção terapêutica direcionada ao apaziguamento dos temores da morte próxima de enfermos terminais, criada pela conferencista. Esta atividade se destacou no evento, por centrar-se especificamente no tema da espiritualidade e da religião.

No dia seguinte a programação era constituída por: mesa-redonda "Aspectos éticos e legais dos Cuidados Paliativos", com dois médicos e um padre, professor de ética; sessão especial "O paciente e seu cuidador: como é o cuidado paliativo para quem o recebe", coordenada por uma médica, com depoimentos de uma doente e de familiares "cuidadores"[28] de enfermos acompanhados pelo serviço de Cuidados Paliativos do hospital. Como encerramento das atividades, um show musical, apresentando um coral de crianças de escolas públicas da periferia de São Paulo, com músicas folclóricas brasileiras.

---

[28] O termo cuidador refere-se ao familiar responsável pelos cuidados do doente, mas também pode ser utilizado para um profissional de saúde.

A maior parte da plateia era constituída por profissionais de saúde – médicos, enfermeiros, psicólogos, assistentes sociais, fisioterapeutas, farmacêuticos – mas havia também religiosos, políticos e leigos, além de familiares de doentes assistidos em Cuidados Paliativos. Observou-se uma grande maioria de mulheres entre os assistentes, em comparação com um número razoavelmente equilibrado de palestrantes de ambos os sexos.

A programação do evento ilustra exemplarmente a proposta de assistência paliativa à "totalidade bio-psico-social-espiritual" dos enfermos e de seus familiares, pois contemplou, desde o tratamento da dor e dos sintomas – por excelência uma área de atuação médica –; os cuidados psicológicos, de enfermagem e de fisioterapia; a integração dos familiares ao "time"[29] de cuidadores; a importância da participação do próprio enfermo em seu processo de morte; até a intervenção espiritual. Abrangeu, portanto, todas as modalidades de atenção. Entretanto, apenas o conteúdo das exposições não expressa plenamente as diversas esferas de atenção da assistência paliativa. O formato das exposições dos palestrantes e o modo de conclusão do evento demonstram a presença marcante de um *ethos* próprio aos dedicados aos Cuidados Paliativos ou, em outros termos, dos militantes da causa da "boa morte".

Os Cuidados Paliativos propõem um acompanhamento ao último período de vida, inserido em uma construção mais ampla, voltada à produção de sentido para a vida e morte do indivíduo, pois não se trata apenas dos cuidados relativos ao sofrimento físico, psicológico e espiritual. Pode-se afirmar que uma determinada cosmologia de valores, inscrita no horizonte da modernidade, é veiculada e enfatizada nesta modalidade assistencial. O "individualismo ético" (subjetivismo, culto do eu, privilégio da escolha, ênfase na adesão ou na responsabilidade pessoal), o "hedonismo" (privilégio da satisfação pessoal, desqualificação da dimensão moral do sofrimento,

---

[29] Expressão muito utilizada por equipes paliativas, traduzida do inglês *team*.

afirmação do *self* etc.) e o "naturalismo", nos termos de Luiz Fernando Dias Duarte (2005, p. 143; 2006a, p. 53; 2006b), constituem marcas significativas do ideário da recente especialidade.

A apresentação inicial sobre a Academia Nacional de Cuidados Paliativos contou com uma homenagem a um médico especialista em dor, recém-falecido, quando algumas médicas choraram. No encerramento, com o coral infantil de crianças de comunidades carentes da grande São Paulo, houve demonstrações emocionais, como choro de diversos espectadores do evento, sobretudo de mulheres. Estas manifestações expressam a preeminência dada à expressão dos sentimentos e ao desenvolvimento da sensibilidade – de profissionais de saúde, de familiares ou dos próprios doentes. A possibilidade de vivência com maior intensidade até a morte e uma ênfase no fluxo da vida são marcos centrais – tanto em outros países quanto no Brasil – deste amplo projeto de transformação das representações sociais da morte.

Cabe destacar que, em grande parte, este ideário tornou-se viável pelo desenvolvimento de pesquisas farmacológicas direcionadas ao controle da dor, uma vez que até a década de 1960 a preocupação central da medicina concernia à cura das doenças. A dor não constituía objeto de maior interesse até então (Baszanger, 1995).

As prioridades do trabalho da equipe referem-se ao direito de escolha do enfermo acerca das opções terapêuticas e à atenção ao desconforto – físico, psíquico e espiritual – direcionada à aceitação do término da vida. As teorias desenvolvidas por duas médicas, em torno do processo do morrer, constituem referências centrais na delimitação dos Cuidados Paliativos. Cicely Saunders, médica inglesa e pioneira da filosofia paliativista, cunha a expressão dor total, para a dor vivenciada pelo enfermo em seu último período de vida, que abrange o sofrimento físico, psíquico, social e espiritual – de modo a produzir a demanda de assistência à "totalidade". Elizabeth Kübler-Ross, psiquiatra radicada nos Estados Unidos, dedica-se à compreensão do processo psicológico do doente até a aceitação da proximidade da morte. Segundo sua interpretação, o paciente passaria por diversas etapas – recusa, revolta, barganha e depressão – até alcançar o último estágio de "desenvolvimento pessoal": a aceitação da finitude e da mortalidade (Kübler-Ross, 1969).

O apaziguamento dos temores da morte é tarefa central na assistência paliativa, seja dos doentes, de seus familiares ou de profissionais recémconvertidos à Medicina Paliativa. O termo conversão é aqui utilizado no sentido de passagem (Birman, 1996), uma vez que o aprendizado em Cuidados Paliativos compreende a apreensão de um corpo de conhecimentos técnicos, relativo aos processos fisiológicos e psicológicos em decorrência do avanço da doença, uso de medicamentos para o controle da dor e novas formas de comunicação com doentes e familiares sobre a situação enfrentada – o que não constitui uma ruptura com o *ethos* profissional previamente adquirido. Um novo modo de gestão das emoções, com uma percepção e postura distintas em relação à morte são requisitos fundamentais na mudança para a nova identidade profissional.

O aspecto mais relevante concerne à alteração do significado da morte para os profissionais: de fracasso para a produção da "boa morte", o que traz grande satisfação na equipe. Para tal, faz-se necessário um processo pedagógico direcionado aos familiares, quando a equipe de saúde busca explicar o avanço da doença em direção à morte. O esclarecimento detalhado sobre o processo de morte integra o ideário dos Cuidados Paliativos. A pacificação e apaziguamento dos temores da morte constituem metas relevantes na proposta. Diversas atividades buscam diminuir – ou, ao menos, controlar – a ansiedade frente ao morrer: treinamento para a equipe, reuniões com familiares e conversas com os doentes.

O ideário da "boa morte" prescreve uma trajetória para o último período de vida, com a resolução das "pendências" materiais, emocionais, relacionais e espirituais. De acordo com os profissionais entrevistados, os conflitos familiares devem ser solucionados pacificamente – com ajuda da equipe paliativista – para possibilitar uma morte "tranquila". Para tal, os doentes são estimulados a "perdoar e a pedir perdão" àqueles com os quais se apresentem tensões e conflitos. Segundo um médico entrevistado, "a pessoa morre melhor quando relaxa. Se não estiver em conflito, seja com a proximidade da morte, seja com familiares ou amigos, ela pode relaxar e morrer sem sofrimento, tranquilamente". Já outra médica evoca uma imagem sobre a melhor morte: "seria como o pouso de um avião planador, que desliga o motor ainda no ar, à altura, e vai descendo lentamente, suavemente". Ela concorda com seu colega: para este tipo de "pouso" faz-se necessária uma resolução das pendências afetivas e um acompanhamento pela equipe paliativista multiprofissional.

O ambiente em hospitais de Cuidados Paliativos observados – tanto no Rio de Janeiro quanto em São Paulo – é semelhante ao descrito em artigos estrangeiros reflexivos sobre o tema (Walter, 1996; Clarck e Seymour, 1999): acolhedor, confortável e claro, com a intenção de transmitir paz e tranquilidade. Usualmente a equipe de saúde recebe os pacientes e seus familiares com sorrisos, de modo acolhedor e paciente. Há receptividade às manifestações de sentimentos, em especial ao se tratar de tristeza, alegria e gratidão. No entanto, expressões de raiva e revolta são geralmente consideradas inadequadas pelos paliativistas e motivam censuras e intervenções de controle (Walter, 1997, p.132).

Simmel (1983, p.122) considera o conflito destinado à resolução de dualismos divergentes, um modo de conseguir algum tipo de unidade, ainda que pela aniquilação de uma das partes conflitantes. Não há dúvidas sobre a angústia produzida pela consciência da finitude humana, o que necessariamente conduz à possibilidade de contato com a ideia da própria morte. A partir da concepção de Simmel, pode-se afirmar que está implícita na assistência paliativa uma busca de aniquilamento do pólo de recusa da morte – expresso pela raiva, revolta, indignação ou outras formas – e de afirmação da aceitação do morrer. Entretanto, tal processo deve ser efetuado de uma forma indireta e complexa, já que a saúde, o corpo jovem, a intensidade e extensão da vida constituem referências centrais em nossa sociedade ocidental contemporânea.

A emergência de uma nova especialidade direcionada ao último período de vida denota uma busca por uma solução inovadora em torno da angústia social frente ao término da vida: a aceitação do morrer. Para tal, a visibilidade deste processo e o conhecimento sobre o que ocorre até o último momento de vida são fundamentais. Um novo *ethos* face à conclusão da vida, pacífico e, sobretudo, civilizado, na concepção elisiana (Elias, 1997), deve ser produzido.

Não é tarefa simples, a dos militantes da causa da "boa morte". Diversas estratégias são elaboradas na produção de uma aceitação social da morte, algumas já descritas e analisadas em outros livros e artigos (Menezes, 2004; 2005; 2006), como uma pedagogia dos profissionais de saúde e familiares, reuniões de "pós-óbito" para elaboração do luto, além da própria concepção arquitetônica e decorativa dos hospitais e clínicas paliativas.

Mentalização e experiência de "quase-morte"

A conferência e vivência "RIME: relaxamento, imagens mentais e espiritualidade", observada na Jornada comemorativa do dia dos Cuidados Paliativos, integra o conjunto de estratégias desenvolvidas em prol da aceitação da morte. Neste sentido, esta técnica é aqui analisada como caso exemplar de um determinado tipo de construção desenvolvido especificamente no contexto brasileiro. Trata-se de um método de visualização, guiado por profissional de saúde, direcionado ao relaxamento do paciente terminal e apaziguamento dos temores da morte próxima. Baseado em relatos de "experiências de quase-morte" (*near death experiences, NDE*), propõe imaginar um percurso em direção à morte: distanciamento do corpo; entrada em um túnel escuro; sensação de leveza e conforto; chegada a um local agradável e paradisíaco, iluminado por uma luz clara e aconchegante; percepção de uma ponte a ser atravessada e, por fim, encontro com Jesus Cristo – ou um "ser de luz" ou, ainda, familiares e/ou amigos já falecidos – no outro lado da ponte.

A técnica foi exposta à plateia sob o argumento da universalidade da "experiência de quase-morte". Após a conclusão da apresentação, a palestrante propôs uma vivência do método, solicitando que todos fechassem os olhos, se concentrassem na respiração e mentalizassem a trajetória. As referências eram dadas lentamente em tom de voz suave, estimulando o relaxamento e o "encontro espiritual". Os presentes seguiram a orientação, abrindo os olhos somente quando permitido. Ao término da vivência, quando indagados pela pesquisadora sobre a opinião acerca da proposta, diversos profissionais emitiram comentários críticos como "uma viagem", "caminho perigoso", "não gostei" e "não entendo como a organização da Jornada dá tanto espaço para uma besteira destas". No entanto, apesar desta última declaração, na etapa pré-congresso comemorativo dos Cuidados Paliativos em 2006, foi franqueado um maior espaço a este tema, com o objetivo de proporcionar treinamento aos profissionais de saúde neste método. Cabe ainda acrescentar que, em 2005, alguns médicos de um hospital paulista já haviam frequentado curso sobre a "RIME" e a aplicavam aos pacientes internados em enfermaria, "quando o doente estava muito angustiado e próximo da morte", segundo uma médica entrevistada. Ainda de acordo com esta profissional, o resultado "é excelente, acalma muito e geralmente equilibra a respiração".

Técnicas de respiração, mentalização e visualização[30] são muito utilizadas por profissionais de Cuidados Paliativos, especialmente na Inglaterra e Estados Unidos. As sugestões de entrar em contato com uma bela paisagem, uma luz clara e acolhedora e caminhar em direção a ela são frequentemente referidas em textos (Albery e Wienrich, 2000) como formas alternativas de alívio da dor e da ansiedade em doentes terminais. Estes artigos também aconselham a utilização de música, seja ambiental ou com fones de ouvido

---

[30] Estas técnicas podem ser consideradas técnicas corporais, nos termos de Marcel Mauss (2003, p. 400).

nos pacientes, com gravações instruindo a visualização, tendo em segundo plano sons da natureza, como canto de pássaros ou de água corrente. Entretanto, a "experiência de quase-morte" como recurso para a pacificação dos temores da morte é inédito no campo da assistência paliativa e merece uma reflexão mais aprofundada.

A produção sobre o tema da "experiência de quase-morte" pode ser dividida em três áreas: na primeira, relatos de pessoas pertencentes a distintas sociedades e culturas, que vivenciaram esta situação, ilustrada pelo seguinte texto:

> Não sei quanto tempo durou e que algo estranho e diferente aconteceu. Vi-me acima da iluminação da sala cirúrgica. Vi meu corpo e a equipe agitada, pois o cardiologista tentava reanimar o coração e muito sangue na parte de cima do meu corpo. [...] Será que eu tinha morrido? Mas, se tivesse morrido, como estaria vendo meu corpo e a equipe? [...] Senti uma força que me "aspirava" para cima, e eu não tinha nenhum controle sobre ela. Ela me levantava num movimento espiral ascendente dentro de um túnel escuro (mas este tinha luz própria) que me conduzia a algum lugar desconhecido. [...] Esse mesmo túnel me lançou a um espaço infinito que me "aguardava", uma grande luz. Era uma luz da qual emanava uma presença, uma identidade, mas sem nome e sem forma. Dela emanava um amor incondicional. (Taboada, 2006, p. 335).

De acordo com essa autora, a partir dessa vivência, "as percepções se ampliam e a vida tem outro significado", o que contribuiu para sua decisão de dedicar-se a um trabalho voluntário com pacientes internados em hospital de Cuidados Paliativos oncológicos no Rio de Janeiro (Taboada, 2006, p. 337). Geralmente, os relatos publicados veiculam o mesmo ideário: a preeminência de sentimento religioso com a revelação de uma "outra" existência, capaz de propiciar grandes transformações na vida. Após os anos 1970, esta vertente passou a ter maior visibilidade e legitimidade com os livros publicados por Raymond Moody Jr (1975; 1988), médico norte-americano e seguidor de Elizabeth Kübler-Ross (2003), referência central nos Cuidados Paliativos. Em seus livros, por vezes em coautoria com outros médicos,

Moody Jr. sistematiza relatos, com o intuito de comprovar a existência de "vida após a morte" e aponta a possibilidade de comunicação com os mortos. A influência de ideias provenientes do movimento Nova Era (Amaral, 2000; Magnani, 2000) nesta produção é marcante, especialmente no que concerne à experiência pessoal, à abertura a novas sensações, à recusa de diagnósticos médicos estigmatizantes sobre o fenômeno da "experiência de quase-morte", como doença mental ou alucinação, e, sobretudo, a ênfase nos aspectos positivos proporcionados pelo evento, de modo a conduzir o indivíduo a um "maior crescimento" (Kellehear, 1996, p. 137).

A segunda vertente é composta principalmente por livros norte-americanos, que buscam comprovar a natureza biológica – e, sobretudo, universal do evento. Nesta produção, destacam-se dois tipos de abordagem concernentes à explanação etiológica do fenômeno: uma primeira, referida às teorias psicológicas e psicanalíticas, e outra, mais recente, marcada pela retórica das neurociências (Kellehear, 1996, p. 14).

Por fim, uma produção reflexiva e analítica, com abordagem antropológica (Kellehear, 1996) – aliás, bastante escassa – integra a terceira área de publicações sobre esta questão.

A imagem mais frequentemente difundida – seja na mídia em geral ou em textos "técnicos" – sobre "experiências de quase-morte" é constituída pelas seguintes etapas: uma pessoa está gravemente doente ou sofre um acidente; o coração para de bater; procedimentos de ressuscitação são realizados; após a reanimação, a pessoa relata que vivenciou um intenso sentimento de paz, uma experiência fora do corpo, sensação de atravessar um túnel, revisão da vida e encontro com uma luz brilhante, com entidades (Jesus Cristo, por exemplo), familiares e/ou amigos já falecidos (Kellehear, 1996, p. 3).

A produção analítica sobre a "experiência de quase-morte" propõe uma compreensão deste evento à luz do contexto social e do sistema de crenças no qual o indivíduo está inserido (Kellehear, 1996, p.20). Assim, pode-se compreender as interpretações do fenômeno a partir de sua contextualização. Os autores dedicados a esta temática compartilham um mesmo estilo de pensamento, nos termos de Ludwik Fleck, pois "todo pensar é aplicável, pois a convicção o exige, sendo a conjuntura correta ou não, uma confirmação prática. A verificação da eficiência prática é, portanto, tão unida ao estilo de pensamento quanto a pressuposição" (Fleck, 1986, p. 151). Neste sentido, a utilização da "experiência de quase-morte" com a finalidade de apaziguar os temores no término da vida deve ser analisada de acordo com o contexto no qual a proposta é criada.

Desde os primórdios dos Cuidados Paliativos, a morte foi considerada – especialmente por Cicely Saunders, a fundadora da primeira instituição exemplar desta modalidade assistencial, em Londres – como uma passagem, uma transição para outra instância. A denominação por ela escolhida para o primeiro *hospice*, *St. Christopher's*, denota tal percepção: São Cristóvão é o padroeiro dos viajantes, por ter carregado o menino Jesus em seus ombros, até a outra margem de um rio. A militância católica de Saunders imprimiu, com fortes cores, valores religiosos aos Cuidados Paliativos (Menezes, 2004, p.176). No entanto, sua tônica não está centrada em "outra vida", mas no acompanhamento próximo do doente e no alívio de seu sofrimento. Já nos Estados Unidos, a assistência paliativa é intensamente influenciada por valores do movimento da Nova Era.

Os Cuidados Paliativos foram implantados no Brasil por iniciativa exclusiva de profissionais de saúde do Instituto Nacional do Câncer que, preocupados com o abandono dos pacientes em seu último período de vida, buscaram uma nova alternativa de atendimento ao sofrimento de doentes e de seus familiares. Dentre os profissionais pioneiros na assistência paliativa, uma grande parte professava a crença espírita.

Os modelos de atendimento paliativo inglês e norte-americano constituíram referências centrais para as equipes brasileiras que, aos poucos, incorporaram à assistência espiritual – um pressuposto fundamental na produção da "boa morte" – determinados aspectos que podem ser compreendidos a partir do conceito de religiosidade mínima brasileira (Droogers, 1987, p.165). A crença em espíritos integra a rede de significados amplamente presente na sociedade brasileira (Velho, 2003, p. 57). Tal dado não exclui a forte influência, tanto nos Cuidados Paliativos implementados em países anglo-saxônicos (seja na Inglaterra, Canadá e Austrália, seja nos Estados Unidos) de referencial religioso, confessional (evangélico, católico, budista, judaico ou outras confissões) ou não confessional (vinculada ao movimento Nova Era).[31]

A crença em espíritos, na comunicação com eles ou na existência de "outra vida" é aceita usualmente pelo senso comum brasileiro, perpassando distintos estratos sociais. No quadro de sincretismo religioso brasileiro, em concordância com Maria Laura Viveiros de Castro Cavalcanti (1983, p. 15), o espiritismo pode ser estudado como um sistema religioso próprio. Desde seus primórdios, o processo de "abrasileiramento" insere-se em uma tradição religiosa pré-existente, quando se dá certa continuidade com seu sistema de crenças (Stoll, 2003, p. 57). Cabe ressaltar que, à exceção de poucos profissionais entrevistados – como uma médica, extremamente cética em relação à "outra existência", com um discurso marcado pelos referenciais psicológicos e psicanalíticos – uma grande maioria declarou acreditar em "outra vida após a morte", "em energias que se mantêm", independente da confissão religiosa à qual pertence. Muitos se declararam católicos, com influência "espírita" ou "espiritualista"; outros referiram crença espírita e alguns declararam pertencimento ao Candomblé. Um episódio é ilustrativo sobre a crença em "espíritos": em observação em uma unidade paliativa, conversava com duas médicas sobre o conforto do ambiente, quando elas sorriram e uma afirmou que isto era possível graças às "proteções". Diante de minha expressão de surpresa, a outra disse: "você não está vendo os espíritos aqui presentes? Eles estão aqui para nos proteger e auxiliar nosso trabalho".

---

[31] Cabe destacar a relevância de referencial psicológico e, sobretudo, psicanalítico, nos Cuidados Paliativos na França, o que pode ser compreendido, em última instância, como um ethos religioso não confessional, nos termos de Duarte (2006, p. 51).

Conclui-se, portanto, que a crença em espíritos e em outra existência, após o término "desta" vida, é prevalente entre equipes paliativas brasileiras, o que, de certa forma, justificaria a criação da RIME. Mas não se trata apenas de "provar" uma "outra vida": esta técnica pode ser compreendida como mais uma estratégia de pacificação face à morte, ao oferecer uma última possibilidade de esperança para quem está vivenciando seu último período de vida.

Produção de esperança e pacificação de temores

A morte decorrente de doença constitui um desafio à medicina, às suas instituições e seus profissionais. Com o desenvolvimento crescente de recursos tecnológicos, busca-se cada vez mais criar e prolongar a vida. Os Cuidados Paliativos dirigem-se aos limites da medicina curativa e representam o arquétipo contemporâneo de uma assistência em saúde pautada pela solidariedade. Os lemas dos eventos comemorativos desta causa no ano de 2005 evidenciam uma exortação à adesão de uma causa humanitária, denotando o processo de construção de um sentimento à distância (Boltanski, 1993, p. 91) e indignação em torno do abandono dos doentes terminais. Entretanto, a proposta não se restringe à produção de esperança em relação ao desamparo.

O ideário dos Cuidados Paliativos postula dois tipos de esperança na trajetória do indivíduo: a primeira se apresentaria quando recebe o diagnóstico de uma doença, ao esperar a cura. Nesta etapa, a equipe médica estimula o enfermo a lutar contra a doença, não se deixar abater e, sobretudo, a confiar no saber médico e ter fé – seja na ciência e na medicina, seja em crenças religiosas. Quando isto não é possível, um segundo tipo de esperança se apresenta: o de "concluir bem" a vida, não sofrer e não ser abandonado. A assistência paliativa busca responder a estas demandas, opondo-se a uma medicina considerada pelos militantes da causa da "boa morte" como eminentemente curativa, excessivamente tecnológica e "desumana". Com a proposta de re-encontro com familiares e/ou entes queridos já falecidos, de contato com entidades relevantes para o doente, como Jesus Cristo ou outra instância divina, uma terceira modalidade de esperança é oferecida. O lema *"the voice of the dying*, um canto de esperança", veiculado por associações internacionais de Cuidados Paliativos, reitera a importância da categoria esperança no ideário da "boa morte".

Para Vincent Crapanzano (1985, p. 45), esperança é "o campo do desejo na espera". Trata-se, portanto, de uma categoria intimamente vinculada à temporalidade, uma vez que pressupõe a possibilidade de um futuro e, mais ainda, de realização de desejo à ocasião. De acordo com Marret (1932, p. 28), a esperança é o "sentimento-mãe da religião", sendo considerada uma emoção mais básica até que o medo. No campo da religião, pode-se distinguir entre esperança e salvação. Para os evangélicos e, em particular os pentecostais, a salvação é garantida no renascimento, enquanto as pequenas esperanças referem-se à vida cotidiana (Crapanzano, 1985, p. 8). A esperança ainda pode ser categorizada, de acordo com Crapanzano, como falsa ou verdadeira. A primeira concerne aos prazeres mundanos, e a segunda está diretamente vinculada à salvação, possibilitada pela confirmação dos preceitos religiosos na vida cotidiana. A esperança está implícita em situações de revolução e utopia e expressa-se mais explicitamente no debate recente em torno de doenças terminais. Esta categoria se contrapõe aos sentimentos de desamparo e desespero.

Pode-se afirmar que se trata de um conceito que, como tantos outros, varia de acordo com o contexto histórico e social, e com o sistema de crenças no qual os indivíduos estão inseridos. Assim, moribundos de sociedades tradicionais temiam o Juízo Final e desejavam a salvação de suas almas (Elias, 2001, p. 21). A ideologia da saúde e da perfeição corporal constituem referências centrais na sociedade ocidental contemporânea. A iminência do término da vida tangencia – e talvez mais que isto, confronta e desafia os limites de uma cultura estruturada em torno das ideias de sucesso e progresso. Na atualidade, a medicina afirma ao indivíduo sua mortalidade e, simultaneamente, revela ser ele portador de uma determinada doença tratável, com boas possibilidades de certo tempo de vida. Portanto, na sociedade ocidental contemporânea, a esperança foi medicalizada e, assim, secularizada (Walter, 1996, p. 83).

Uma vez que à medicina e seus profissionais e instituições são atribuídos os encargos em torno da saúde, doença e, sobretudo, do morrer, cabe a eles produzir possíveis esperanças diante de cada infortúnio que se apresente. De acordo com pesquisa realizada com oncologistas norte-americanos, grande parte declara ser cética acerca da influência da esperança no curso da doença. No entanto, muitos médicos reconhecem a importância deste sentimento em seus pacientes (Good, 1990, p. 71). Analisando a investigação de Good, Crapanzano (2003, p.17) evidencia uma função retórica da medicina, no que concerne à produção de esperança. Os fundamentos biomédicos permitem uma evasão defensiva de questões perturbadoras, como a moralidade e mortalidade.

Equipes paliativistas dedicam-se a propor trajetórias e modelos de resolução da vida, em busca de uma morte "bem-sucedida", o que pode ser ilustrado pela proposta do psiquiatra norte-americano William Breibart (2003, p. 47). Este médico propõe atendimento de grupos de doentes terminais com câncer, com o objetivo de busca de sentido para a vida e morte, em reuniões semanais, enfocando os seguintes temas: "conceito de sentido e fontes de sentido; câncer e sentido, sentido e contexto histórico de vida; narração de histórias, projeto de vida; limitações e finitude da vida; responsabilidade, criatividade, boas ações; experiência, natureza, arte, humor; encerramento e despedidas" (Breibart, 2003, p. 52).

De acordo com o ideário paliativista, para alcançar uma "boa morte" é necessário encontrar um sentido para a própria vida e morte, perdoar e ser perdoado pelas pessoas de seu círculo social e familiar, expressar seus sentimentos – de preferência, amorosos – para, por fim, poder despedir-se "desta" vida. Com a proposta da RIME, mais uma etapa se apresenta para o doente terminal: preparar-se para a trajetória em direção à luz, em direção às entidades de referência e, sobretudo, de familiares e amigos já falecidos. Deste modo, a morte não é considerada ruptura. Ao contrário, os Cuidados Paliativos afirmam este evento como "passagem", o que é divulgado no Juramento do Paliativista, de autoria de uma médica paliativista brasileira, especialmente na seguinte frase: "[...] desejando-lhe amor e sorte em seu novo local" (Menezes, 2004, p. 114).

As formas de elaboração de resposta à angústia face à finitude da vida das religiões variam muito. O espiritismo afirma a continuidade da consciência do indivíduo após a morte, considerada como passagem, ritualizada pelo "desvencilhamento ou libertação do corpo" (Stoll, 2003, p. 85) – o que, ainda que não explicitado claramente, é veiculado pela RIME. Esta técnica revela uma forte influência do espiritismo, em especial no que concerne à concepção da vida e da morte como eventos não definitivos, ao configurarem apenas marcos da transição temporária de um plano de existência para o outro (Stoll, 2003, p. 107).

Nesse sentido, pode-se considerar que a proposta e aplicação desse método, em hospitais brasileiros de Cuidados Paliativos, afirma uma determinada percepção acerca da morte.

Considerações finais

As ideias de paz e de pacificação – centrais na cosmologia ocidental, como já explicitado por Norbert Elias (1997) – apresentam-se claramente no ideário dos Cuidados Paliativos, desde seus primórdios. A aceitação pacífica da finitude, a resolução das pendências – materiais, emocionais, relacionais e espirituais – integram o projeto pedagógico paliativista, dirigido a equipes de saúde, doentes e seu círculo social e familiar. Neste processo, a produção de esperança desempenha papel fundamental para todos os atores sociais envolvidos. A esperança é um sentimento que compartilha a mesma direção da expectativa, no sentido de um vínculo entre futuro e presente. Assim, no contato com a iminência do término da vida, o projeto paliativista produz uma afirmação do valor da vida do indivíduo, com a perspectiva de sua continuidade – seja na memória, seja em outra instância.

Na cultura ocidental contemporânea, a morte não retira a identidade ou individualidade da pessoa, que se mantém na memória dos outros e em diversas modalidades de registro, como textos e fotografias, por exemplo. Em outras culturas, como entre os trobriandeses, a morte determina um processo de "desconcepção" do indivíduo pelo grupo social, quando o nome do morto é apagado, em um processo de despersonalização. Quando a vida termina, o que significa que a pessoa não está mais se relacionando com seu grupo social, os que permanecem devem destruir os traços do morto, para que ele não possa mais influenciar os vivos (Strathern, 1992, p.64). Somente desta forma as relações sociais do grupo podem ser mantidas.

A proposta dos Cuidados Paliativos – e com a técnica de preparação para a morte – expressa a relevância do indivíduo como valor. Trata-se de uma concepção contrária à elaborada pelos trobriandeses: para a manutenção da ordem social, deve-se aceitar pacificamente a "transição" para uma outra existência, com a esperança de encontro com o divino e de re-encontro com entes queridos já falecidos. Nesta formulação, os vínculos familiares e de sociabilidade permanecem, a serviço da continuidade da existência individual.

Não há dúvidas sobre a possibilidade de vivência de certos sentimentos quando da consciência da iminência da morte, na cultura ocidental contemporânea, como angústia, medo e desamparo. A medicina busca, por meio de tecnologia complexa, criar a vida e evitar a morte. Os Cuidados Paliativos propõem uma alternativa de controle das emoções diante do inevitável, com diversas técnicas medicamentosas, pedagógicas e corporais. Nesse sentido, pode-se afirmar que, de certo modo, a recente especialidade constrói uma sofisticada forma de recusa da ideia de morte, de certa maneira análoga à sugestão coletiva da ideia de morte descrita por Marcel Mauss. Na Nova Zelândia, o indivíduo sabe ou crê que vai morrer, pois prescrições de origem religiosa sugerem esta ideia quando, por exemplo, há a transgressão de uma regra, como comer certo tipo de animal sem permissão. O indivíduo julga-se em pecado e essa crença é compartilhada pela família e amigos. A comunidade afasta-se gradualmente e todos à sua volta lembram frequentemente que ele está marcado e praticamente morto. Em pouco tempo a pessoa morre, por sugestão (Mauss, 2003, p.352). No caso de doente assistido pelos Cuidados Paliativos, com a aplicação da técnica de visualização, poderia estar presente a sugestão da manutenção dos vínculos e, mais ainda, de recusa da própria ideia de morte. Os valores morais veiculados no discurso paliativista e nas técnicas implementadas em torno do processo do morrer podem ser compreendidos à luz da leitura de Elias (1997): uma forma de regulação social, emocional e religiosa. Trata-se, portanto, de um novo dispositivo social de controle e regulação dos sentimentos diante da morte.

3

SIMBÓLICA DE PARENTESCO E RELIGIÃO NO OCIDENTE: UMA ABORDAGEM HISTÓRICO-CULTURAL

Naara Luna

Introdução

Este capítulo analisa símbolos de parentesco nas formações que deram origem à cultura ocidental e ao longo de sua história até o século XVIII a partir das relações entre família e religião, tendo como base empírica os sistemas religiosos, jurídicos e o conhecimento científico emergente. Também estarão sob análise teorias da concepção e a representação do concepto. O enfoque é do parentesco como sistema cultural, um sistema de símbolos (Schneider, 1968). Uma característica do parentesco ocidental moderno é a oposição entre a ordem da natureza e a ordem da lei, considerando-se o aspecto biológico como fundamento do social (Schneider, 1968). Um dos símbolos principais de parentesco no Ocidente é a noção de "sangue". Através de diversas instituições, será examinada a presença dessa e de outras representações: noções de transmissão e herança (social e biológica), teorias da concepção e da constituição do feto. Haverá o exame da regulação de instituições de parentesco como o casamento e a adoção, além da interdição do incesto, por instituições religiosas e pelo direito, civil e canônico. Também se verificará a presença de concepções religiosas orientando o pensamento que explica a natureza, ou o pensamento científico.

Primeiramente, serão examinadas representações de parentesco em contexto anterior ao cristianismo e no sistema jurídico do Direito Romano que antecede o cristianismo e é contemporâneo ao estabelecimento deste como religião oficial. Em seguida, o contexto cristão é o pano de fundo para esses símbolos. Passando pela antiguidade, período medieval e início do período moderno, a abordagem irá basicamente até o século XVIII, antes do estabelecimento do saber científico contemporâneo.

A religião e a substância do parentesco

Segundo Eilberg-Schwartz (1996), o conceito de patrilinearidade implica a continuidade entre homens de duas gerações diferentes. Esse tipo de filiação tinha papel fundamental na religião de Israel, o Judaísmo antigo. O pai dá a semente para a criação do filho. A ideologia da semente provê os pressupostos e o quadro em torno do qual toleram-se variações e substituições. Todavia, no centro da religião judaica há um deus que não se reproduz e não tem sexo. Considerando a circuncisão um mandamento divino, símbolo de pertencimento ao povo e da linhagem patrilinear, constata-se que o falo é veículo para transmissão da semente e o símbolo de patrilinearidade por excelência. Eilberg-Schwarz adverte que se institui a circuncisão como sinal da aliança entre Deus e Abraão, e a grande promessa divina é multiplicar a descendência de Abraão:

> Farei uma aliança entre mim e ti, e te multiplicarei extraordinariamente. [...] Quanto a mim será contigo a minha aliança; serás pais de numerosas nações. Abrão já não será o teu nome, e sim, Abraão; porque por pai de numerosas nações te constituí. Far-te-ei fecundo extraordinariamente, de ti farei nações, e reis procederão de ti. Estabelecerei a minha aliança entre mim e ti e a tua descendência no decurso das gerações, aliança perpétua, para ser o teu Deus, e da tua descendência" (Gênesis 17,2.4-7).

Após essa promessa, vem o mandamento divino de guardar a circuncisão, ritual que cria e dá visibilidade à continuidade intergeracional entre homens (Eilberg-Schwartz, 1996). Imagens religiosas formam domínio simbólico que opera parcial e independentemente de outros domínios simbólicos. Esses símbolos autorizam parcialmente outros símbolos, como noções de paternidade e patrilinearidade, mas também permanecem em tensão com outras ordens simbólicas, como as representações de divindade e do corpo masculino. O autor demonstra que a ideologia da semente está em tensão com outras representações de masculinidade geradas por outras reflexões religiosas como um deus monoteísta de figura masculina, que não tem deusa parceira para se reproduzir, em região cercada de religiões da fertilidade em que o casal de deuses reprodutor é o elemento principal.

Se na religião de Israel a preocupação era com a transmissão da semente, o termo para designar parentesco era *basar:* a carne em geral tanto do homem como do animal. *Basar* também significava o corpo humano todo, a carne do prepúcio e um eufemismo para os genitais femininos e masculinos nas acepções de impureza e infidelidade (Wolff, 1975).

A análise da organização e das categorias de parentesco nativas nas sociedades que foram berço do Ocidente Moderno revela continuidades e é um meio para se compreender as primeiras noções de hereditariedade. A pesquisa linguística aponta as raízes comuns do termo grego *génos* e do latino *gens* que se referem a seres unidos pelo laço de "nascimento". As línguas antigas colocam o pertencimento a um mesmo "nascimento" como fundamento de um grupo social. A raiz *gen* indica não apenas o nascimento físico, mas o nascimento na qualidade de fato social. Naquelas sociedades antigas com organização social definida por classes estáveis, o nascimento define o estatuto da pessoa. Da raiz *gen* derivam-se os coletivos que designam um ancestral comum em linha masculina (Benveniste, 1969, p. 258, 315). As primeiras noções de herança, de herdeiro, relacionam-se à inserção em estirpe, com transmissão de nome e de bens, o que fica claro na descrição das sociedades grega e romana.

Coulanges (2003), em seu livro clássico *A cidade antiga*, mostra a centralidade da religião doméstica na Grécia e na Roma antigas para a constituição das famílias. Em toda casa havia um altar com cinza e brasas que nunca deveriam se apagar. O fogo do lar era a Providência da família e a ele se ofereciam sacrifícios para alimentá-lo: lenha, vinho, óleo, incenso e gordura das vítimas. Há correspondência entre o culto do fogo sagrado e o culto dos mortos. Os antigos chamavam de lares as almas dos mortos. Essa religião primitiva afetava as instituições domésticas e sociais dos antigos. Somente se podia prestar culto aos mortos de cada família devido ao pertencimento de sangue. A oferenda na Grécia só poderia ser trazida por seus descendentes. Na Grécia e em Roma, o filho tinha o dever de fazer libações e sacrifícios aos manes de seu pai e aos de todos os seus avós. Associado ao culto aos mortos, o fogo sagrado pertencia a uma única família, não se relacionando ao fogo das famílias vizinhas. Cada qual tinha suas cerimônias, fórmulas de oração e hinos. Essa religião se propagava pela geração em linha masculina. Os deuses da família eram seu sangue. A mulher só participava do culto por intervenção de seu pai ou seu marido. Segundo Coulanges, a autoridade paterna se originava dessa religião. A família antiga era mais uma associação religiosa do que natural. A esposa só será levada em conta quando a cerimônia sagrada do casamento a iniciar nesse culto. O filho adotado, embora não tenha laços de sangue com a família, adquire laços na comunhão do culto. O parentesco e o direito à herança são regulamentados não pelo nascimento, mas de acordo com os direitos de participação no culto.

Nos séculos V e IV a.C, antecedendo o período romano, as cidades-estado gregas tinham concepções peculiares de parentesco, conforme demonstra Sissa (1996). Embora houvesse apreço a condições restritas de natureza genealógica no que se refere à transmissão de propriedade e estatuto, o sangue não aparece como símbolo de linhagem comum nas categorias nativas. Em Atenas, herda-se o direito de cidadania bilateralmente, exigindo a legitimidade do casamento dos pais, ambos atenienses como condição, e a legitimidade do nascimento da mãe. No décimo dia após o nascimento, o genitor reconhecia o bebê em um ritual na presença de testemunhas para que pertencesse à linhagem agnática (masculina). O sacrifício e o banquete para parentes e amigos consagram a criança como legítima. Trata-se do primeiro grau de sua inserção no corpo social. Faz-se o percurso em torno do fogo do lar e no interior da casa com o bebê que é acolhido na linhagem do pai e inscrito no espaço doméstico: seu nascimento jurídico. Na falta de um filho legítimo do sexo masculino, "fazer um filho" por meio da adoção de um adulto "substitui a geração biológica" (Sissa, 1996, p. 153). Nos processos, registra-se a preferência pela adoção de parentes colaterais agnáticos e, na falta destes, por parentes afins. O filho adotivo perde o direito de herdar de seu genitor e deve suscitar descendência na família onde entrou. Se houver uma herdeira, filha legítima do pai, desposá-la é obrigação do filho adotivo. Essa filha, *epiclera*, é inseparável do patrimônio herdado, trata-se de uma "mulher-herança" (sic). Seu marido não será proprietário dessa herança, destinada ao filho que o casal gerou.

No livro *A República*, Platão propõe uma sociedade em que se abole a família, criam-se os filhos em comum e os pais não os conhecem (Sissa, 1996). Passada a idade de "dar filhos ao Estado", homens e mulheres seriam livres para se unir sexualmente a quem quiserem, exceto seus descendentes e ascendentes em linha direta (pai ou mãe, filhos/as, avós, netos/as). O interdito de relações incestuosas não abrange os irmãos. Segundo Sissa, Aristóteles objeta que, em tal sociedade imaginária, o desconhecimento desses laços levaria à disseminação de parricídios e a familiaridades sexuais entre os parentes, o que seria o "cúmulo do impudor". Esses exemplos revelam que se considerava o parentesco em linha direta, ou descendência (*genos*), mais próximo do que o parentesco colateral (*syngeneia*). O significado desses termos varia ao longo da história: bem mais tarde o lexicógrafo Pólux descreve *syngeneia* como parentes afins e o *genos* como a esfera de proximidade em que a pessoa se inscreve por nascimento, incluindo consanguíneos, agnatos e cognatos. No caso da linha de sucessão, todos os agnatos precedem os cognatos, de modo que as mulheres podem transmitir a herança apenas a seus parentes homens. Há uma oposição clara entre o irmão por parte de pai, herdeiro de ego, e parceiro preferencial da filha deste no caso de sucessão, e o irmão uterino, para quem se interdita tal casamento. No tocante à linha de herança patrilinear, o lado masculino é completamente dominante. Enquanto um filho adotivo perde o direito à herança de seu genitor com o desligamento da linhagem paterna de origem, a adoção não o desliga da mãe. Nesse sentido, o parentesco do lado feminino é indelével. Assim, um homem pode desposar sua meia-irmã pelo lado paterno, mas é interdito fazê-lo com a irmã uterina. Embora as mulheres não tenham a capacidade de tutela que permite aos homens a adoção e instituição de descendentes, não pode se apagar a descendência feminina na matrilinhagem, nem se permite o incesto adélfico (entre irmãos uterinos). A mulher teria uma capacidade inferior à do homem de receber e transmitir a linhagem patrilinear. Na qualidade de geradoras de reserva, invocam-se as mulheres apenas quando se interrompe a corrente agnática (Sissa, 1996).

No exemplo das cidades-estado gregas, viu-se um tipo de sistema de herança bilateral em que a mulher é a parte mais fraca, embora necessária, da corrente de transmissão tanto do estatuto de cidadão como das propriedades de uma família. Deve-se reconhecer a legitimidade da descendência, o que enfatiza o caráter social do parentesco. Por outro lado, do mesmo modo que as mulheres em si não herdam, apenas transmitem a herança na ausência de parentes masculinos mais próximos, o parentesco pelo lado feminino, mais fraco do ponto de vista do direito sucessório, não se apaga. Há severo interdito quanto ao incesto adélfico, que inexiste entre irmãos apenas por parte de pai.

No período de formação de Roma, anterior ao império, Coulanges (2003) descreve a predominância dos laços de agnação fundados no culto dos antepassados, religião dirigida pelo *pater familias* e centro da família antiga. O reconhecimento do parentesco cognático é posterior e sempre se subordina aos laços de agnação no tocante ao direito. Leite (2000,

p. 69) afirma que "em Roma a paternidade é a instituição que consiste em se prolongar no outro, o que não supõe em nada o aspecto biológico". Assim como em Atenas, no Império Romano, um filho nascido no casamento não pertencia automaticamente à família: o pai deve "erguê-lo" do chão logo após o nascimento, um ritual para reconhecer sua recepção na família, caso contrário seria exposto (Veyne, 1990a). Veyne (1990a) sublinha a menor importância do sangue em contraste com o nome da família, o que se constata tanto na prática de exposição de filhos nascidos no casamento, como no alto estatuto social que os adotivos alcançam em contraste com os bastardos. Os últimos tomam o nome materno. A adoção era outro meio de ter filhos, além da geração. Usava-se a adoção para evitar a extinção de uma estirpe e para adquirir a condição de pai de família. A frequência e liberdade quanto ao divórcio assinala que os esposos não se consideravam uma carne em contraste com os ensinamentos cristãos (Veyne, 1990b). Com o predomínio dos laços de agnação na família romana, no tocante ao parentesco, as mulheres se associam ao *pater familias* da casa a que pertencem como filhas se solteiras, ou como esposas (ou em outra relação de afinidade) se casadas (Aragão, 1983). O cerceamento ao adultério feminino parecia mais ligado à manutenção da honra familiar do que a preocupações com reprodução biológica. Segundo Coulanges (2003) o adultério profanaria a religião dos ancestrais, interrompendo sua continuidade.

No período avançado da República e no período imperial (século I a.C.), a nora deixa de contar como filha, portanto, a filha casada não rompe mais com seu grupo familiar de origem. A esposa conserva seus direitos à herança familiar e já não pertence ao grupo do marido, mas se mantém agnata de seus parentes paternos, ou seja, permanece sob o poder do pai (Thomas, 1996). Tornando-se o casamento um vínculo provisório, as mulheres circulam e permanecem ligadas à casa de origem. Thomas (1996) descreve, no século II a.D., uma grande circulação de esposas entre os aristocratas romanos. Trata-se de um intercâmbio de mulheres férteis com a prática de empréstimo mútuo quando um não tinha filhos o bastante. Tal intercâmbio não consistia problema no tocante à filiação, pois, em função da prevalência dos laços agnáticos, os filhos não ficariam com essas "mães circulantes". Por outro lado, a tese de Thomas enfraquece o argumento de Veyne sobre a pouca importância dos laços biológicos associada ao recurso à adoção. A despeito da predominância dos laços de agnação, o nascimento e o estatuto da mãe definiam o estatuto de livre ou escravo (Veyne, 1990a). O *pater famílias* governava uma descendência que não excedia a geração dos bisnetos, mas por outro lado, tinha três pais a honrar no mundo dos mortos. Na ordem de ascendência, como na de descendência, demarca-se em torno de ego uma *domus* perfeita e individualiza na memória genealógica uma série de três pais (Thomas, 1996). Tal é provavelmente o limite do rito da *parentalia*, para além se estendendo o mundo inominado dos antepassados.

Pomata (1996) adverte que, no Direito Romano, cognação (*cognatio*) refere-se aos parentes relacionados por nascimento, diferente do termo "consanguíneos" (*consanguinei*) que tem o sentido específico de irmãos e irmã nascidos, mas também os "adotados" por um pai comum. Os homens podiam criar simultaneamente cognação e agnação, isto é, parentesco pela lei natural e parentesco pela lei civil, enquanto as mulheres podiam apenas criar cognação, o parentesco natural desprovido dos privilégios associados ao parentesco legal. A consanguinidade (*consanguinitas*) diz respeito à agnação e não à cognação. A agnação é o parentesco civil transmitido por linha masculina: agnatos são aqueles que estão sob o poder de um *pater famílias*. Os herdeiros de um homem são aqueles que estão sob sua autoridade por ocasião do falecimento, e não seus primeiros descendentes. A patrifiliação implica exercício e transmissão de poder, ao contrário da matrifiliação que não tem consequências legais duradouras. Já, na ordem agnática de sucessão, o pai transmite o poder a seus filhos homens, criando laços permanentes de parentesco, além de perpetuar sua personalidade legal em seus descendentes masculinos. Dentro dessa visão estreita em que a definição de consanguíneo é sumamente social e dependente da paternidade legítima no direito romano, um filho de pai desconhecido não tinha irmãos

Simbólica de parentesco e religião no ocidente   83

consanguíneos. Em contraste com essa visão, fontes literárias mostram que também se percebia a relação através da mãe como mediada pelo sangue, registrando-se a expressão "relacionado pelo sangue materno" (Pomata, 1996, p. 49). A despeito da concepção dos juristas, o uso linguístico geral indicaria que os romanos tinham uma visão bilateral de laços de sangue (Pomata, 1996, p. 50).

Pomata (1996) investiga a representação do sangue nos textos médicos da época para contrastá-los com a abordagem no direito. Numa linha que contraria a posição de autores como Veyne, a autora quer demonstrar como a teoria hematogênica do sêmen, isto é, da origem do sêmen a partir da preparação (*concoction*) do sangue, se relaciona às teorias de concepção somente por semente masculina ou por sementes masculina e feminina. Essas teorias, por sua vez, são a base para as noções de parentesco agnático, em que a linhagem feminina quase nada conta. Pomata (1996) adverte que, somente em textos medievais, o termo "consanguíneos" pode ser lido como parentes cognatos. Essa mudança no sentido de "consanguíneos" se destaca como a principal transformação no modelo do sangue. Examinando a importância dos laços de agnação (os laços da *consaguinitas* reconhecidos legalmente) em face de instituições como a adoção entre os romanos (Veyne, 1990a) e entre os gregos (Sissa, 1996), é possível constatar que essa noção legal de laço de sangue é distinta do modelo de parentesco baseado em laços naturais de sangue herdados bilateralmente. A herança bilateral de laços naturais de sangue é o modelo que vai se tornar dominante na Idade Média e no qual se baseia a simbólica de parentesco ocidental vigente.

O reconhecimento legal do parentesco bilateral vem no século VI com o Imperador Justiniano, cuja sistematização do Direito Romano é crucial para a história do Direito ocidental (Finkler, 2000). Pomata (1996) considera a Constituição de Justiniano, promulgada em 543, uma mudança dramática na definição legal de parentesco, ao abolir os privilégios dos direitos dos agnatos e invalidar a distinção entre estes e os cognatos. A autora observa que o contexto de uso de *consanguinitas* também mudou, pois, no Direito Romano, era tema de discussão em relação a questões de herança e sucessão. Discutia-se a proibição de casamento entre parentes em termos de graus de cognação e não de *consanguinitas*. No direito canônico medieval, os conceitos de *consanguinitas* e cognação se fundirão no contexto das regras de casamento. O quadro representando os graus proibidos de casamento era chamado de *arbor cognationis* (árvore de cognação) ou *arbor consanguinitatis* (árvore de consanguinidade), pois os teólogos guardaram o sentido original de *consanguinitas* como laço criado apenas pelo sangue paterno. Os teólogos até mencionam a teoria hematogênica do sêmen para explicar a origem do termo *consanguinitas*, mas surge uma nova noção que o sangue se transmite por ambos os lados: do pai e da mãe.

Analisar noções de hereditariedade, a partir da história de algumas instituições ocidentais de parentesco, é um desafio em função da dificuldade de separar noções atuais das antigas. Corre-se o risco de projetar categorias presentes nas instituições passadas, por exemplo, a figura da genealogia sobre o direito de parentesco. Enquanto, na sociedade ocidental moderna e na própria Antropologia, se considera o parentesco um híbrido do natural e do social, em que o natural é o fundamento (Schneider, 1968), de que forma se pensa a transmissão nas culturas a partir das quais emergiu a cultura ocidental moderna? Existe algum caráter físico nessa herança, ou trata-se de pura atribuição social? Categoria presente em *synaimoi* (de mesmo sangue) na religião doméstica da Grécia Antiga (Coulanges, 2003) e em *consanguinitas* (Pomata, 1996) do Direito Romano, a própria noção de "sangue" aparece como autoevidente nas descrições dos historiadores sobre as famílias e relações de parentesco nessas antigas sociedades[32]. Eilberg-Schwartz (1996) mostra a importância da

---

[32] Uma dificuldade da pesquisa histórica sobre noções de hereditariedade está no pressuposto da existência de um "parentesco de sangue" que prescinde de explicação pelos autores, o que denota a naturalização e onipresença dessa concepção. Cf Coulanges (2003, p. 64): "À medida que esta antiga religião perde o vigor, 'a voz do sangue falta mais alto' e o parentesco pelo nascimento surge reconhecido no direito. Os romanos chamam de *cognatio* esse parentesco absolutamente independente das regras da religião doméstica".

Simbólica de parentesco e religião no ocidente 85

transmissão da semente e de suscitar descendência nas promessas aos patriarcas hebreus e seu valor no Israel antigo. Segundo Désveaux (2002), a obsessão pela consanguinidade é uma característica das civilizações europeia e árabe e sua importância na teoria antropológica se deve à cultura de origem. Laqueur (1992) mostra que as teorias de concepção mais antigas representadas por Isidoro de Sevilha entre os séculos VI e VII centram-se no significado da paternidade, apresentando interpretações discrepantes sobre um mesmo material biológico. Pomata (1996) parte do pressuposto contrário, ao tentar ligar as concepções de agnação, cognação e consanguinidade no Direito Romano com as noções "biológicas" (sic) da medicina de então.

A interrogação é: quando se fala de *consanguinitas*, isto é, de irmãos e irmãs nascidos de (ou adotados por) um mesmo pai nos textos clássicos do Direito Romano (Pomata, 1996), e do sangue na qualidade de fluido corporal estudado nos textos médicos, como no Corpus Hipocrático (Lloyd, 1986), o referente é o mesmo? A tese de Pomata é original na tentativa de ligar concepções classificadas de sociais (esfera do direito) e biológicas. Não obstante, por trás de suas questões parece residir a cosmologia moderna surgida com o Iluminismo, em que a Natureza é a base da realidade (Laqueur, 1992). Seria possível relacionar tão diretamente a "biologia nativa" e a organização social? Considerando o sistema físico-humoral presente no Corpus Hipocrático (Lloyd, 1986), supõe-se uma cosmovisão em que o parentesco social e o biológico estariam unidos no período pré-moderno. Pode-se especular que a compreensão do biológico se subordinaria ao social (cf. Laqueur, 1992). Para esclarecer essas questões, é fundamental pesquisa que desvende historicamente o significado de símbolos de parentesco ocidental como o sangue. Investigar as representações que envolvem as uniões consanguíneas pode revelar algo mais sobre a construção histórica da noção de "sangue". No contexto cristão, como se configuram sangue e herança com a instituição do casamento?

Contexto cristão e parentesco

A literatura cristã primitiva priorizou a castidade. A ruptura dos laços familiares em favor dos ideais do Reino está registrada nos Evangelhos como palavra do próprio Jesus: "Pois vim causar divisão entre o homem e seu pai; entre a filha e a sua mãe e entre a nora e a sua sogra" (Mateus 10,35). Em sua 1ª Epístola aos Coríntios, o Apóstolo Paulo considerava a castidade superior, mas concede o casamento como meio de evitar a impureza: "Quanto ao que me escrevestes, é bom que o homem não toque mulher; mas por causa da impureza, cada um tenha sua própria esposa e cada uma, seu próprio marido" (1Cor 7,1-2). As comunidades cristãs primitivas valorizavam a profecia extática, e muitos entendiam que a abstinência da atividade sexual tornava o corpo humano mais propício à invasão pelo Espírito Santo. Brown (1990) demonstra como, na fase de tolerância ao cristianismo iniciada por volta do final do século II, aumenta o valor da renúncia sexual, que passa a ser considerada o ápice do progresso espiritual do cristão. Essa tendência se manteve até o início do século IV com a última grande perseguição pelas autoridades imperiais antes de se tornar a religião oficial do Império. Segundo Vainfas (1986), a literatura de apologia à virgindade consagrada dirigia-se principalmente às mulheres nos séculos III e IV, e a literatura voltada para os homens se difunde entre os séculos IV e VI (Vainfas, 1986). No século IV, através de decretos e legislação, a Igreja manifesta-se contrariamente ao casamento de parentes de sangue e afins próximos, deixando-se de lado as práticas romanas de adoção. Com essa posição, a Igreja interferia nas estratégias de fazer herdeiros. As novas restrições redefiniram união legítima e prole legítima. O direito de herança tinha como condição a legitimidade do cônjuge ou dos filhos, a partir de um casamento válido conforme estabelecido pela Igreja. A ausência de herdeiros homens impediria o culto familiar (Goody, 1983).

Até a queda do Império Romano no século V e apesar da influência crescente do cristianismo, no Ocidente medieval, a união dos casais e a cele-

Simbólica de parentesco e religião no ocidente 87

bração das núpcias permaneceram atos domésticos nos quais o clero pouco intervinha. O casamento permanecia o menor dos bens, inferior à castidade consagrada, mas a Igreja defendia sua indissolubilidade diante das heresias do século II, como o gnosticismo, que o negavam. Com a queda do Império Romano, costumes germânicos se mesclam às práticas romanas. Na moral dos guerreiros da Alta Idade Média, entre reis e cavaleiros, o casamento estava ligado aos valores de linhagem, à transmissão de heranças e títulos e à formação de alianças políticas. A mulher era parte do patrimônio familiar, entregue pelo pai ao noivo, selando a união de duas casas nobiliárquicas. A Igreja mantinha-se à margem do casamento, uma instituição doméstica que desliza aos poucos para o espaço público. Somente quando se aproxima a dissolução do império carolíngio, prelados fixam normas acerca do casamento para serem seguidas pelos leigos: trata-se de uma instituição divina, seu objetivo é a descendência e não a luxúria, virgindade até as núpcias, casados não devem ter concubinas e devem respeitar a castidade das esposas, o ato carnal visa à procriação e é interdito na gravidez, contra o repúdio da esposa, exceto por adultério, evitar o incesto. Era uma tentativa da Igreja de interferir no casamento dos nobres. A compreensão do casamento como sacramento só ocorrerá no século XII. Até então, a Igreja interferia ao impor impedimentos ao casamento dito incestuoso até o sétimo grau de parentesco, bem como impedimentos de parentesco espiritual entre padrinhos e afilhados. A união incestuosa podia ser anulada, e o casamento permitido novamente. Somente no século XIII, no IV Concílio de Latrão (1215), os impedimentos consanguíneos foram reduzidos para o quarto grau, em compensação se impôs a estabilidade e condenou-se o repúdio das esposas, só tolerado no adultério (Vainfas, 1986, p. 26-33). Na Idade Média, a Igreja se opunha à adoção como forma de criar herdeiros, e Goody reduz o objetivo da instituição eclesiástica ao controle do sistema de casamento, testamento e herança em benefício próprio (1983).

Não havia contudo, apenas o modelo proposto pela Igreja, mas este estava em tensão com as grandes parentelas dos nobres. Nos "reinos bárbaros" formados após a queda do Império Romano do Ocidente, durante a alta Idade Média (século VI), a prática de casamentos endogâmicos reforçava os laços de parentela a fim de se evitar a dispersão da herança. Entre os francos, o homem, chefe de parentela ou linhagem era guardião da pureza do sangue e da autenticidade da descendência. O poder protetor do pai passava às mãos do marido pelo noivado. Entre francos e germanos o essencial do casamento consistia em sua consumação e a coabitação já constituía o casamento (Rouche, 1990). Salienta-se que, na época, o incesto designava o casamento tanto com parentes consanguíneos como com afins, em discordância com a noção de incesto atual mais referida ao "parentesco de sangue". No período merovíngio, havia a convicção arraigada de que o parentesco por casamento equivalia ao parentesco de sangue. Somente na época carolíngia e após a oposição da Igreja no Concílio de Mainz (814), os casamentos impuros que envolvem parentes por afinidade próximos começam a diminuir. Grave era o adultério feminino que profana, além da mulher, sua descendência, ao destruir a legitimidade dos filhos e o carisma do sangue. No século IX, a interdição do casamento consanguíneo amplia-se até para os primos de segundo grau. A lei dos burgúndios e a lei romana, a despeito da Igreja, autorizavam o divórcio, o que incluía cláusulas desfavoráveis à mulher. Os galo-romanos praticavam o divórcio com consentimento mútuo. Os romanos pensavam em termos de igualdade dos sexos, enquanto os germanos hierarquizavam em benefício dos homens. A Igreja teve que tolerar o divórcio por mútuo consentimento, e introduziu a proibição total do divórcio apenas a partir do século IX. A monogamia e a indissolubilidade do casamento eram restrições intoleráveis para os nobres: entre os germanos o obstáculo à indissolubilidade era a prática poligâmica arraigada, enquanto para os galo-romanos era o contínuo concubinato com as escravas. Monogamia e indissolubilidade tornam-se práticas comuns no mundo galo-romano apenas a partir do século X (Rouche, 1990).

A ênfase na linhagem e na reconstituição de laços genealógicos puros surge na França a partir do século X ligada à instauração do feudalismo e se relaciona ao esfacelamento do poder real. No período anterior, descrito por Rouche, as alianças, ou seja, a consciência horizontal do parentesco se estendia mais. O eixo se inverte e a imagem é a da árvore de Jessé, um tronco em que de geração em geração um homem sucede a um homem (Duby, 1986). O poder e honra de assegurar a paz tornam-se hereditários e remetem a um ancestral heroico. Formam-se as dinastias que privilegiam a masculinidade e a primogenitura com objetivo do monopólio da função militar. O sangue serve de garantia de distinção social. Da mescla do sangue dos dois pais herda-se honra, virtude, além de predisposições. A mudança na doutrina da Igreja sobre o matrimônio no século XI impõe maior rigor no impedimento de uniões consanguíneas para evitar o incesto, um fator que pode tornar nulo o casamento (Klapisch-Zuber, 1998; Duby 1986). A Igreja esforça-se para convencer a aristocracia que o casamento é indissolúvel, que não se pode tomar esposa entre os parentes e que toda união incestuosa é nula e anulável, interdito até o sétimo grau de consanguinidade e o quarto de afinidade. Toda presunção de incesto invalidava o projeto de união e obrigava os esposos a se separar. Daí a necessidade de conhecer o "pedigree" do futuro cônjuge. Inicia-se a transmissão do nome de família tirado do nome do ancestral ou da casa (Duby, 1986). A fusão em uma só carne e a unidade conquistada pelo casamento sobre a divisão e a pluralidade, a partilha do mesmo sangue que resulta na descendência são metáforas corporais que justificam as concepções jurídicas, além de sugerir o reconhecimento físico e sensorial do parentesco comum. Escritos entre os séculos XII e XV, re-editaram-se os tratados do direito canônico sobre consanguinidade e proibição do casamento até o século XVI. Ali a ênfase está mais no laço de filiação a partir de um ancestral do que na presença de sangue comum para justificar os interditos canônicos (Klapisch-Zuber, 1998).

Na França do século XVII, a força das solidariedades de família vem de compartilhar-se o mesmo sobrenome patronímico e da proximidade dos relacionamentos (Flandrin, 1992). Embora os dicionários do período definissem parentesco como consanguinidade, havia outros laços bastante fortes, em particular os da aliança. Já o Direito Canônico reconhecia a consanguinidade legítima e a natural, o parentesco legal (adoção), afinidade legítima e ilegítima, e o parentesco espiritual (padrinhos). O impedimento do matrimônio nesses outros casos revela a existência de outros laços de parentesco que não os de sangue. Como se relacionavam o modelo de transmissão pelo sangue e as teorias da concepção? O conhecimento sobre a natureza se manifestava a respeito? Qual a relação com a religião?

A concepção e o concepto: substância e religião

As noções de concepção variaram historicamente no Ocidente desde as sociedades grega e romana, identificadas como origem dessa cultura, até as noções atuais. No Renascimento, ainda se interpretava o conhecimento do corpo com base nos modelos da Antiguidade. Com o desenvolvimento de novas formas de conhecer o corpo entre os séculos XVII e XVIII, se estabelece uma descontinuidade mais nítida. Por fim, criam-se novos modelos de concepção com a Revolução Científica e a teoria celular. Seguindo as mudanças nas ideias de concepção é possível verificar seu caráter historicamente construído. Segundo Jacob (1983, 21s), em sua história das ideias de hereditariedade e de reprodução, a possibilidade de analisar novos objetos está na origem das transformações do estudo dos seres vivos, o que nem sempre se deu em função de inovações técnicas, mas antes por uma mudança na maneira de olhar o objeto e de formular as questões a responder mediante a observação. Enfim, para que um objeto seja acessível à análise, é necessária uma teoria para acolhê-lo. Um retrospecto sumário dessas mudanças de enfoque revela a construção das noções de concepção na história do Ocidente.

Segundo Laqueur (1992), há dois tipos básicos de teorias da concepção. A teoria das duas sementes, exemplificada em Hipócrates (entre séculos V e IV a.C.) e Galeno (século II a.D.), sustenta que as sementes do pai e da mãe são necessárias para dar vida à matéria fornecida pela mãe. Haveria um "ejaculado feminino" durante o orgasmo no qual a mulher forneceria sua semente. Aristóteles propôs a explicação mais influente: a teoria de uma semente afirma que na geração o macho provê o *sperma* (causa eficiente e formal) e a mulher provê o sangue menstrual (causa material). O ejaculado, segundo Aristóteles, seria o veículo para a transmissão da causa eficiente, o *sperma*. O agente ativo não entra na matéria passiva, mas a molda como um artesão o faz com sua matéria-prima. Sêmen e catamênia (sangue menstrual) resultam de diferentes graus de refinamento do sangue. Supõe-se uma economia da interconversibilidade dos fluidos corporais em função do calor. Nessa economia, o homem é mais quente e a mulher mais fria, por isso perde sangue menstrual. Já o autor hipocrático defende a pangênese, isto é, de cada parte do corpo de ambos os pais viriam traços, formando um fluido ou semente reprodutiva. A concepção consiste na mistura das substâncias germinais do pai e da mãe. Para Galeno, a semente feminina seria necessariamente mais fraca devido à natureza da mulher. O médico árabe Avicena (século XI) afirma que a semente feminina é um tipo de sangue menstrual que não se digeriu completamente e se transformou pouco, ao contrário da semente masculina que se afasta da natureza do sangue.

Laqueur (1992, p. 6s) alerta para se evitar a leitura de textos da Antiguidade, medievais e renascentistas com o olhar epistemológico do Iluminismo, em que o mundo físico, o corpo, aparece como real, enquanto os significados culturais são epifenômenos. O enciclopedista cristão Isidoro de Sevilha (séculos VI e VII) traz um exemplo claro dessa perspectiva mais antiga em que o corpo serve de ilustração para verdades culturais (Laqueur, 1992, p. 55-7). Isidoro faz três afirmações conflitantes sobre a natureza da semente. Primeiro ele sustenta que só o homem tem semente: em uma sociedade em que o pai transmite herança e legitimidade, ao explicar a consanguinidade, ele enfatiza a origem da semente no sangue paterno. Nesse exemplo, nega-se o papel feminino na geração. Quando Isidoro discorre sobre a descendência ilegítima, os filhos brotariam da semente materna, como se o pai não existisse. Por fim, ao explicar por que filhos se parecem com os pais, o autor afirma que a mistura das sementes materna e paterna gera os filhos, o filho assemelhando-se mais ao genitor que tiver a semente mais potente. As três argumentações distintas a partir do que se considera hoje a mesma matéria biológica mostram que estão em jogo nesses exemplos o estabelecimento da paternidade, a legitimidade e o poder.

Na Idade Média, conforme visto em Avicena e Isidoro, o debate sobre a concepção mantém-se nos mesmos termos. A discussão sobre o estatuto do embrião relaciona-se à concepção de pessoa humana dotada de corpo e alma, isto é, de um princípio material perecível e de outro imortal (A. Strathern, 1996). Segundo Schmitt (1998), no pensamento do cristianismo medieval, tais componentes não surgiriam simultaneamente, o feto, "uma forma completa de ser humano", sendo animado, isto é, recebendo a alma, no ventre materno[33].

A recepção de Aristóteles no século XIII, por S. Tomás de Aquino, permite uma abordagem "naturalista" do corpo, em que matéria e espírito são princípios consubstanciais de uma totalidade de "alma encarnada" e "corpo animado" (Schmitt, 1998). Segundo Miungi (1999), o tema da geração em São Tomás de Aquino vem de seu esforço para refutar noções equivocadas sobre a natureza do ser humano, logo, da natureza de Cristo. Aquino baseia-se na filosofia da natureza de Aristóteles para descrever o processo de concepção e a geração animal, considerando diferentes atribuições para homem e mulher. Ela forneceria o princípio material passivo, ou causa material, isto é, sangue amorfo, enquanto o homem entraria com o princípio ativo, ou causa eficiente, que molda e transforma a matéria. Laqueur (1993, p. 256 n. 47) registra que São Tomás de Aquino especula na *Suma Teológica* se a Virgem Maria seria tanto a causa formal como a material para o Cristo humano. Aquino conclui que, na própria concepção

---

[33] Schmitt (1998) descreve uma visão da monja Hildegarde de Bingen em que a alma como uma bola de fogo entra no feto, em forma completa de ser humano, na barriga da mãe. Destaca-se o aspecto material dessa alma na forma de bola de fogo.

de Cristo, a Virgem não cooperou ativamente, mas apenas supriu a matéria (apud Miungi, 1999). A análise sobre a formação do feto em três estágios é descrita quando Aquino fala da concepção de Cristo: "Na concepção do corpo de Cristo três pontos devem ser considerados: primeiro, o movimento local do sangue para o local da geração; segundo, a formação do corpo a partir da matéria; terceiro, o desenvolvimento no qual é trazido para perfeição de quantidade" (*apud* Miungi, p. 161). Nota-se que o pano de fundo para o raciocínio de Aquino é a concepção virginal de Jesus em Maria. Segundo Miungi (1999), Aquino quer demonstrar que a alma não é transmitida dos pais para os filhos, de modo que o embrião é um ser independente, com alma e vida própria, não sendo parte da substância da mãe ou algo que opera pelo poder do sêmen do pai. No sêmen se encontra a causa eficiente da geração que modela o sangue menstrual feminino. Nessa primeira etapa do processo se modela a alma vegetativa a partir da matéria feminina. A vida do embrião seria como a vida de uma planta. Na segunda etapa, a alma sensitiva é feita pelo poder do sêmen. Corrompe-se a alma vegetativa que é sucedida pela sensitiva e o embrião passa a viver uma existência animal. Com a corrupção da última, a alma racional é infundida por Deus. A alma é a forma substantiva de um ser vivente, havendo apenas uma em cada etapa (Miungi, 1999). Fica claro que alma se une ao corpo humano apenas em estágio mais avançado do desenvolvimento. Pode-se depreender dessa descrição algumas características da condição do embrião: sua composição dupla de corpo e alma e sua individualidade frente aos pais.

Por meio do debate sobre o aborto na história da Igreja Católica, é possível apreender um pouco do estatuto atribuído ao embrião humano. Segundo Hurst (2000), na literatura penitencial da Alta Idade Média, no Direito Canônico (primeira compilação em 1140) e na teologia, se encontra a teoria da hominização posterior, segundo a qual, antes da entrada da alma racional, princípio atualizador da forma substancial, haveria apenas o potencial do corpo como matéria primeira. Havia penitências diferentes para o aborto conforme realizado antes e depois da hominização, sendo tais punições associadas às regras contra fornicação. No século XVII, o médico Paolo Zacchia defende pela primeira vez o argumento de que a alma racional estaria presente desde a concepção. A despeito disso, a posição da Santa Sé se mantém a mesma até 1869. No século XIX, aparecem posições defendendo o embrião como vida potencial. Em 1864, o teólogo jesuíta Jean Gury afirma que o feto, mesmo sem receber a alma, caminha para a formação de um ser humano, logo, sua expulsão seria um homicídio. Em 1869, o Papa Pio IX declara o aborto como homicídio, o que é incluído no Direito Canônico de 1917. Apenas no século XX, afirma-se explicitamente o conceito de proteção do embrião desde a concepção, o que é designado de "direito à vida", tendo como pressuposto a hominização imediata (Hurst, 2000).

O conhecimento científico em formação propõe novas soluções para explicar a formação de fetos, sua concepção e a transmissão de características. Qual seria a relação desse conhecimento com as explicações religiosas?

Transmissão e concepção

No século XVI na Europa, no tocante às ideias que circulavam sobre a geração de seres por seus semelhantes, pensava-se que a hereditariedade asseguraria a semelhança entre pais e filhos através da semente que passa de geração em geração com mistura de forma, constituição, temperamento, mas não de matéria (Jacob, 1983, p. 32). Por outro lado, acreditava-se que, em função de sensações dos pais, ou de sua imaginação, as influências do mundo exterior imprimiriam sua marca no produto da geração. O excesso da semente geradora poderia resultar no nascimento de monstros; já a insuficiência da semente poderia incorrer na geração de seres sem membros ou cabeça. Era corrente a crença na geração espontânea. A partir da vontade divina, considerava-se possível o nascimento de monstros, entre uma série de coisas extraordinárias. O conhecimento não se dissociava da fé. No século XVII, uma nova abordagem da natureza permite conhecer seu funcionamento. Os naturalistas vão classificar os objetos existentes no mundo. Surge aí o conceito de "espécie", baseado na permanência da estrutura visível dos seres através da sucessão das gerações que sempre produzem o semelhante. Na espécie, a geração expressa a regularidade da natureza. Em contraste com o período anterior, percebe-se o universo como regulado por leis de acordo com a visão mecanicista que se estabeleceu (Jacob, 1983). Correia (1997, p. 3) observa que a filosofia mecanicista, ao supor a analogia entre seres viventes e não viventes não trazia resposta para as questões da reprodução que circulavam então, isto é, a herança dos traços dos pais pelos filhos, a continuidade das espécies ou regeneração de membros amputados e o nascimento de monstros.

Na tentativa de explicar esses fenômenos, no século XVII, surge o debate entre a corrente favorável à epigênese e os que propunham a pré-formação (Correia, 1997). Novos estudos de anatomia no século XVII resultaram em algumas descobertas que, no entanto, não se transformaram automaticamente em novas teorias da concepção. Em 1651, Harvey, após estudar ovos e aves e imolar corças na época do cio, proclama que toda a vida inicia em um ovo (Jacob, 1983, p. 59-60; Laqueur, 1992, p. 171). Essa afirmação se destaca em uma época em que se cria na geração espontânea dos seres, ou seja, sem ovo nem concepção (Jacob, 1983). Em 1672, comprova-se a existência de sementes femininas, quando de Graaf observa ao microscópio pequenas massas repletas de líquido no "testículo" (sic) das fêmeas de coelhos e anuncia a descoberta dos ovos em fêmeas vivíparas (uma estrutura nos ovários hoje chamada de folículos de Graaf) (Correia, 1997; Jacob, 1983). Na mesma década, Leuwenhoek e Hartsoeker observam sêmen no microscópio e verificam a existência de animálculos (Laqueur, 1992). Em 1683, Leeuwenhoek, que acreditava na pré-formação na semente masculina (animalculista ou espermista), defende que a transmissão de características se daria apenas por linha masculina, com o exemplo de coelhos que herdavam a cor do pai (Correia, 1997). O debate se forma entre duas correntes de pré-formacionistas. Os primeiros acreditam haver um ser humano completo pré-formado na semente. Uma minoria, os animalculistas ou espermistas, propõe que o ente pré-formado está na semente masculina, enquanto o óvulo constitui um ninho para alimentar a pessoa pré-formada. Esse debate repete as noções de gênero vigentes. O argumento contrário colocava que Deus não permitiria um sistema em que milhões de pessoas em germe morreriam a cada ejaculação (Laqueur, 1992). Já os ovistas sustentam que o germe estaria inerte no óvulo, esperando ser ativado pelo líquido espermático. Atribuía-se a semelhança de filho e pai à presença do espírito no líquido seminal para a organização do feto, visto que o esperma escorre após a ejaculação (Jacob, 1983). Os achados sobre partenogênese (geração a partir de óvulos não fertilizados) em 1745 reforçaram a posição dos ovistas (Laqueur, 1992). A posição contrária a ambos era a epigênese, que refuta a existência da estrutura primária do ser vivo pré-formada no ovo, afirmando que um organismo complexo se desenvolvia da matéria informe. Wolff defende a tese da epigênese com base em sua observação no microscópio do desenvolvimento de um pinto (Jacob, 1983). Em 1765, o espermista Astruc afirma que a prole nascia com a mistura dos traços dos pais porque o animálculo, ao introduzir-se no ovo, molda-se ali com a semelhança da mãe, embora o embrião se originasse da semente do pai. Os ovistas defendiam que era necessário o sêmen "despertar" o ser pré-formado no ovo. Em livro publicado em 1762, Bonnet, que era ovista, propõe uma nova versão da teoria com o conceito de "germe", que não era uma criatura completamente pré-formada, mas a soma de todas as partes fundamentais do futuro indivíduo. Acreditando que a nutrição do feto pela mãe poderia influir no surgimento de híbridos como as mulas, ele admite a possibilidade de "enxerto" entre as duas sementes, o que explicaria casos como os híbridos e o filho com traços de ambos os pais misturados. A epigênese oferecia melhores explicações para o compartilhamento dos traços de ambos os pais na prole (Correia, 1997).

No pano de fundo da Revolução Científica, o conceito de pré-formação concordava com as filosofias de ponta de seu tempo, em particular o mecanicismo de Descartes, baseado no princípio da infinita divisibilidade de uma Natureza mecânica, Natureza que Deus iniciou e não mais interferiu. A teoria dava fundamento religioso e social ao *status quo*: era capaz de explicar o caráter irrevogável do pecado original, bem como diferenças sociais com servos originados de servos e reis de reis. Os principais partidários da pré-formação eram cristãos professos. Deus era um jogador crucial na lógica da pré-formação, visto que a teoria pressupunha como princípio básico que, durante a Criação, de uma vez Deus programou o mundo inteiro e toda a sequência de eventos destinados a acontecer. Ao contrário, a epigênese não recorria ao Deus todo sábio e todo-poderoso (Correia, 1997). A obra de Wolff, defensor da epigênese, que fica de fora do centro do debate no século XVIII, vem a ser a origem da embriologia experimental no século XIX (Jacob, 1983).

Faltava correlação entre as teorias da concepção debatidas nos séculos XVII e XVIII e as noções de parentesco de sangue. Entretanto, no século XVIII, houve iniciativas de investigar a similitude nas famílias com ênfase na regularidade da semelhança (Jacob, 1983). Os híbridos despertam os principais questionamentos: o casamento entre uma pessoa negra e uma branca sempre resultará em filhos com características intermediárias, assim como o acasalamento de um asno e uma égua gerará sempre uma mula, não um asno ou um cavalo. Jacob (1983) assinala que o conceito de "reprodução", surgido no início do século XVIII para designar a regeneração de membros amputados, assumiu a ideia de formação dos corpos vivos apenas no final daquele século. "Re-produção" é a construção dos seres vivos que se renova a cada geração. Maupertuis explica a transmissão de características a partir da identidade entre as moléculas que constituem os pais e as sementes que formarão seus filhos. Cada parte do corpo contribui com partículas específicas para a formação das sementes. O filho se assemelha aos pais, porque se constitui de partículas idênticas às deles. Essas mesmas partículas se encontram na semente de forma que, de geração em geração, os traços se perpetuam por filiação. Para se reproduzir essa imagem, é necessário uma memória, contida na matéria, segundo Maupertuis, ou presente em uma estrutura particular de acordo com Buffon (Jacob, 1983).

Correia (1997) observa que não havia conceito de gametas como células sexuais na origem da ideia de pré-formação. Segundo Jacob (1983), o estabelecimento da teoria celular no século XIX permitiu dar conteúdo aos aspectos diversos da geração: compreendem-se o óvulo e o espermatozoide como células originadas respectivamente da mãe e do pai, cuja fusão resultará em um embrião. Essa noção se vulgarizou e integra as ideias nativas atuais de parentesco e geração.

Considerações finais

O capítulo traçou a história das instituições ocidentais de parentesco tomando como referência símbolos e relações presentes nas religiões, nos sistemas jurídicos e de conhecimento da "natureza". Constatou-se que a relação com a religião se dá tanto em termos do pensamento religioso que elabora conceitos e noções, como das instituições que regulamentam as práticas de parentesco. O estabelecimento da família e de seus vínculos baseava-se em preceitos das religiões antigas dos hebreus, da Grécia e de Roma. Não apenas a religião, mas também o sistema de Direito vigente regulava e conformava esses vínculos. O advento do cristianismo colocou a princípio a desvalorização radical desses vínculos e a opção pela castidade consagrada, mas depois incorporou a família sob seu manto. Após mudanças nos sistemas de parentesco estabelecidas pelo Direito Romano, o Direito Canônico regulava as relações de parentesco na Idade Média, sempre em tensão com as concepções nativas dos diferentes povos. Instituições como a Igreja Católica regulavam o tipo de casamento permitido, a princípio com grande preocupação com a possibilidade de incesto e depois com a estabilidade do casamento.

Nesta retrospectiva histórica da simbólica de parentesco e religião, faz-se necessário destacar a continuidade de referências ao sangue. O sangue estava presente em todo o organismo e sua transmissão para a descendência unificava a estirpe. Segundo o biólogo Ernst Mayr (1982), os gregos introduziram uma atitude nova sobre a herança. Nos dois mil anos após Aristóteles e os atomistas gregos, quase nada de novo se acrescentou no tema da geração e da herança. A discussão no período alexandrino, romano e medieval continuou em termos dos modelos clássicos disponíveis. O retrospecto sobre as teorias da concepção e a análise histórica sobre as instituições ocidentais baseadas no sangue confirmam essa permanência. De fato há uma longa continuidade histórica dos gregos até hoje no tocante à concepção de transmissão pelo sangue. A pesquisa antropológica de Schneider (1968) tem demonstrado a continuidade dos modelos de parentesco ocidentais como base da teoria antropológica de parentesco e nos modelos propostos a partir do desenvolvimento científico.

Na presente discussão sobre símbolos e representações de parentesco, constatou-se o entrelaçamento de noções oriundas do parentesco e da religião. O pensamento religioso e filosófico também estava presente nas conjecturas sobre a geração da vida humana e nas elaborações científicas iniciais das teorias da concepção. São Tomás de Aquino pensou o problema da geração humana a partir de preocupações teológicas com a concepção virginal de Jesus em Maria. A variação da posição da Igreja quanto à proibição do aborto revela a lenta construção histórica da ideia de feto, bem como de sua gradual representação como ser humano. Também os primeiros investigadores da ciência emergente relacionavam suas teorias da concepção e da formação de novos seres na gestação com as concepções cristãs vigentes. Se o discurso científico atual nega qualquer validade a concepções religiosas, verificou-se a partir deste esforço de reconstrução histórica que houve o desentranhamento dos saberes de sua origem religiosa.

4

SER HOMOSSEXUAL OU SER EVANGÉLICO? DILEMAS DE CONSTRUÇÃO DE IDENTIDADE

Marcelo Natividade

Introdução

Esta análise[34] se insere em uma linha de ensaios antropológicos que ressalta o caráter socialmente construído da sexualidade. Parte do suposto de que a conduta sexual é um domínio que depende de socialização e atribuição de significados, regulado por parâmetros sociais (Heilborn, 1999; Weeks, 1999). A noção de *carreira sexual-amorosa* é instrumental analítico que permite a reconstrução de um percurso de experiências no âmbito dos contatos físicos e afetos, através da narrativa de eventos que o sujeito aciona como relevantes, sinalizando para a possibilidade de acesso a cenários culturais. Segundo essa perspectiva, a carreira sexual-amorosa do indivíduo importa em uma modelação específica da subjetividade (Heilborn, 1999) e a narrativa desses eventos remete a um discurso sobre si. Refletirei sobre como sujeitos, integrantes de crenças evangélicas pentecostais, elaboram

---

[34] Este estudo resulta de pesquisa desenvolvida por ocasião de minha inserção no Programa de Pós-Graduação do Instituto de Medicina Social da Universidade do Estado do Rio de Janeiro, finalizada em 2003. Aproveito para agradecer ao Prof. Sérgio Carrara, orientador e amigo, pelo incentivo, críticas e apoio durante a pesquisa; bem como aos professores Peter Fry, Maria Claudia Coelho e Fabíola Rohden, Emerson Giumbelli e Luis Fernando Dias Duarte que me privilegiaram com seus comentários.

uma percepção de si na tensão entre experiência religiosa e o exercício das práticas homossexuais. Discussão teórica relevante diz respeito à própria ideia de *religião*, entendida como um *texto cultural* que enseja uma grade de leitura das experiências. Os sistemas religiosos são sistemas simbólicos que não apenas fornecem sentido à ação social, mas introduzem *disposições* e *motivações*, ensejam um modo de *ver, apreender, compreender* e *entender* o mundo (Geertz, 1989). O substrato teórico deste trabalho no que se refere ainda aos estudos sobre religião assenta-se também na ideia de que a experiência religiosa deve ser entendida sob a forma de adequação e seleção das cosmologias e doutrinas religiosas, privilegiando a análise de certo percurso religioso no qual se constitui a experiência dos atores sociais. Nessa perspectiva, a conversão religiosa é entendida menos como releitura radical das experiências passadas do que como processo de mediações simbólicas e de adequação da doutrina religiosa (Birman, 1998; Mafra, 1997), percurso sujeito a sucessivas *conversões* e *reconversões* (Berger, 1976).

O material etnográfico[35] analisado consistiu em cinco depoimentos de homens residentes no Estado do Rio de Janeiro, na faixa etária dos 19 aos 27 anos, pertencentes a comunidades pentecostais diversas no contexto da Baixada Fluminense. O procedimento empregado na realização das entrevistas foi inspirado na técnica da *história de vida* voltado, contudo, ao resgate de elementos da carreira sexual-amorosa e da trajetória religiosa.

---

[35] Os entrevistados falaram livremente sobre assuntos como amor, sociabilidade, sexualidade e religião através da pergunta inicial "como foi a primeira vez que você foi à igreja". O acesso aos entrevistados me foi facultado por relações de sociabilidade estabelecidas, em etapa preliminar, com sujeitos que se tornaram *informantes* e acabaram por fazer a mediação entre eu e alguns de seus amigos que sabiam encontrar-se no perfil da pesquisa. Maurício, 20 anos, homossexual, não evangélico, indicou para entrevista alguns de seus ex-parceiros sexuais, com quem estabelecera relações de amizade: Ronaldo (27 anos, Assembleia de Deus), que conheceu através de uma rede de sociabilidade homossexual estruturada em torno de um local de prática de sexo anônimo, e dois outros sujeitos que tornaram importantes informantes na pesquisa, indicando para entrevista amigos que pertenciam a comunidades pentecostais onde tinham trânsito religioso. Assim, obtive também o depoimento de Fábio (22 anos, Assembleia de Deus), Victor (23 anos, de um pequeno ministério pentecostal em município da Baixada Fluminense), Paulo (19 anos, IURD) e Bruno (20 anos, IURD).

Os entrevistados são oriundos de certos de segmentos de camadas populares, a maioria de famílias de baixa renda da Baixada Fluminense, periferia do estado do Rio de Janeiro. Atuam em funções profissionais de nível médio, sendo que dois encontravam-se desempregados no momento da entrevista. A escolaridade varia do médio completo ao superior incompleto. Sobre o perfil religioso dos mesmos cabe mencionar que alguns destes sujeitos tiveram trânsito por outras religiões (catolicismo, umbanda e candomblé), situando sua conversão religiosa entre os 13 e 20 anos. Mesmo os entrevistados socializados em famílias evangélicas apresentam em suas trajetórias religiosas um momento de corte a partir do qual estabelecem um *compromisso* com Deus e a igreja, que pode ser equiparado ao processo de conversão vivenciado pelos demais. Todos frequentavam cultos em suas comunidades religiosas, no período em que concederam entrevista. Alguns têm passagem por outras denominações evangélicas[36]. Suas trajetórias religiosas traduzem-se ainda pela participação, em algum momento de suas vidas, em cargos como os de *obreiro, ministros de música*, coordenador de grupo jovem e outros[37].

Carreiras homossexuais e experiência religiosa

Gostaria de iniciar o relato das experiências vividas pelos sujeitos focando os dilemas introduzidos pela tensão entre suas experiências religiosas e eróticas. Não me proponho a analisar em detalhe suas carreiras sexual-amorosas, optando sim por sinalizar para certas recorrências presentes no discurso

---

[36] Empregou-se aqui a técnica 'batismo etnográfico' através da atribuição de nomes fictícios aos informantes, com vistas a proteger seu anonimato e identidade.

[37] Agradecimentos à CAPES e a Fundação Ford por terem propiciado, em distintos momentos, o suporte financeiro para realização da pesquisa que serviu de base às reflexões que apresento neste texto. Também ao Programa em Gênero, Sexualidade e Saúde, do Instituto de Medicina Social da UERJ, pela participação no VIII Curso de Metodologia de Pesquisa em Gênero, Sexualidade e Saúde Reprodutiva, que consistiu em etapa fundamental para o amadurecimento do projeto.

e na biografia dos entrevistados. Como toda descrição é sempre um recorte do fenômeno, assumo minha intenção de tão-somente sinalizar para esses dilemas, constitutivos da fala dos entrevistados. As carreiras amorosas dos indivíduos abordados nessa pesquisa incluem o estabelecimento de ligações afetivo-sexuais com homens e mulheres. Três entrevistados se autoclassificaram como homossexuais (Bruno, Fábio e Victor), um como bissexual (Ronaldo) e um como heterossexual (Paulo). Contudo, a descrição dos fatos e eventos da carreira amorosa-sexual mostrou que as experiências com o mesmo sexo possuem relevância em suas trajetórias a despeito de suas autoclassificações.

As ligações homossexuais não apenas ocorreram em maior número, mas também são acionadas como experiências marcantes. Por um lado, os eventos que os sujeitos privilegiam no interior de seu relato delineiam contornos de uma *carreira homossexual*, por outro, a forma como essas experiências sexuais são narradas é elemento indicativo do valor atribuído às mesmas. A homossexualidade figura no discurso de alguns, como *aquilo que faz feliz*, *aquilo que completa*, única possibilidade de *prazer verdadeiro*, expressão de certa *natureza*. Pode-se assinalar ainda que os entrevistados eram muito mais prolixos ao narrar as experiências com pessoas do mesmo sexo, reportando às experiências com o sexo oposto apenas quando inquiridos a esse respeito[38].

Paulo, por exemplo, que se declarava heterossexual - um heterossexual lutando contra a homossexualidade *dentro dele* - afirmou ser *virgem com mulher*. Embora tenha relatado interesse afetivo por uma garota da comunidade religiosa, não se refere a este interesse em termos de *desejo* ou *atração* – diferente do relato sobre as experiências passadas com pessoas do mesmo sexo. A única experiência sexual com mulher, que narra mas não computa como perda da virgindade, é relatada como *abuso sexual* sofrido durante a

---

[38] De uma forma genérica os entrevistados remetiam aos eventos da carreira sexual amorosa, privilegiando a descrição de eventos com pessoas do mesmo sexo. As experiências com o sexo oposto foram relativamente esparsas ou fruto da intervenção do entrevistador ao fim da entrevista - ou em poucos casos durante a mesma - que indagou acerca dessas experiências.

infância, praticado por uma mulher mais velha. Já Ronaldo, *bissexual*, que também nunca teve relações sexuais com mulheres, afirma que seus envolvimentos com estas eram, antes de tudo, uma satisfação à comunidade, chegando a comentar que sobre as mulheres *não tinha o que contar*. Na verdade, paradoxalmente, os únicos dois entrevistados que reportaram experiências de sexo penetrativo com mulheres classificavam-se ambos como homossexuais. Bruno, um desses sujeitos, afirma que esse evento ocorreu durante uma *fase* de profundo conflito de identidade. Victor, por sua vez, considera que a única relação sexual que teve com uma mulher refere-se ao momento de sua vida em que esteve *curado da homossexualidade.*

Do ponto de vista das trajetórias religiosas o uso da categoria *obra* sinaliza para certo conjunto de experiências semelhantes no que se refere à relação com o transcendental e às relações interpessoais no ambiente religioso. Na fala dos entrevistados essa categoria aparece no interior de duas expressões opostas: *vida na obra* e *vida fora da obra*. Estas expressões apresentam a *obra* como um período de intensa participação na comunidade religiosa que se segue à conversão ou ao *compromisso* assumido com Deus e a igreja. A *vida na obra* circunscreve ainda a dimensão da relação com o transcendental, ensejando intensas experiências com o *Espírito Santo* e o recebimento de *dons espirituais*. Assim, importa em momento de frequência assídua à comunidade religiosa, participação nos cultos e rituais coletivos e também em cargos e outras atividades, mas também em período do desenvolvimento de sua dimensão espiritual.

Os entrevistados narraram ter recebido o *batismo no Espírito Santo* e o *batismo nas águas*, este último reportando à ocasião em que participaram de ritual coletivo e declararam publicamente o *compromisso* com uma *nova vida em Cristo*[39]. Os relatos em questão apresentam descrições da relação mantida com a divindade: sensações de *quentura no corpo*, calafrios, des-

---

[39] O batismo nas águas é reconhecido pelos entrevistados como ato de *purificação*, onde tiveram os corpos *limpos*, transformados em *vaso* pronto a ser preenchido pelo *Espírito Santo*, em *superfície* pronta a ser tocada pelo transcendental.

maios, alegria e euforia são reportadas como o *recebimento do Espírito Santo*. Outro aspecto dessa relação com o sagrado é o recebimento de *dons espirituais*, a partir dos quais passaram a exercer a missão de *escolhidos*, atuando na evangelização e difusão da mensagem religiosa. Dentre os dons recebidos figurariam o *dom da cura*, *dom das línguas*, *dom da música*, *dom da palavra* e o *dom de profecias*.

A tensão entre experiência religiosa e o exercício de práticas homossexuais emerge no interior dessas narrativas biográficas como foco problemático. A maior parte dos entrevistados considerava o momento da entrevista como período de vida *fora da obra*. Apesar da manutenção do pertencimento religioso, interpretam sua inserção atual como menos comprometida com os ideais da igreja, e com o Espírito Santo. Consideram a dimensão da interação com o *Espírito Santo* prejudicada pelo exercício da homossexualidade e também pela *falta de oração*. O discurso proferido em relação aos atuais eventos da carreira homossexual reporta ao caráter *contaminador* e *poluidor* da pessoa por este tipo de prática sexual no contexto do pentecostalismo. A fala de um entrevistado remete a essa percepção da experiência pessoal com o Espírito Santo:

> Ter o batismo no Espírito Santo é uma coisa que você tem que se resguardar muito... Porque é aquela coisa, seu corpo é o templo do espírito santo. Se você não tá praticando, se você está praticando coisas ilícitas, que estão fora dos padrões de uma igreja, então o Espírito Santo não vai habitar você. No momento que você tá com a sua vida diante do altar, sua vida ali certinha, bonitinha, então vai ter, você vai sentir a presença de Deus, você vai falar na língua dos anjos (Ronaldo, 27 anos, Assembleia de Deus).

O trecho transcrito sinaliza para as avaliações destes sujeitos sobre a relação entre dons espirituais – a comunicação com o transcendental – e conduta sexual: somente possui o dom aquele que se *resguarda*, que não pratica *coisas ilícitas*, que não *contamina* o corpo, que é *templo do Espírito Santo*. A lógica cultural subjacente a essas avaliações referenda-se na ideia de que ao praticar atos homossexuais o indivíduo perturba a comunicação com a divindade, pois esta não pode habitar em um *vaso*, em um *corpo poluído*. Portanto, nos relatos apresentados, a homossexualidade dificulta o estabelecimento da intimidade entre o crente e o mundo transcendental. A ruptura/diminuição dessa comunicação com o Espírito Santo é também descrita em termos de certa dificuldade em *sentir a presença de Deus*, de se tornar mais *sensível* às *coisas espirituais*.

Um entrevistado sinaliza para esse tipo de experiência ao relatar a perda do *dom da cura*. Narra a ocorrência de inúmeros *milagres* operados pelo Espírito Santo através de sua pessoa, dentre eles a *cura* de enfermidades fatais como Aids e câncer. Outro de seus relatos refere-se ao fato de ter *ressuscitado* um bebê *morto* no ventre da mãe que havia tentado abortar. Esse *dom*, prova da sua identidade de *escolhido de Deus*, foi perdido devido ao envolvimento afetivo-sexual com outro homem, 'posto' pelo demônio em sua vida. Segundo ele, o próprio parceiro teria confessado que fora enviado pelo *diabo* para *destruir sua vida*. Sua narrativa contempla não apenas o cessar da comunicação com o Espírito Santo, mas a perda no embate entre o bem e o mal dentro de seu próprio corpo: Deus conferindo-lhe dons e o diabo propiciando circunstâncias que o tornariam *indigno* dos mesmos. Sua interpretação é sintetizada sob a afirmação de que o diabo tinha interesse em que ele *perdesse* esse dom, através do qual ajudava as pessoas.

A perda de nível espiritual e a sensação de transgressão aos desígnios divinos reportam a fortes sentimentos de culpa e sensações de *contaminação/poluição*. O cessar do acesso ao *Espírito Santo*, nas biografias analisadas, importa em degradação e certa deterioração da autoimagem. Contudo, trata-se de estado reversível através da prática da oração e do exercício de um *comportamento digno*. A abstinência das relações homossexuais é apresentada como pré-condição para a recuperação dos dons e restabelecimento da comunicação com o Espírito Santo.

Do ponto de vista da doutrina pentecostal, o indivíduo que exerce práticas homossexuais não teve uma experiência *sincera e real* com o Espírito Santo, não atingiu assim, o status de *liberto*. Do ponto de vista da experiência pessoal, a doutrina religiosa entrará em choque com um conjunto de disposições incorporadas que impelem os sujeitos à prática da homossexualidade, como sugere a fala de um entrevistado:

> Na minha igreja eles falam que é errado a prática do homossexualismo... Tanto, que é até bíblico. Saber que é errado eu sei, outra coisa é você conseguir parar de fazer, entendeu? Simplesmente eu gosto de homens, entendeu? O que eu posso fazer se eu gosto de homem? Se eu tenho tesão... (Ronaldo, 27 anos, Assembleia de Deus).

A homossexualidade é, assim, percebida como impulso difícil de ser controlado, quase irrefreável. As disposições religiosas competem com o desejo homoerótico, pautado por disposições de uma outra ordem, mas também fruto de certo aprendizado social. Se a experiência religiosa fornece uma grade possível de leitura para essas experiências, o inverso também pode ser verdadeiro. A vivência da homossexualidade permite também a ressignificação da experiência religiosa ou, vale dizer, a adequação dos discursos religiosos.

A experiência do indivíduo na interação social e as redes sociais em que esta se desenrola servirão de base para o contínuo processo de constituição de sentido na vida cotidiana. O percurso biográfico dos sujeitos importará em uma trajetória passível não apenas de rupturas, mas de retomadas, confluências e mediações simbólicas. Como afirma Mafra, o fiel busca a adequação na lacuna existente entre doutrina e experiência pessoal, na dialética que se estabelece entre esses dois planos (Mafra, 2002).

O que se delineia nessas biografias de uma maneira mais ou menos recorrente é o conflito entre mapas culturais contraditórios: a religião, que interdita, proíbe e/ou demoniza as práticas homossexuais; e a sexualidade, domínio no qual a relação sexual com outro homem é o signo de uma *verdadeira essência*, de um *verdadeiro eu*. Este dilema vivido e atualizado em certa medida por todos os entrevistados remete a duas distintas concepções da *natureza*/essência da pessoa. Como evangélico, o indivíduo somente é um ser *completo* quando habitado pelo Espírito Santo. No caso destes entrevistados, esta percepção de si competirá com um discurso fundado na ideia da realização pessoal através do exercício da homossexualidade. O prazer de ter o corpo habitado pelo Espírito Santo competirá, assim, com o prazer pessoal das ligações homoeróticas. Os mapas culturais aos quais essas duas disposições remetem, tematizam de forma diferente a essência da pessoa humana: uma que postula a verdade do eu a partir da ideia de uma experiência religiosa, outra que se funda na homossexualidade como a *verdade* do ser. Estes entrevistados, como veremos adiante, oscilam entre essas duas percepções de si, conferindo preeminência a uma ou outra identidade no estabelecimento de soluções singulares ao dilema ser homossexual ou ser *escolhido de Deus*.

Cura, Homossexualidade e Projetos Individuais

Nesta seção reporto-me ao relato dos entrevistados a fim de buscar as nuances da experiência religiosa de diferentes sujeitos à luz de sua articulação com as experiências vivenciadas na esfera da sexualidade. O objetivo é mostrar como esses indivíduos se relacionam com a doutrina religiosa e a ideia de cura/libertação elaborando distintas soluções ao dilema entre ser homossexual e ser evangélico[40]. Argumento que as biografias dos entrevistados comportam maior ou menor adesão aos preceitos religiosos e também movimentos de afastamento e aproximação da religião.

---

[40] Considero a difusão, no universo pentecostal, da noção de *cura espiritual* principalmente através da ideia de *libertação* dos demônios. A homossexualidade figura também como um tipo de *problema espiritual* cuja *solução* encontra-se na experiência religiosa. Este discurso sobre as práticas homossexuais adquire um colorido particular a partir da noção de *batalha espiritual*, teologia que ressalta o embate entre o bem e o mal que se opera no mundo entre os *anjos celestiais* e as *hierarquias demoníacas* (Mariz, 1999). Percebida como uma intervenção do maligno sobre a vida do indivíduo, este tipo de prática sexual figura como um *problema* que pode ser *vencido* na igreja através de exorcismos e da frequência aos cultos de libertação (Natividade, 2003). Interessa aqui, analisar como os entrevistados incorporam elementos dessa cosmologia religiosa no atual momento de suas vidas.

A recusa da cura

O primeiro ponto para o qual gostaria de sinalizar diz respeito à recusa da ideia de *cura* por parte de alguns destes indivíduos, apontando para um tipo de relação estabelecida com a doutrina religiosa que, no entanto, não implicará necessariamente na recusa de uma identidade religiosa. As biografias de dois entrevistados reportam, cada uma a sua maneira, a esta relação com a igreja, matizada pelas atuais experiências no campo da sexualidade.

Bruno e Ronaldo experimentam o exercício da homossexualidade como signo de liberdade pessoal, de um re-encontro com a natureza que propicia *felicidade* e *prazer*. A contenção dessa natureza, por sua vez, implica sentimentos de *vazio*, *solidão* e *depressão*. Esses sujeitos relatam que a única possibilidade de realização pessoal encontra-se no estabelecimento de vínculo sexual-amoroso estável com outro homem. Acompanhar os últimos acontecimentos dessas biografias lança um foco de luz sobre as soluções elaboradas pelos sujeitos à tensão que se configura, de uma forma geral, nessas carreiras sexuais.

Bruno reinterpreta o discurso religioso que interdita e demoniza as práticas homossexuais, atualmente exercendo a homossexualidade que, segundo seu relato, teria sido *abençoada pelo Espírito Santo*. A partir do momento em que Jesus o *consolou* passou a *aceitar-se*. Hoje, busca um relacionamento estável com parceiro do mesmo sexo e encontra suporte à estruturação de uma identidade homossexual na participação em uma rede de sociabilidade homossexual configurada em torno de seu ambiente de trabalho. Ele, que já foi *obreiro*, hoje prefere não lembrar desta época porque acredita que esta experiência *lhe fez muito mal*, remetendo a um período de *solidão* e *sofrimento*, em que *esquecia de si mesmo*. Bruno conta que viveu um momento de crise após uma decepção amorosa com outro homem, durante o qual desejou retornar à obra. Assistindo a um culto da Igreja Universal do Reino de Deus, *profundamente deprimido*, questionava-se sobre os motivos do *fracasso* de sua *cura*. Foi então que recebeu a *bênção do Espírito Santo*, acontecimento a partir do qual passou a conciliar o exercício das práticas homossexuais à experiência religiosa:

> Fui à igreja e sentei. Sentei no banco... e comecei a falar com Deus: "Poxa, meu Deus, até quando? Se isso não é o certo na minha vida, então por que eu continuo assim? Se isso não é o que o Senhor quer pra mim? Por que eu continuo assim? Por que eu continuo passando por essas coisas?"(...) Eu tava com muita dúvida, sabe? Na cabeça!... Tava com muita dúvida se escolhia a minha opção sexual ou se eu queria Jesus e seguiria as coisas certinhas. Eu tava com muitas dúvidas em relação a isso. O Espírito Santo falou assim comigo: "Meu filho, não temas que Eu estou contigo". Eu *senti isso*, sabe? Eu senti Ele falando pra eu *não temer* porque Ele era comigo... Ele falou assim: "Por onde você for Eu estarei ao seu lado". E aquilo me deu forças. (...) Eu me senti mais lúcido pra tomar uma decisão, me senti mais confiante, mais seguro. Eu tinha muito medo, eu pensava: vai que eu largo tudo e vou pro inferno?... Eu não tenho mais esse medo.

Essa interpretação de seu passado recente somente será possível a partir de fatos e eventos que servirão de suporte sociológico à releitura de sua experiência religiosa. Veremos que não apenas a relação estabelecida com o ex-parceiro, mas ainda outros fatores permitiram que Bruno ressignificasse o discurso religioso. Se sua formulação a respeito da homossexualidade hoje se referenda na ideia de livre-arbítrio, afirmando ser esta uma *opção sexual*, todo um caminho foi percorrido por ele até sua *aceitação* da homossexualidade, ou melhor, a constituição de uma identidade homossexual, como esta se configura em seu discurso sobre si.

Atualmente, Bruno é integrante de uma rede de sociabilidade homossexual estabelecida no ambiente de trabalho. Frequenta a residência de um *casal gay* e ocasiões sociais através das quais estabeleceu outras ligações afetivo-sexuais com homens. É neste contexto, algo contrastante com o ambiente conservador da família, igreja e comunidade onde mora, que Bruno encontrará *confiança* e *compreensão*. A busca de amizades que o *entendam* será importante estratégia na elaboração de um novo discurso sobre si, centrado na identificação com o grupo, na aceitação da *diferença* e na adoção de alternativo *estilo de vida*.

A narrativa de outro entrevistado também aponta para a afirmação de sua homossexualidade. Situando a descoberta de lugares de prática de sexo anônimo como um marco em sua trajetória, a partir do qual a homossexualidade terá novo sentido, Ronaldo afirma que o ingresso no mercado de trabalho, a relativa autonomia financeira decorrente, e a experiência de estudar no centro da cidade do Rio de Janeiro foram fatores relevantes para a aceitação de sua *natureza*. A partir desse momento Ronaldo conta que teve mais oportunidade de desenvolver novas ligações sexuais com outros homens. Se antes mantinha relações de sociabilidade circunscritas às redes religiosa e de vizinhança, o trânsito por um ambiente de relativo anonimato social permitiu que desfrutasse de certa liberdade para o exercício da homossexualidade. Ali, no centro do Rio, descobriu que *o mundo homossexual acontecia*, passando a buscar locais de prática de sexo anônimo como saunas e cinemas pornográficos para o estabelecimento de interações sexuais com outros homens.

É curioso que Ronaldo, a despeito de sua percepção da homossexualidade como *poluidora*, em momento algum se refere a ela como influência *demoníaca*. Ainda que a ideia de uma interferência sobrenatural possa permanecer como um pano de fundo, posto que presente na cosmologia religiosa, não é acionada por Ronaldo. Essa seleção que faz dos argumentos religiosos passa pelo filtro da sua percepção de suas práticas homossexuais como signo de sua essência, uma percepção que o discurso religioso, até o momento da entrevista, não re-estruturara.

Ronaldo acaba assim por conferir novo sentido à experiência religiosa, deslocando progressivamente o valor atribuído anteriormente à religião para o prazer pessoal obtido no exercício da homossexualidade. Ao longo de sua trajetória a experiência religiosa deixa de ter conotações positivas e passa a ser experimentada como *coerção*, como moralidade que, em alguma medida, frustra seu projeto de uma vida homossexual. Mas a opção pela homossexualidade não se dá sem tensão em sua biografia devido à importância que a família ocupa em sua visão de mundo. Ronaldo aponta o medo da descoberta de sua homossexualidade pela mãe e pelos familiares como o principal entrave a esse projeto. O desejo de preservar a harmonia no lar e a rede de sociabilidade religiosa justifica a frequência a redes de sexo anônimo como forma de exercício do prazer. Em locais reservados à prática do sexo anônimo procura *extravasar* este impulso sexual que apenas a um grande custo emocional poderia ser contido.

Ronaldo imprime um sentido específico a sua carreira sexual-amorosa, no qual as ligações sexuais e amorosas com homens têm um peso muito maior que as poucas experiências afetivas com mulheres. O discurso de Ronaldo remete ao projeto que cultiva a relação monogâmica com outro homem, segundo o modelo do amor romântico, relacionamento que, em seu discurso, é expressão de liberdade, de *sentimentos profundos* e *sinceros,* em cuja liberação poderia encontrar a própria *felicidade.*

A solução de Ronaldo contempla assim uma dupla estratégia. De um lado, opta por permanecer inserido nas estreitas malhas da rede religiosa e familiar, até encontrar o *homem certo* para um relacionamento afetivo-sexual estável. De outro, insere-se em redes de sociabilidade estritamente sexual, onde desfrutará de relativo anonimato e poderá dar vazão àquele *impulso,* sobre o qual não tem controle, sem precisar abandonar a comunidade religiosa. Trata-se, evidentemente, de uma estratégia de comportamento que gera tensões muito intensas no plano da subjetividade, pois frustra tanto sua expectativa de uma experiência corporal com o Espírito Santo, quanto seu projeto de realização pessoal dentro de um relacionamento estável, ao que reporta quando afirma que ainda não teve relacionamento sério por causa da preocupação com a família. Contudo, essa dupla solução atenderá a duas demandas condicionantes do comportamento de Ronaldo: o *respeito* pela família e a satisfação dos desejos homoeróticos.

A cura como *projeto*: fracassos provisórios

Se fosse possível traçar uma linha contínua entre o projeto da libertação e o projeto da busca do prazer e realização pelo exercício da homossexualidade, o relato de Fábio se situaria em sua região mediana. De um lado, pela afirmação de sua homossexualidade no estabelecimento de um relacionamento afetivo-sexual com outro homem, de outro, pelo cultivo do ideal de cura, apesar desta ser alocada à condição de projeto distante.

Fábio, ao narrar fatos e eventos de sua carreira amorosa, afirma sua homossexualidade como *aquilo que realmente quer* e atribui as ligações com o sexo feminino a uma satisfação à família, à comunidade religiosa e à rede de vizinhança. A cobrança de um relacionamento com o sexo feminino por estas três instâncias é algo que o incomoda e que, afirma, usando o próprio jargão religioso, *um dia Jesus vai quebrar*. Auto definindo-se através das categorias *gay* e *homossexual*, declarou sua *preferência* pelo sexo masculino. Fábio mantém ligação afetivo-sexual há mais de dois anos com outro homem evangélico, pastor de sua comunidade religiosa, relacionamento que confere suporte à constituição de sua identidade homossexual. Descreve o parceiro como sua *alma gêmea*, afirmação que reporta a seu ideal monogâmico, também fundado em uma apropriação do modelo do amor romântico.

A carreira sexual-amorosa de Fábio é marcada ora pela alternância entre ligações afetivo-sexuais com homens e mulheres, ora por sua simultaneidade. Avaliando sua trajetória amorosa, afirma que as relações estabelecidas com o sexo feminino são apenas uma *satisfação social*. Através destas ligações com o sexo oposto sustenta uma personagem que ocultaria seu *verdadeiro eu*.

Ao refletir sobre o momento em que estava na obra, considera que sua conversão envolveu um *êxtase muito grande*. A intensa participação na comunidade religiosa chegara mesmo a atenuar seus desejos homo-eróticos, ao que Fábio reporta ao contar que neste período de sua vida não *pensava nestas coisas*. No momento anterior a seu ingresso na igreja mantinha um relacionamento afetivo-sexual com um tio, que rompeu ao julgar-se *curado* da homossexualidade. Olhando em retrospectiva sua trajetória, considera que estava *empolgado* ao acreditar ter alcançado a cura. Hoje acredita que, no caso de sua sexualidade, uma mudança radical não seria possível. Essa interpretação dos *fatos* - de que a cura é um processo gradativo – foi formulada a partir de conversas com amigos que passavam *pelo mesmo problema*[41].

Fábio considera que a religião impõe muitas regras, *discrimina muito*, pois no ambiente religioso foi *moldado* para acreditar que o homossexualismo é uma *abominação*, uma *doença*. Estas disposições de origem religiosa encontram-se na base do projeto de cura que Fábio alimenta, apesar de manter relacionamento estável com um membro de sua igreja. Contudo, entram em confronto com sua percepção de si enquanto *homossexual*. A solução que elabora pra esse conflito é alocar o projeto de cura a um futuro distante; curar-se é processo complexo e árduo:

> Nossa! Meu Deus do céu! Quem dera tudo se resolvesse com uma simples libertação. Não é assim. Eu já tentei várias vezes me libertar. Eu tentei muitas vezes me libertar. (...) Eu sou feliz com o Luís. Mas eu tento mudar, tento buscar em Deus... mas é aquilo: eu não quero mais as coisas repentinas. Tudo está nas mãos de Deus. Deus sabe o que Ele vai fazer... Se Ele vai me libertar hoje... Se Ele não vai me libertar. Se eu vou morrer assim eu não sei.

A homossexualidade aparece em seu discurso como *signo* de uma *fraqueza da vontade*, reafirmando sua concepção da sexualidade como domínio sobre o qual não tem controle. Sua sexualidade, contudo, está *nas mãos de Deus*, e sua *libertação* e *cura* ocorreriam *quando Deus quisesse*, apesar de estar satisfeito com a atual ligação afetivo-sexual. Fábio, portanto, aloca a expectativa da cura à categoria de um projeto futuro. Sua fala sinaliza também

---

[41] Essas amizades são valorizadas por Fábio enquanto possibilidade de troca de experiências envolvendo a carreira homossexual. Um desses amigos, casado e pai de uma filha, vivenciava da mesma forma que Fábio intenso conflito entre aceitar sua homossexualidade e exercer sua vida religiosa.

para a adequação da doutrina à sua experiência pessoal, o fracasso da cura, consistindo em *fracasso provisório*[42] (Mafra, 2002).

Embora Fábio, ainda hoje, cultive o ideal da cura/libertação pentecostal, em alguns momentos de sua entrevista deixa antever um projeto de outra ordem, balizado por um mapa cultural distinto. Nesse projeto a religião e os relacionamentos afetivos com mulheres são percebidos como constrangimento social, do qual talvez Deus um dia o *liberte*. Esta afirmação, embora aparentemente contraditória, revela o esboço de uma reinterpretação da doutrina pentecostal, revela uma suspeita implícita de que talvez, na relação direta com Deus, sua *opção sexual* não importasse realmente enquanto *pecado*. Se até hoje não foi curado, foi porque *Deus não quis*. Sua homossexualidade é percebida, portanto, como fruto dos *desígnios divinos*. Essa reinterpretação do discurso religioso auxiliará Fábio a encontrar legitimidade no relacionamento estável que mantém.

Victor também aloca a cura à condição de projeto. Na verdade cultiva dois projetos contraditórios: a cura e o relacionamento estável, optando pela não resolução do dilema, pela suspensão de uma solução. Define sua homossexualidade como uma *fase* que terá fim com a cura do Espírito Santo. Na verdade Victor parece *oscilar* entre esses dois mapas. A forma como define sua homossexualidade é exemplar: é uma fase. Expressão que remete à cosmologia religiosa, enunciada de forma mais vigorosa, que conduz à rejeição de uma *identidade gay*:

---

[42] Mafra desenvolve a noção de *fracasso provisório* ressaltando que a não obtenção de *cura* no universo pentecostal pode ser tomada como um estado provisório que aponta para a metafísica do pentecostalismo. Nesta religiosidade a batalha que se trava contra aqueles que seriam os *enganos do demônio* e suas artimanhas adquire a forma de um "constante ir e vir entre processos de 'libertação' e 'limpeza', com relação ao mal, e a busca e o 'recebimento do Espírito' e da 'determinação divina', com relação ao bem" (Mafra, 2002, p. 217). Segundo esta metafísica, a própria dinâmica da vida envolve uma série de vitórias parciais e fracassos provisórios.

> Eu não me considero uma pessoa gay, tá? Eu tenho certeza absoluta do propósito de Deus na minha vida, do 'plano de Deus' pra minha vida... do que Ele vai fazer... Então isso é uma fase que eu estou passando.

A conduta homossexual é apresentada ainda como *fraqueza* que acarretaria um distanciamento das *coisas de Deus*. O fato de não estar na obra, afastado dos dons e atividades religiosas, colabora para sua percepção de si enquanto ser *contaminado*, *inferior* e *pecador*, afligido por desejos sobre os quais não tem qualquer controle.

De outro lado, Victor também vislumbra uma forma de percepção de si assentada menos na cosmologia religiosa que numa naturalização de suas práticas homossexuais, enquanto expressão de uma dimensão de interioridade. Conforme esse mapa cultural, o pertencimento religioso é percebido enquanto *máscara* social, encobrindo e sufocando uma dimensão mais profunda do eu:

> O meu conflito hoje é porque eu não gosto de "viver de capa"... Ou eu definitivamente assumo o evangelho e jogo pro alto todos os meus sentimentos e tento me encaixar, buscar quem verdadeiramente eu era... ou eu assumo o homossexualismo.

A análise da biografia de Victor remete à oscilação entre essas duas percepções de si, de maneira mais intensa que os outros entrevistados. Retomando os eventos acionados por ele na reconstrução de sua história amorosa, o último envolvimento afetivo-sexual parece elemento detonador de mais de uma crise.

Victor revelou estar predisposto a *assumir* a homossexualidade se fosse correspondido na relação amorosa. Mas a ambivalência de seu discurso remete ao intenso dilema vivenciado. De um lado, deseja conter sua sexualidade e retornar à *obra*, retomar os dons que perdeu e continuar a exercer sua missão de *escolhido de Deus*; de outro, sente-se impelido a buscar a realização pessoal através do desejo homossexual. Deste modo, Victor cultiva dois *projetos* contraditórios: o relacionamento estável com uma pessoa do mesmo sexo e a *cura* da homossexualidade. Oscilando entre esses extremos não elabora uma estratégia para colocar em prática nenhum desses dois projetos: a tensão entre experiência religiosa e carreira homossexual permanece em suspenso. A paixão vivida por um amigo de trabalho, apesar de *decepcionante*, foi evento que favoreceu certo pendor a favor de um projeto de carreira homossexual. A partir deste episódio, Victor revela maior disposição para uma rejeição do mapa cultural religioso e para o estabelecimento de relações afetivo-sexuais com pessoa do mesmo sexo, a despeito dos conflitos que possam emergir no campo da subjetividade, suscitados por este tipo de interação:

> Eu tô errado? Tô! Eu peço até perdão a Deus. Mas a vela do navio tá na mão Dele. A manivela tá na mão Dele. Ele vai direcionar esse navio pra onde ele quiser... Eu tô deixando o mar levar o navio aonde o vento me levar (...) Eu tava lutando, mas agora eu não luto mais. Tô deixando o vento me levar. Se eu cair na rede, e se eu virar um peixe, eu vou virar. Se eu sair daqui agora, ir prum shopping, e ocorrer de encontrar um cara legal... e tiver que rolar alguma coisa, vai rolar, entendeu? Eu não tô conseguindo me dominar.

Apesar deste pendor, em seu discurso, as sucessivas decepções amoro-sas parecem sinalizar para seu destino de *escolhido de Deus*. No plano das re-lações interpessoais, Victor parece ater-se mais às redes religiosa e familiar, o que se pode inferir de sua queixa sobre a falta de amizades *gays*. Assim, Victor cultiva o ideal da cura e o fracasso da mesma também será *fracasso provisório* já que sua sexualidade está também *nas mãos de Deus*.

A contenção do desejo

O relato de Paulo remete a uma maior aproximação com a doutrina religiosa, posto que se encontra *na obra* e trava grande luta contra os desejos homossexuais. Situando-se no extremo oposto da estratégia apresentada por Bruno, que ressignifica radicalmente o discurso religioso e compatibiliza experiência religiosa e exercício da homossexualidade, Paulo opta pela contenção do desejo e busca na comunidade religiosa o estabelecimento de uma ligação afetiva nos padrões da heterossexualidade. Paulo encara o desejo homossexual e o sofrimento na luta contra esse desejo como signo de sua *purificação*, aderindo à teologia da *batalha espiritual* e afirmando *estar curado*. Em sua carreira, como na dos outros entrevistados, há um momento de ruptura a partir do estabelecimento de um *compromisso com Deus*.

Até os dezoito anos Paulo frequentou simultaneamente a Igreja Universal e terreiros de candomblé, mantendo uma prática religiosa sincrética e relações afetivo-sexuais com outros homens. Nesse período da vida tinha uma rede de amigos homossexuais de sua faixa etária, em grande parte frequentadores do mesmo terreiro de candomblé. A homossexualidade era vivida como experiência prazerosa, encontrando suporte nessa rede de sociabilidade e na experiência religiosa do culto afro-brasileiro, que propicia um espaço relativamente tolerante para a expressão social da homossexualidade pelos jovens *adés* (Birman 1995). Paulo interpreta este momento de sua trajetória através da categoria *vida em ruínas* apontando, como *problemas* que viveu, a precária situação financeira da família, o envolvimento de parentes com o tráfico de drogas e ainda as constantes brigas dos pais.

Opondo-se à *vida em ruínas* está o momento presente, de grande harmonia no lar, caracterizado principalmente a partir do ingresso dos pais no pentecostalismo, pelo que Paulo orou e atuou ativamente na igreja através de jejuns e outros recursos como vigílias e *propósitos*. Mas essa conquista na *batalha espiritual* somente foi obtida após o *compromisso* assumido com Deus, para o qual despertou após presenciar uma *manifestação do demônio*, evento que pesou particularmente em sua decisão de abandonar o candomblé, implantando nele a suspeita e o temor de que seus *problemas familiares* fossem causados por entidades malignas.

Em um culto da *Corrente da Libertação* presenciou uma entidade *manifestar-se* no corpo de uma pessoa e confessar os infortúnios que causava em sua vida:

(...) a pomba-gira Maria Padilha, que eu admirava no candomblé e a quem eu pedia ajuda, manifestou na igreja no corpo de uma pessoa. Ela falou o que tava fazendo na minha vida: o problema do homossexualismo era posto por ela; a solidão que eu sentia; os problemas familiares... tudo era posto por ela.

A partir de então se voltou para a obra e passou a dedicar-se à igreja. Batizou-se e *sua vida mudou*. Essas *graças* só foram alcançadas após abandonar *a prática do homossexualismo* e *entregar a vida a Deus*, encontrando no Espírito Santo forças para *vencer as dificuldades*. A vida na obra aparece, na biografia de Paulo, como fonte de motivação para o desenvolvimento de uma nova identidade, centrada em sua experiência religiosa e no ideal de uma identidade de gênero conforme o modelo do *homem de Deus* que integra o discurso religioso. A socialização no candomblé possibilitara, durante certo período de sua vida, o desenvolvimento de uma identidade homossexual, através da superposição das redes religiosa e homossexual. Com os amigos do terreiro conversava sobre sua homossexualidade e chegava a pedir conselhos. O pertencimento ao universo simbólico evangélico possibilita agora uma série de novas experiências sociais através das quais encontra um novo mapa, que enseja uma re-elaboração de sua identidade.

Nesse processo de reconstrução do discurso sobre si, Paulo integra elementos das noções de *batalha espiritual* e do corpo como *templo do Espírito Santo*. As práticas homossexuais serão consideradas poluidoras do corpo e a resistência ao desejo homossexual signo do processo de purificação. Paulo somente será *santo* abrindo mão de seu desejo homossexual. Nesse ambiente social cultiva o projeto de sua *cura* e do estabelecimento de uma relação heterossexual, embora nunca tenha mantido relações sexuais ou mesmo afetivas com qualquer mulher. Restringindo-se ao ambiente religioso, procura no interior de sua denominação um *relacionamento de Deus*, uma *mulher de Deus* que *Jesus colocará em seu caminho*, embora não sinta atração ou desejo sexual por mulheres. A luta contra os infortúnios que ameaçam sua vida, particularmente o desejo homossexual, assume a forma de uma *postura de luta* diante da vida cotidiana.

Paulo atribui sua cura à capacidade de resistir ao mesmo sexo, ao que reporta ao contar um evento em que teve uma *prova* de *libertação*. Relata um evento recente em que resistiu ao *homem de sua vida*, um sujeito que classifica como a pessoa com quem queria *constituir, ter uma casa, construir um lar*. Remete este momento a uma grande *provação*, através da qual o diabo tentou *penetrar* novamente em sua vida, mas contra a qual *lutou*, e *luta* constantemente orando, pedindo forças a Deus, *colocando o joelho no chão* e pedindo a *Ele* para *tirar* aqueles *sentimentos*.

Paulo declara, portanto, que Deus o curou da *prática* do homossexualismo, e interpreta seus desejos homossexuais como provação que pode ser enfrentada com o amparo do *amor de Deus*. Ou seja, ainda que a experiência religiosa enseje uma re-estruturação da identidade e uma contenção das práticas homossexuais, o desejo homossexual permanece. As categorias que o entrevistado emprega, ao referir-se a esse desejo, sinalizam para disposições que podem ser contidas, mas não completamente controladas: o desejo homoerótico é algo que ele *afoga* e *sufoca* pelo exercício da *vida na obra*. Constitui, assim, uma disposição profundamente inscrita no *habitus* do sujeito, que será, contudo, interpretada, redimensionada e avaliada em função da experiência religiosa evangélica.

Paulo atualmente encontra *apoio* na rede religiosa, inclusive para a constituição de um vínculo heterossexual no interior do ambiente religioso, esperando a oportunidade de declarar-se a uma menina da comunidade, ao que tem sido incentivado pelos amigos da igreja. Espera, como outros entrevistados, a superação do desejo homoerótico, mas através da ligação afetivo-sexual com uma *mulher de Deus*, que sabe que Jesus *colocará* em seu caminho. Sua solução ao dilema que vive sinaliza para uma maior aproximação da doutrina e dos discursos e prescrições religiosas no que se refere aos interditos sobre a homossexualidade.

Considerações finais

Uma discussão teórica de Peter Berger (1976) lança um foco de luz sobre as narrativas aqui analisadas e as soluções apresentadas pelos sujeitos aos dilemas e conflitos que vivenciam no plano da religiosidade e da sexualidade. Considero que a análise das biografias aponta para um tipo de dinâmica específica que se estabelece entre a carreira homossexual e a trajetória religiosa destes homens evangélicos, sinalizando para um fenômeno típico das sociedades modernas que o autor chama de alternação. Definida como a "possibilidade de que um indivíduo possa alternar entre sistemas de significado logicamente contraditórios. A cada alternação, o sistema de significados que ele adota proporciona-lhe uma explicação de sua própria existência e de seu mundo, incluindo-se nessa interpretação uma explicação do sistema de significados que ele abandonou. Além disso, o sistema de significados lhe oferece instrumentos para esclarecer suas próprias dúvidas" (Berger, 1985, p. 61).

O presente capítulo procurou demonstrar como esses indivíduos oscilam em sua interpretação da homossexualidade, em função do atual momento da vida e das experiências vivenciadas tanto no campo da sexualidade como da vida religiosa. A categoria *obra*, presente no discurso destes sujeitos, sinaliza justamente para este sentido menos radical da conversão religiosa, e para a possibilidade de alternação entre distintos sistemas simbólicos. De uma forma geral, estes relatos apresentam a obra como momento de reinterpretação do desejo homoerótico e *compromisso* com a igreja, identificando a homossexualidade como um comportamento exterior ao verdadeiro eu, passível de *cura* ou *libertação*. Todos os sujeitos reportam certa adesão aos preceitos religiosos nesse período em que procuraram conter o impulso homoerótico, às vezes, à custa de intenso sofrimento emocional. Mencionando que em suas denominações religiosas a explicação da possessão demoníaca era recorrente para referir-se à homossexualidade, seus depoimentos também deixaram antever os desdobramentos dessa ideia: em suas comunidades o discurso sobre as práticas sexuais homocorporais proferido por pastores e outras autoridades atestava a possibilidade de *libertação* dos desejos homoeróticos através da *abertura* e *purificação* do corpo ao Espírito Santo. Alguns dos entrevistados passaram pela experiência destas sessões, outros, por intensas experiências com o Espírito Santo. Todos buscaram, pela inserção na obra, a relativização do desejo homossexual através da adesão aos valores religiosos e da comunicação com o divino.

Certo conjunto de experiências no campo dos afetos e dos contatos corporais com pessoas do mesmo sexo ao longo da vida, no entanto, sinaliza para o fracasso da cura nos termos em que interpreta a doutrina religiosa hegemônica. Mesmo Paulo, o único entrevistado engajado *na obra*, no momento da entrevista, declara-se curado apenas da *prática* homossexual, mas não do *desejo*.

Ao afastar-se da obra, estes sujeitos mostram um distanciamento com relação ao mapa cultural fornecido pela cosmologia pentecostal, tornando-se mais propensos a interpretar suas sensações, emoções e desejos por outra grade de leitura, contemplando a ideia da *fraqueza da vontade* e falta de controle sobre os desejos da *carne* ou ainda de certa percepção do desejo homossexual como constitutivo de uma natureza singular. O discurso dos informantes remete ainda a uma percepção da homossexualidade como dimensão autônoma, que parece ser fruto de disposições profundamente interiorizadas e incorporadas. As experiências sexuais, amorosas e religiosas, vivenciadas ao longo de sua biografia – acumuladas, elaboradas e reelaboradas pelos sujeitos em seu discurso sobre si – fornecem uma grade privilegiada para a interpretação deste conjunto de disposições.

O que desejo sublinhar é que as disposições religiosas e as disposições sexuais configuram-se como dois mapas contraditórios, competindo entre si. O posicionamento dos atores em relação a esses mapas parece depender em boa medida das redes sociais nas quais inserem-se em determinado momento de suas vidas. Assim, a participação em uma rede de sociabilidade *gay* pode servir de suporte à constituição de uma *identidade* homossexual em torno das disposições que impelem o sujeito para a prática sexual com pessoas do mesmo sexo. Por outro lado, o pertencimento a uma rede religiosa pentecostal e a vivência ou a expectativa de uma experiência corporal com o Espírito Santo podem servir como substrato para uma reinterpretação ou re-estruturação dessas mesmas disposições.

Nos relatos apresentados, mesmo dentre aqueles que afirmam sua homossexualidade mais enfaticamente, a prática de atos homossexuais implica em sentimentos de *poluição* e *contaminação*, e em certo *afastamento* do Espírito Santo. A forma como são narradas as experiências homossexuais não remete a uma percepção totalmente positiva de si, implicando muitas vezes em uma natureza *inferior*, em uma identidade deteriorada. Estes sentimentos sinalizam para certo conjunto de disposições corporais induzido pela experiência religiosa – disposições persistentes e duradouras (Geertz, 1989), que se configuram em certo *habitus*, certa forma de experimentar as práticas homossexuais matizada pela experiência religiosa.

Nesse sentido espero ter lançado, com o presente trabalho, alguns pontos de luz sobre as trajetórias afetivo-sexuais desses homens que atravessam intensos conflitos nos planos da subjetividade e da interação social. Espero também ter colaborado principalmente apontando caminhos para futuras investigações – uma vez que a análise aqui empreendida não esgota as questões levantadas pelo campo e pelo exame do material etnográfico.

Acredito que a abordagem dessas questões permitiu buscar as conexões entre a carreira amorosa e a trajetória espiritual dessa parcela da população masculina carioca ao enfocar essas biografias. Cabe lembrar, a análise aqui empreendida tomou como objeto a experiência religiosa de certos sujeitos que, principalmente, definiam o atual momento da vida pela expressão *fora da obra*, apesar de manterem o vínculo religioso e frequência à igreja. Apenas um dos entrevistados reportava sua experiência religiosa atual ao período da *obra*. Acredito também que as sutilezas dessa experiência religiosa poderão ser contempladas em investigações futuras, contribuindo na compreensão das múltiplas formas de constituição da sexualidade no contexto da religiosidade pentecostal.

5

Catolicismo contemporâneo: tratando da diversidade a partir da experiência religiosa dos fiéis

Andrea Damacena Martins

Introdução

O pluralismo religioso no Brasil é formado principalmente por diversas tradições religiosas cristãs, entre as quais o catolicismo ainda assume uma posição importante. Como mostram estudos e pesquisas nas áreas de sociologia e antropologia da religião, a partir dos anos 90 o pluralismo dentro do campo religioso suscitou questões sobre a formação de nossa identidade cultural e sobre a atuação política de velhos e novos atores sociais no espaço público. Nesse sentido, o pluralismo abre uma nova chave de leitura para os processos de mudança no interior da sociedade brasileira.

A análise de Mariz e Machado trata do pluralismo religioso existente em relação ao processo mais amplo de globalização. Para as autoras este reflete uma tendência ambivalente que indica de um lado práticas e crenças religiosas mais centradas no indivíduo. Estas práticas e crenças são também mais abertas ao encontro e intercâmbio de valores disponíveis tanto na cultura global quanto na local. O resultado é a formação de novos sincretismos ou hibridismos culturais, longe de modos exclusivos de pertença ou crença religiosa. De outro lado, contraditoriamente, o fenômeno da globalização fortalece o sentimento de pertença a uma tradição ou cultura, gerando identidades sociais e religiosas definidas. Existe, assim, por parte de alguns grupos religiosos a atitude de não aceitar uma maneira frouxa ou fluída de se viver a religião. Práticas difusas e sincréticas são criticadas e sofrem uma espécie de "demonização" (Mariz e Machado, 1998).

A partir dessas constatações, de que maneira o catolicismo está inserido nesse processo de mudança? Como o pluralismo religioso alcança o campo católico? Por fim, como se configura a experiência religiosa dos católicos neste contexto?

Neste capítulo trataremos das incidências desse processo no catolicismo, focalizando a experiência religiosa de católicos que estão ligados à Teologia da Libertação (TL) ou à Renovação Carismática Católica (RCC) na cidade do Rio de Janeiro. O material de campo utilizado para a análise é uma seleção parcial do que foi coletado para a elaboração de minha tese de doutorado (Martins, 2004)[43].

Apoiando-me nessa pesquisa procuro, em primeiro lugar, apontar que o catolicismo da libertação e o catolicismo carismático abrangem experiências religiosas atualmente mais centradas em aspectos místicos, subjetivos e emocionais. Em segundo lugar, argumento que a inserção dessas formas de religiosidades místicas traduz-se num exercício de "autonomia religiosa" presente nos discursos e nas práticas dos fiéis. Nesse sentido, pode-se constatar um maior diálogo entre a modernidade contemporânea e o catolicismo, no qual estão presente discursos e práticas que tendem a se afastar dos valores institucionais. Nos termos de Hervieu-Léger este diálogo indica o processo de "desregulação institucional", ou seja, um menor controle das instituições religiosas sobre práticas e valores adotados pelo indivíduo religioso (Hervieu-Léger, 1999).

Com esta forma de adaptação do catolicismo aos valores da modernidade destaco a maior participação dos fiéis enquanto produtores de co-

---

[43] A tese "Experiências Religiosas – um estudo sobre mística e autonomia nos discursos e práticas de católicos da libertação e católicos carismáticos" foi defendida no programa de pós-graduação em Ciências Sociais da UERJ.

nhecimento e significados na sua relação com a instituição religiosa. Na pesquisa tornou-se possível perceber essa relação por meio da abordagem oferecida pela teoria da prática. Por ela observa-se que no cotidiano existe uma dialética que não corresponde àquela propagada pelo discurso oficial, pela doutrina ou disseminada nas atividades simbólicas e organizacionais, conforme assinala Theije (1999, p. 32). Mas sim, uma dialética que é própria ao exercício de mediação simbólica feito pelos fiéis na sua ligação com o religioso. Nas condições atuais da modernidade, esse exercício de mediação ganha mais dinamismo. Práticas e discursos relativamente autônomos tornam-se mais comuns.

Nesta análise dois pares conceituais assumem especial importância. O primeiro conceito corresponde à noção de "campanha cultural" que demonstra como podem ser introduzidos novos valores e práticas na esfera religiosa. Esta noção foi usada por Theije para analisar mudanças introduzidas no catolicismo em Garanhuns/Pernambuco (Theije, 1999, p. 32) Na diocese de Garanhuns, padres e agentes pastorais buscaram introduzir a Teologia da Libertação como uma nova forma de viver a religião. No entanto, a autora conclui que nem todos os elementos/conteúdos apresentados pelos agentes pastorais foram incorporados integralmente no catolicismo local. No processo de recepção dessa ideologia verificou-se um jogo interpretativo, no qual se inter-relacionaram os novos conteúdos trazidos por aqueles que buscavam inovar, a participação interpretativa de diferentes grupos religiosos que "sofreram" a campanha cultural e o peso da ordem social e cultural já estabelecida. Portanto, um jogo entre "estrutura" e "agência" dialeticamente foi atuante neste campo religioso.

O segundo conceito corresponde ao de "autonomia religiosa". Ele resulta do exercício de mediação ou interpretação mais livre feito pelos atores religiosos no interior de uma cultura religiosa. Assim, ao considerar que uma religiosidade mais emocional vem se tornando um tipo de experiência religiosa central no catolicismo verifica-se que, por consequência, se estabelece menor regulamentação institucional sob as práticas e os valores adotados.

Nesse sentido, embora a TL e a RCC sejam tendências católicas com ideologias bastante definidas veremos que nas condições culturais contemporâneas a prática religiosa de seus participantes ganha mais reflexividade, ou seja, os católicos entrevistados transformam os conteúdos simbólicos e ideológicos de ambas, num sentido que produz maior diversidade de opiniões. No catolicismo da cidade do Rio de Janeiro, cidade menos católica no Brasil (Sanchis, 2001, p. 11), o contexto mais moderno e plural torna também o catolicismo mais diversificado e mais aberto às trocas simbólicas.

Este capítulo descreve o perfil e as características dos católicos pesquisados e, por comparação, torna visíveis os sinais da diversificação interna do campo religioso pesquisado. Realizo, em seguida, uma reflexão sobre as trajetórias e práticas religiosas dos fiéis relativas à esfera da sexualidade e reprodução. Frente a este tema, definem-se, mais claramente, posições relativamente autônomas. Por fim, destaco algumas conclusões sobre a maior abertura do catolicismo à modernidade contemporânea.

Os católicos pesquisados

Quando se focalizam concepções e experiências religiosas no universo católico, compreende-se que essas podem se encontrar vinculadas a grupos ou a correntes interpretativas da própria religião. Para esse estudo foram realizadas entrevistas e observação participante em grupos ligados à Teologia da Libertação (TL) e à Renovação Carismática Católica (RCC), em camadas médias e populares.

O material recolhido mostrou-se bastante diverso, devido à metodologia adotada para a pesquisa de campo: a construção de redes de entrevistados, recortada por tendência católica e classe social. A realização de entrevistas individuais procurava reconstruir a forma como o fiel vivencia a religião. Nesse sentido, maior atenção foi dada às narrativas feitas pelos fiéis, em detrimento da dinâmica de organização dos grupos a que pertenciam. O ponto de partida para a coleta de entrevistas foi sempre um participante ativo ligado à TL ou à RCC, que se tornava o "cabeça da rede" da respectiva corrente. Através dele chegava-se, sucessivamente, ao próximo entrevistado. Esta pesquisa, portanto, recobre diversas redes e experiências religiosas enquanto casos singulares e não procurou ser quantitativamente exaustiva. A pesquisa primou pela abordagem qualitativa do tema.

No catolicismo da libertação, foram entrevistados Fábio, Valdir, Lourdes, Cristina, Conceição, Antônio, Anita, Gilda e Lúcia, participantes da Comunidade de Base Eclesial Santa Veridiana, em Santa Cruz, ou membros de círculos bíblicos na Paróquia São José, em Magalhães Bastos.[44] Esse grupo é identificado às camadas populares. Como primeiro resultado, frente ao conjunto de entrevistas nesta tendência católica, encontraram-se variações de interpretação relativas à adesão aos conteúdos da Teologia da Libertação, confirmando a ocorrência de redefinições dessa concepção do catolicismo, na incorporação feita por grupos ou indivíduos.

Na *Comunidade de Base Santa Veridiana*, em Santa Cruz, observa-se que um grupo de leigos incorporou a visão da Teologia de Libertação e procura organizar sua comunidade conforme os princípios dessa corrente. Trata-se de um grupo que desenvolve um trabalho à parte. O discurso adotado por Valdir, Gilda e Lúcia dá destaque à autonomia e participação do leigo. Ele também está carregado de críticas ao sistema social e aos políticos. Outro dado é que esses entrevistados assumem uma posição crítica em relação ao pároco, que pertence ao movimento carismático.

Em relação à religiosidade praticada, com ênfase na leitura da bíblia, os entrevistados falam da necessidade de desenvolverem uma espiritualidade, que inclua o lado pessoal, o social e o ecológico. Temas específicos como questões de gênero, ecologia e éticas (negro e indígenas) são novidade no discurso desses interlocutores.

---

[44] Os nomes dos entrevistados são fictícios para evitar sua identificação direta e preservar sua liberdade de expressão.

Na Paróquia São José, em Magalhães Bastos, a posição do padre é a de estimular um trabalho pastoral voltado para os ideais da Teologia da Libertação. Mas pouco a pouco, à medida que o contato com os paroquianos entrevistados foi estabelecido, ficou claro que nem todos sabiam exatamente o que significava Teologia da Libertação. Ao contrário dos membros da CEB Veridiana, não se constatou uma visão social e politizada do catolicismo entre esses católicos, apesar dos esforços que o padre faz em disseminar o catolicismo da libertação. Cabe frisar que alguns entrevistados frequentam grupos de oração e valorizam a RCC. Nesse grupo o contato com a RCC é valorizado porque oferece encontros de oração e uma espiritualidade emocional. De acordo com uma entrevistada o encontro de oração promovido pela RCC toca-lhe no "coração".

Laís, Tadeu, Déa, Olga, Pablo, Miriam, Rita e Ricardo, integrantes do *Grupo de Oração do Frei Betto* (GO), foram entrevistados para a pesquisa. Eles representam os membros das classes médias ligados à Teologia da Libertação considerados na análise. Nesta camada social, a reinterpretação dos conteúdos da TL volta-se para uma espiritualidade holística e integrada. Esses católicos da libertação, até então não pesquisados, definem sua vivência religiosa principalmente pela ideia de caminho espiritual[45]. Fazem também parte do discurso religioso desses católicos os seguintes conteúdos: a busca por *uma experiência individual* com Deus; a importância dada ao testemunho de vida do líder do grupo, Frei Betto; a tentativa de superação de dualidades, tais como corpo/espírito e ação/oração. Esses católicos ressaltam que todas as ações devem

---

[45] Frei Betto, frade dominicano e ex-assessor especial do programa Fome Zero do governo Lula, é a principal liderança religiosa que acompanha os Grupos de Oração no Rio de Janeiro, São Paulo e Minas Gerais. Pode-se dizer que o carisma religioso deste frade exerce influência direta na participação religiosa destes grupos. Nesse sentido, reconhecemos uma grande identificação entre os GO's e o modelo de comunidades emocionais definidas por Hervieu-Léger (1993).

Catolicismo contemporâneo   131

estar associadas a um tipo de compromisso social que incorpora um paradigma holístico e pluralista[46].

Em resumo, os católicos da libertação pesquisados apresentam uma adesão aos valores da Teologia da Libertação, que mostra uma mudança de posição dessa vertente no campo católico. Além das recepções variadas do que seja a proposta da TL emerge uma religiosidade que atende aos anseios "individuais". Essa característica é mencionada pelos três grupos de entrevistados. Isso reflete um processo de aproximação da TL à uma cosmovisão mais orientalizada. Entre os participantes do GO do Frei Betto as variáveis classe social e educação têm maior peso, indicando o desenvolvimento de uma atitude menos institucionalizada e voltada para princípios holistas e místicos. Esses elementos presentes na modernidade religiosa são importantes para avaliarmos como ocorre um processo de reajuste situacional, a partir dos limites sociais e culturais vigentes.

No catolicismo carismático, também encontrei uma diversificação interna, que se define pelo tipo de liderança e por inovações no ritual, que podem ser mais ou menos espontâneas, dar ênfase a curas ou libertações, ou ainda pela forma de organização, pautada por grupos de oração ou comunidades.

Josefina, Goreth, Graça e Elias foram os entrevistados provenientes das camadas populares. Pertenciam aos grupos de oração *Novo Céu e Nova Terra* e RenovaRio' na Paróquia Nossa Senhora do Parto, localizada no Centro da cidade. Adair e Zilda frequentavam o grupo *Vinde Espírito Santo* da Capela São Pedro de Alcântara e eram moradores do bairro Ricardo de Albuquerque, Zona Oeste.

A maioria entrevistada nessa camada era de mulheres que desenvolvem trabalho missionário e social em suas respectivas comunidades. A presença

---

[46] Camurça (1998) aponta que a TL passa por um processo de revisão que provocou a inclusão de concepções e práticas simbólicas ligadas à Nova Era. Como resultado, de um lado, as concepções de mundialização, mística e ecologia ganham maior destaque na produção do discurso da TL e de outro o discurso em defesa dos pobres perde importância segundo o autor.

dos grupos de oração nas igrejas tem sido fundamental para uma mudança no perfil de atendimento paroquial, fortalecendo a presença da Igreja Católica no local e estimulando a maior participação de fiéis.

Nas camadas médias, Angélica, Clarice e Lídia participavam da *Comunidade de Vida Bom Pastor*, em Copacabana; Regina, Maria Beatriz, Clarice da *Comunidade de Vida Emmanuel*, no centro da cidade do Rio de Janeiro; e Luiza e Dilma, Maiara pertenciam ao *Grupo "Jesus de Nazaré"*, na Tijuca. A frequência a mais de um grupo de oração era bastante comum entre elas. Nesse sentido, notei que costumam circular entre um e outros grupos carismáticos, em função de um aprofundamento da experiência religiosa ou da importância das lideranças religiosas presentes nesses grupos.

Em geral, observei que a liderança tem um importante papel na maneira de conduzir o ritual, acrescentando conteúdos e expressões que se distanciam da orientação recebida das instâncias centrais do movimento carismático. As formas de participação dos fiéis também demarcam diferenças entre o grupo de camadas populares, com base mais territorial, e os de camadas médias. No primeiro caso, o grupo de oração faz parte da estrutura de organização da paróquia. No segundo, outros modelos de organização foram encontrados, tais como as comunidades de vida, que se mantêm de forma mais independente em relação à vida paroquial. Do ponto de vista da experiência religiosa, percebe-se que o indivíduo tende a particularizar o sentido das crenças e práticas experimentadas em qualquer um dos grupos, uma vez que enfatizam a necessidade de uma relação próxima e influenciada pelo Espírito Santo.

Discursos e representações dos católicos pesquisados quanto ao uso de métodos contraceptivos artificiais

Nas entrevistas introduziu-se o tema da sexualidade e reprodução. Foi perguntado se o entrevistado conhecia a doutrina moral da Igreja Católica quanto ao controle da natalidade; qual era a sua opinião em relação ao

Catolicismo contemporâneo 133

uso de métodos anticoncepcionais artificiais e ao aborto, e o que achava do posicionamento institucional da Igreja. Quase sempre essas questões foram realizadas ao final, quando outros aspectos da experiência religiosa já tinham sido contemplados na conversa. Assim, as dificuldades iniciais de aproximação e de confiabilidade estavam, de certa maneira, superadas. Esse tipo de abordagem facilitou tocar em temas que sugerem privacidade sem que se tornasse um problema para a interlocução.

O interesse por esses temas visou colher uma variedade de interpretações de católicos diante dessas questões. Em pesquisa quantitativa do CERIS sobre orientações ético-religiosas de católicos e não-católicos, no ano de 2000, 61,1% dos católicos na Região Metropolitana do Rio de Janeiro apresentaram uma posição favorável ao uso de métodos anticoncepcionais artificiais e 14,1% declararam-se contra. O restante dividiu-se entre 12,6% que não tinham uma opinião ainda formada – 10,3% que manifestaram indiferença em relação ao tema e 1,9% não informou sua opinião (Medeiros, 2002).

Em relação ao aborto, os católicos pesquisados no Rio de Janeiro que rejeitam essa prática alcançaram 66,5% e 16% não responderam que não têm uma opinião sobre o tema. Contudo, essa enquete não permitiu que se soubesse por que se aceitava o uso de métodos artificiais de controle da reprodução, mas negava-se o aborto. O método impossibilitava discriminar as motivações e diversidade de representações por trás do posicionamento desses entrevistados. Por isso, nos limites desta pesquisa, exploro essas questões abrindo a possibilidade de tornar mais substantivos os consensos e as discordâncias de membros, com uma participação ativa na Igreja, ante as orientações morais da Igreja Católica.

Os membros das Comunidades Eclesiais de Base na *CEB Veridiana* e da Paróquia São José têm conhecimento da moral sexual católica, destacando que a Igreja prega o planejamento familiar e a paternidade responsável, condena o uso de métodos anticoncepcionais artificiais e propõe os métodos contraceptivos naturais como forma de regulação da prole. Nesse sentido, as opiniões seguem a mesma direção das informações coletadas por Ribeiro (1997, p. 108) sobre um conhecimento geral da doutrina da Igreja em relação à anticoncepção. Entre as mulheres das Comunidades de Base da Baixada Fluminense, a maioria expressiva conhece os ensinamentos da Igreja e 78,5% sabem que só são admitidos os métodos naturais.

O grupo que revela uma aceitação plena dos ensinamentos da Igreja, quanto às formas de controle da natalidade, representa a opinião de uma minoria entre os católicos da libertação nas camadas populares pesquisadas. Neste grupo, os informantes acreditam que o que a Igreja ensina é melhor para o indivíduo e que sua postura é a correta. Ambos acham que o objetivo maior é proteger a vida de um ser humano de todas as maneiras. O uso de métodos anticoncepcionais artificiais é apontado no discurso como meio abortivo e antinatural. Esse discurso apresenta um reforço da visão pregada pela Igreja, com a produção de uma distinção entre métodos naturais e artificiais. Eles legitimam o primeiro por ser biológico, uma "coisa boa" para a saúde do indivíduo. É preciso, no entanto, salientar que essa visão sobre o natural não deixa de ser uma construção social[47]. Ao mesmo tempo, as interpretações não reconhecem que os métodos naturais impõem aos homens e mulheres um controle do corpo, isto é, da sua sexualidade ou natureza, já que se torna necessária a abstinência sexual por períodos de tempo.

A segunda corrente interpretativa entre os membros das CEBs equivale à defesa da liberdade do indivíduo em escolher o melhor método de controle da natalidade, incluindo os artificiais. Eles reagem à posição de autoridade da Igreja, argumentando que cada pessoa deve ser responsável pelo exercício de sua sexualidade e buscar a melhor forma de se preservar. Todos os entrevistados na *CEB Veridiana* e dois membros das CEBs na Paróquia São José apresentaram essa mesma perspectiva.

---

[47] Sobre a distinção entre natureza, cultura e a construção do gênero feminino, Ortner (1996) desenvolve uma interessante discussão, apontando que a exaltação da natureza feminina da mulher reflete também um tipo de produção da cultura.

Em geral, existe uma preocupação constante sobre as condições de vida do indivíduo, ressaltando-se as consequências negativas que uma gravidez indesejada possa ter, especialmente para os jovens. A noção de que se deve "evitar um mal maior" aparece em quase todos os discursos, em conjugação com a ideia de incentivo à responsabilidade no exercício da sexualidade. A principal crítica que dirigem à instituição é representada pela constatação de que falta à Igreja "bom senso" diante de uma realidade inevitável. Essa expressão demonstra que os informantes reconhecem a ocorrência de mudanças na vivência da sexualidade e que se tornou comum a valorização do corpo e do prazer na sociedade, enquanto que a Igreja mantém uma postura atrasada. Conceição[48] acha que a Igreja deve abrir mais os olhos para esse lado. Diz ela: *"(...) Antigamente, a pessoa aceitava, mas hoje em dia o conceito é outro e não se aceitam essas coisas"*. Portanto, nesta camada social encontram-se variadas reações à doutrina moral. De modo geral, identificamos entre os informantes das CEBs discursos que revelam a aceitação plena dos valores morais pregados pela Igreja; outros que discordam e afirmam a liberdade de escolha do indivíduo, e existem ainda os que revelam uma posição ambígua. A partir dessas categorias, passemos à discussão de como ocorre o processo de recepção da campanha tradicional da Igreja na esfera da sexualidade no universo dos católicos da libertação nas camadas médias (que correspondem aos entrevistados dos grupos de oração do Frei Betto).

Nesse grupo nota-se uma conduta mais favorável ao uso dos métodos anticoncepcionais artificiais e à liberdade de escolha do indivíduo. Com exceção de Déa, que manifestou concordar com a doutrina moral da Igreja por ser essa doutrina fruto de muita reflexão e estudo, todos os demais defendem a ideia de respeito ao indivíduo, cabendo a cada um decidir sobre como controlar a reprodução. Além disso, veem positivamente o controle por meios artificiais. As justificativas dadas diferenciam-se em três argu-

---

[48] Conceição coordena Círculos Bíblicos na Paróquia São José, tem 58 anos, é casada, 2 filhos, estudou até o 2º grau.

mentos: autodeterminação das mulheres; combate à pobreza e necessidade de adaptação cultural da Igreja frente à sociedade. A variedade de posições pode ser expressa de acordo com as influências culturais e religiosas presentes entre os entrevistados.

Os discursos de Laís e Tadeu expressam uma forte rejeição do discurso da Igreja Católica nessa esfera. Os termos utilizados por eles revelam desacordo total com a instituição, dentro de uma ótica de apoio à autonomia da mulher quanto à determinação de sua vida e seu corpo. Diz Laís[49]:

> O meu posicionamento é o das pessoas se determinarem em relação a isso, quer dizer, quem usar pílula e achar que tem que usar, usar. Quem achar que tem que fazer aborto, que o faça. A mulher tem o direito de decidir sobre o corpo dela e a vida dela. Em relação à Igreja Católica, eu me sinto muito à vontade. Eu não tenho nada a ver com a Igreja formal, com as normas da Igreja. Eu concordo e discordo de algumas e não tenho problema nenhum em não usá-las. (...) É uma coisa feita pelos homens, não tem nada a ver com Deus, com fé. É outra história. É uma questão política. Você concorda em determinados momentos e discorda em outros.

O discurso de Laís também revela uma forma de deslegitimação da autoridade da Igreja Católica, ao dar maior peso às próprias convicções. Ela acredita que a postura da Igreja nessa esfera está ligada mais à questão de poder do que a razões espirituais. Duas ideias se destacam na maneira de pensar dessa entrevistada. A primeira apoia-se em questionamentos sobre as relações de poder dentro da Igreja Católica. A visão de que a Igreja sustenta uma doutrina moral tradicional por motivações políticas demonstra que, no fundo, não há razões de fé e sim interesses em jogo. Muitos questionamentos dessa natureza estão presentes na visão crítica do catolicismo da libertação sobre a institui-

---

[49] Laís tem 48 anos, três filhos e é livreira.

ção-Igreja. O catolicismo da libertação colocou em discussão as relações internas entre os leigos e a hierarquia católica, buscando defender uma visão mais horizontal e contribuindo para que se relativizasse o conceito de autoridade, centrado apenas no pensamento hierárquico. Uma segunda forma de discordância da visão institucional entre os entrevistados do grupo de oração do Frei Betto vincula-se à justificativa de que o mais importante é combater a pobreza e evitar que a procriação ocorra em condições precárias. Os discursos de Míriam e Rita são bons exemplos de uma ênfase no controle da natalidade por meios artificiais por razões sociais. As entrevistadas consideram que a Igreja tem uma visão ultrapassada e vem, assim, colaborando para que a pobreza permaneça. O melhor seria que a postura da Igreja Católica fosse educativa e respeitasse a liberdade do indivíduo.

Nos discursos de Míriam e Regina, são também evidentes as relações de afinidades entre o discurso moderno sobre controle da natalidade e a participação religiosa em estruturas flexíveis como os grupos de oração do Frei Betto. Mais adiante, quando introduzirmos as posições dos carismáticos em camadas médias e comparar as interpretações entre eles, indicaremos como as estruturas simbólica e religiosa são bastante significativas na construção das diferenças entre as representações desses leigos, que, no entanto, pertencem à mesma camada social.

A terceira perspectiva presente entre os entrevistados dos grupos de oração do Frei Betto apoia-se na necessidade de uma rápida adaptação cultural da Igreja Católica à modernidade, comentada por Ricardo e Pablo. Esse é um tipo de discurso que, embora critique a posição da instituição, não realiza um confronto radical com a visão institucional, como as que apresentaram Laís e Míriam. Diz Ricardo:

> Eu sou totalmente favorável aos métodos artificiais. O meu posicionamento é o seguinte: a Igreja precisava flexibilizar e a Igreja

não está encontrando um caminho, no meu ponto de vista, porque ela não está começando a flexibilizar aos poucos. Já podia ter começado desde os anos 60, nos tempos do "Love Power", "Faça amor e tudo mais". Já devia ter começado a flexibilizar há muito tempo, desde o tempos do Vaticano II, pelo amor de Deus! Então, está ficando difícil. Eu não sei como a Igreja vai se virar. Agora não dá mais para ser devagar, tem que romper. Tem que romper. E eu sou contrário a esse posicionamento da Igreja, totalmente.[50]

Tomando como base o depoimento acima, verifica-se a preocupação de que a Igreja encontre uma forma para lidar com esse tema. Nesse sentido, é possível afirmar que, por meio dos valores ressaltados pelo entrevistado, confirmam-se as exigências dos grupos que já no Concílio Vaticano II propunham a separação entre sexualidade e procriação, por meio da defesa do uso de métodos artificiais, de acordo com a escolha do casal.[51] Essa postura tem sido mantida por setores progressistas graças a um "silêncio estratégico", o qual implica o reconhecimento da inadequação da ortodoxia à realidade e o uso de práticas contrárias a ela sem um confronto público ou interno com a instituição.[52] Mas envolve também atores com atitudes mais radicais, como as Católicas pelo Direito de Decidir (CDD), que lutam de maneira independente e pública para a alteração nas orientações sexuais da Igreja.

---

[50] Ricardo tem 54 anos, 2 filhos e atualmente é diretor em uma Organização Não-Governamental.

[51] Segundo Ribeiro (2001, p. 34-35), durante o Concílio Vaticano II houve uma polarização entre progressistas e conservadores sobre questões reprodutivas. O relatório feito pela Comissão para os Estudos dos Problemas da População, Família e Natalidade e encaminhado ao papa Paulo VI propôs que cada casal fizesse o julgamento sobre a escolha do método anticoncepcional a ser usado e que não fosse apenas a ordem "biológica natural" a que determinasse a moralidade de um ato. Essa posição progressista foi rejeitada pelo papa, que ao publicar a *Humanae Vitae* reconheceu apenas os métodos naturais como os únicos permitidos.

[52] Ribeiro (2001, p. 76) assinala também que muitos sacerdotes no nível prático, ou seja, no seu trabalho pastoral, usam dessa estratégia para respeitar a doutrina e a liberdade dos fiéis simultaneamente.

As opiniões dos católicos carismáticos sobre controle artificial da natalidade

Os carismáticos nos setores populares e nas classes médias têm um discurso sobre controle da natalidade em consonância com os princípios colocados pela Igreja. Nas duas camadas sociais identifica-se uma aproximação da visão proposta pela ortodoxia, que não é integralmente apoiada por todos os carismáticos entrevistados – pois existe, também, um pequeno número de descontentes com essa posição oficial – mas pela maior parte desse universo.

Os carismáticos das classes populares que defendem a conduta proposta pela Igreja ressaltam uma representação do corpo sacralizado no qual manifesta-se a presença do Espírito Santo – daí, a preservação e o resguardo se colocarem como princípios ideais. Identifica-se na pesquisa que essa é uma expressão que introduz uma reatualização da moralidade sexual católica. Outra característica que aparece nos discursos é a noção de "obediência a Deus". Para esse conjunto de entrevistados, ser obediente é uma demonstração de como o fiel se propõe a uma relação aberta com Deus, aceitando o que Ele venha determinar. Um dos desdobramentos nesse tipo de interpretação é que ser obediente passa também por estar de acordo com as posições, reconhecendo a autoridade institucional.

Segundo Machado (1996), o tempo de participação no Movimento Carismático é uma variável importante na avaliação da transformação da moralidade dos carismáticos, considerando que o indivíduo passa a adquirir o ideal de santificação pessoal, o qual também compõe a visão de mundo dos grupos pentecostais. A autora assinala que quanto mais perto da RCC, maior é a aceitação dos métodos naturais no comportamento reprodutivo – em outras palavras, maior observância às regras estabelecidas pela Igreja. De acordo com essa perspectiva, foi encontrada tendência similar entre a maior parte dos carismáticos entrevistados, confirmando a observação de Machado (1996, p. 180). Além disso, foi possível perceber que várias carismáticas, antes usuárias de métodos artificiais de controle da natalidade, modificaram seu comportamento reprodutivo a partir da participação religiosa mais intensa, seja nos setores populares ou nas classes médias. Essas entrevistadas passaram a fazer uso de métodos naturais e a valorizar o mérito deles, assim como a abstinência sexual no casamento.

Para Josefina, 40 anos, viúva e auxiliar administrativo, a decisão sobre a procriação deve ser do casal. Essa informante avalia que a posição da hierarquia está perdendo força e reconhece discursos concorrentes no interior da instituição, aprovando-os. Pode-se notar que o próprio discurso é também mais um dentro da pluralidade de interpretações que foram mapeadas. Quanto ao controle da natalidade, ela argumenta que os métodos anticoncepcionais têm um caráter preventivo e são recurso não-abortivo para a regulação da prole. O discurso de Josefina contém uma elaboração que destaca como ideal a importância do planejamento racional. Por isso, teoricamente, os casais deveriam pensar, estudar as condições para a formação das famílias. Mas a própria entrevistada reconhece as limitações desse modo de planejar. O princípio da paternidade responsável presente na doutrina moral da Igreja não deixa de ser valorizado, mas sofre aqui certa relativização.

Josefina, em sua reflexão, reconhece que há dificuldades para seguir esse modelo, especialmente por falta de maior nível educacional da população. Dessa maneira, acha que é necessário equilíbrio, ou seja, que para que as famílias possam se estruturar, portanto é legítimo o uso de métodos anticoncepcionais. Compreende que ser responsável é determinar a procriação com o uso dos recursos ligados à saúde reprodutiva existentes na sociedade. É com base nessas convicções que seu discurso está permeado de nuances, refletindo o processo reflexivo diante da questão.

Em resumo, o discurso de Josefina não se opõe radicalmente ao papel que a Igreja tem na esfera da reprodução, mas exalta, por exemplo, a liberdade do indivíduo e a autonomia feminina na esfera da sexualidade. Entretanto, o que se percebe é mais um aproveitamento do hiato existente entre a doutrina oficial e a prática dos leigos. Isso significa que Josefina reforça com seu posicionamento a necessidade de transformação institucional. Por isso, quando conclui que a decisão sobre métodos reprodutivos é algo que compete ao casal, ela, indiretamente, apoia a transformação representada pelos valores modernos presentes na sociedade em geral.

Outra entrevistada, Maiara, procura assinalar que o método natural não é uma forma de negação do prazer, crítica geralmente feita a esse método. Ao contrário, ela sugere que a proposta da Igreja tem a vantagem de intensificar o prazer sexual do casal, com a abstinência necessária. No período sem riscos, a experiência sexual ganhará um significado especial. Essa informante reproduz um discurso positivo sobre a moral sexual católica. O valor da obediência aparece sem qualquer grau de tensão diante das normas.

Angélica, Lídia e Clarice apresentam um posicionamento semelhante, mas com algumas ambivalências. O interessante nesses depoimentos é identificar que com o processo de adesão à Renovação Carismática modificaram suas percepções sobre o controle da natalidade e passaram a valorizar mais os métodos naturais. Angélica ressalta que quando esteve afastada da Igreja fez uso de métodos anticoncepcionais artificiais e não via problema nessa atitude. Mas com a participação no grupo carismático, ela e o marido tiveram outra compreensão sobre o assunto e passaram a usar métodos naturais:

> Numa época eu usei até o DIU porque eu estava afastada da Igreja. Então, pouco me importava o que ela pensava. Aliás, nunca me preocupei com o que ela pensava nessa área. Mas, de uns anos para cá, nós temos procurado obedecer. Porque nós queremos agradar ao Senhor, aquilo que eu te falei. Então, nós usamos os métodos naturais que a Igreja nos ensina. É essa coisa do querer agradar a um bem maior. Mesmo que você possa até não concordar, mas a obediência. Jesus venceu com a obediência. Enfrentando tudo o que ele enfrentou. Ele poderia ter desobedecido. Ele tinha poder. Mas ele obedeceu. Eu acho que a chave de toda a nossa vida é a obediência, porque, no você obedecer, você se torna humilde. Você quebra seu orgulho, mas você obedece e aguarda.

Embora Angélica tenha incorporado uma nova moralidade à sua prática, em outro trecho da entrevista aponta que a Igreja deve rever seu posicionamento para que se evite um "mal maior", ou seja, a pobreza e o sofrimento de crianças sem condições dignas de vida. Diante de situações como essas, julga favorável que métodos anticoncepcionais sejam usados pelas mulheres. Apesar dessa ressalva, sua conduta e pensamento vão mais ao encontro do que a Igreja prega nessa área.

A segunda categoria de entrevistados entre os carismáticos compõe-se de discursos divergentes da campanha tradicional da Igreja quanto ao controle da sexualidade. Dilma, Rita e Maria Beatriz são mais abertas à visão secular, destacando que a Igreja tem uma visão desatualizada e contraditória.

Regina ressalta que "cada um tem seu modo de viver, de ser" e a Igreja não deve envolver-se. A liberdade do indivíduo é bastante enfatizada quando declara ser a favor incondicional dos métodos anticoncepcionais artificiais, especialmente a pílula. A concepção de Dilma apoia-se em conceitos presentes na própria doutrina católica como forma de legitimação de seu desacordo. Para ela, a aceitação dos métodos anticoncepcionais artificiais repousa em dois argumentos: na valorização das tecnologias e invenções científicas como parte da manifestação de Deus; e numa crítica à condição de celibatário dos padres, que não teriam condições de impor tais normas aos fiéis, já que eles não enfrentam problemas concretos nesta esfera.

Em resumo, as interpretações dos carismáticos entrevistados nas camadas médias sobre a ética sexual da Igreja são semelhantes àquelas feitas pelos informantes nos setores populares. Em ambas as camadas sociais, a maioria apresenta discursos que corroboram com a manutenção da ética moral da Igreja Católica. Mas também se identificam nos dois grupos religiosos os que acham as mudanças necessárias. Entretanto, vale salientar que quem concorda com mudanças não expressa diretamente os valores do ideário do movimento feminista, destacando por exemplo a autodeterminação das mulheres no controle da natalidade. Pode-se dizer que a valorização do feminismo é indireta, por meio da absorção dos valores seculares predominantes na sociedade brasileira.

De outro lado, entre os que apoiam o pensamento institucional observa-se uma tendência que pode ser avaliada como contrassecularizante. Entre os adeptos da RCC há uma moralidade que rejeita progressos feitos na área da reprodução. A obediência é também um valor que se reatualiza com a campanha carismática. Nesse sentido, dão importância aos ensinamentos da Igreja e o que pensam os padres na esfera da sexualidade.

Por fim, dois comentários merecem menção. O primeiro é que a pesquisa confirma a intensificação da participação religiosa no movimento carismático, a qual vem provocando mudanças na prática e representações sobre controle da natalidade no conjunto de entrevistados nas duas camadas sociais. Em vários relatos, os informantes falam de arrependimento e condenam comportamentos reprodutivos anteriores, os quais incluíam o uso de métodos artificiais. Como já mencionado, com a participação nos grupos carismáticos, os católicos passam a julgar positivamente apenas métodos naturais e ressaltam o valor do comportamento casto para solteiros e viúvos.

O segundo comentário é que encontramos carismáticos e católicos da libertação que são igualmente favoráveis à mudança de atitude da Igreja frente ao controle da reprodução. Este encontro de posições já foi discutido também em outros trabalhos realizados por Theije (1998) Machado e Mariz (2000), mediante reinterpretações dos valores morais no campo da experiência pessoal e da prática social.

Em relação à pesquisa, o interessante na composição do quadro de opiniões foi constatar que nas duas tendências religiosas existem internamente indivíduos que apoiam a visão da Igreja e outros contrários. Portanto, no universo carismático, pressupor que todo católico é favorável aos métodos contraceptivos naturais é um equívoco. A pesquisa mostrou que carismáticos das camadas populares e das classes médias defendem o princípio de escolha do casal e criticam a posição da Igreja. Para justificar a divergência apresentam-se argumentos que sugerem a defesa da autonomia individual, assim como representam comentários sobre a necessidade de adaptação da Igreja ao mundo moderno.

No entanto, são poucos casos nesse universo. A tendência geral entre os carismáticos nas duas camadas sociais é a valorização do uso de métodos naturais e a condenação do aborto, reconhecendo a validade do discurso institucional como guia para a moral sexual. Merece destacar também que expressões como "obediência a Deus" e "santificação pessoal" são usadas como maneiras de confirmar a legitimidade conferida pelos carismáticos à Igreja. Os dois termos indicam que a busca pela concretização dos ideais religiosos desse grupo implica o reforço da moralidade católica.

Entre os católicos da libertação do Grupo de Oração do Frei Betto, o discurso hegemônico é diretamente contrário ao que a Igreja prega nessa área e está carregado pela defesa da autodeterminação dos indivíduos. Esses informantes estão plenamente afinados com os valores modernos do direito de escolha da mulher no que se refere às formas de controle reprodutivo. Mas, perante o aborto, o discurso não é homogêneo, embora entre os grupos pesquisados apareça a opinião que expressa maior concordância dessa possibilidade para as mulheres.

Nas CEB Veridiana, os participantes aceitam o uso de métodos anticoncepcionais artificiais, e em relação ao aborto alguns concordam em casos excepcionais. Já os membros dos círculos bíblicos na Paróquia São José se aproximam do comportamento e das opiniões apresentados pelos carismáticos.

A modo de conclusão

A experiência religiosa dos católicos pesquisados ilustra modos variados de ser católico e relacionar-se com os valores e as práticas institucionais. Neste capítulo, apresentei o processo de pluralização de práticas e valores no catolicismo carismático e da libertação, tendo por base a noção de "autonomia religiosa". Tal categoria foi identificada pela composição de diferentes formas de viver a religiosidade entre os católicos da libertação e carismáticos, bem como pela diferenciação de opiniões frente aos temas reprodução e sexualidade.

A religiosidade dos grupos pesquisados apresenta conteúdos emocionais, expressos nos cantos, gestos, na importância dos laços pessoais, e uma orientação e valorização do espiritual, que se manifesta pela oração e pela busca em desenvolver uma relação pessoal com Deus. Entre os católicos da libertação pesquisados, as experiências religiosas evidenciam a incorporação dessa tendência, sem que ocorra uma substituição dos conteúdos comunitários e ideológicos. Nesse sentido, observa-se nos grupos de católicos uma aproximação mais direta e pessoal do sagrado, que corresponderia à concepção de mística definida por Troeltsch (1931). Entretanto, em seu conjunto, as experiências religiosas, os discursos e as práticas dos entrevistados, sugerem que essa religiosidade mística não é igualmente integrada, na forma e no conteúdo, preservando-se peculiaridades no modo de ser católico da libertação ou carismático. Neste estudo identificamos três tipos de relação com esses conteúdos místicos.

Os católicos carismáticos, em sua relação com o sagrado, enfatizam uma vivência direta com o transcendente por meio da oração, do canto, da comunicação com o Espírito Santo, que se constitui numa religiosidade emocional e expressiva. Porém, tal relação implica também o resultado de revitalização comunitária e institucional, pois entre os carismáticos pesquisados existe um forte compromisso com a comunidade religiosa e uma ação orientada para a renovação da Igreja.

Os participantes no Grupo de Oração do Frei Betto também dão grande importância ao valor da experiência religiosa, e por intermédio dela constroem um sentido místico para militância. Eles são os que mais parecem ensaiar um tipo de religiosidade nova, desinstitucionalizada, no catolicismo contemporâneo. O elo com a Igreja-instituição é feito pelo testemunho de vida e fé apresentado por Frei Betto, que é um líder carismático capaz de inspirar seguidores. O convencimento e o compromisso religioso baseiam-se na escolha pessoal, nos laços afetivos internos ao grupo e na busca por uma experiência religiosa autêntica.

Os membros das CEBs tomam como base central os princípios ético-religiosos e os rituais comunitários, apostando na construção da comunidade ideal. Para esses informantes, o projeto de construção do Reino de Deus desde já oferece o sentido transcendente. Essa é uma inspiração mística presente nos valores específicos do catolicismo da libertação.

No que se refere à posição dos católicos entrevistados na área de sexualidade e reprodução, observa-se, em resumo, uma dupla tendência presente nas vertentes católicas diante do tema. Os católicos da libertação têm uma visão mais independente, afastando-se em maior grau dos ensinamentos da Igreja. É importante salientar que em lugar de seguirem a moral sexual católica, tomam como base o que julgam mais apropriado, seus valores individuais, revelando assim maior abertura aos valores predominantes na sociedade. Esse comportamento apresenta-se entre esses católicos tanto nas camadas populares quanto nas médias, embora nesta última a defesa do individualismo moderno seja mais contundente.

Os católicos carismáticos introduzem uma renovação no comportamento sexual católico favorável à afirmação do pensamento institucional. Embora nos discursos carismáticos haja também uma reação e manifeste-se certo desconforto quanto ao papel da Igreja, o sentido predominante é de reforço da tradição moral católica.

Por fim, essas características ajudam a indicar que de um modo geral existem várias aproximações entre o catolicismo da libertação e carismático quando o discurso e a prática dos fiéis são focalizados[53], considerando a configuração do perfil, plural e diversificado, dos católicos pesquisados.

---

[53] Tendência apontada também em estudos feitos por Mariz (1989), Mariz e Machado (2000 e 2001) e Theije (1999).

6

Canção Nova, homens novos, mundo novo: Entre o "velho" destes tempos e o "novo" do final dos tempos numa nova comunidade carismática[54]

Eliane Martins de Oliveira

Como se lê o "final dos tempos": digressões preliminares

Se pensarmos sobre os sentidos que frequentemente assumiu em cosmovisões já registradas (Queiroz, 1965; Cohn, 1996), ou mesmo sobre o que dele se cogita no senso comum, é possível que rematemos: o "final dos tempos" embora temido, foi também querido. O temor pelo "final dos tempos" esteve pujante e foi substantivo, especialmente quando associado à ideia de "final do mundo" e ao imaginário dramático, catastrófico e nebuloso que, muitas vezes, acompanhou a ideia. Mas, nem sempre a classificação "final dos tempos" carregou aquela impressão. Numa compreensão diferente, ele foi considerado passagem para "outros tempos" na Terra e não propriamente o fim da estrada. E, nesse sentido, foi querido. Seja no âmbito

---

[54] Os dados e as reflexões aqui trazidos fazem parte do processo de pesquisa e de elaboração de tese de doutorado sobre a Comunidade de Vida Canção Nova iniciado em 2004 e ainda em curso.

cosmológico indígena (a crença tupi-guarani na terra sem males); seja na tradição judaico-cristã, que influenciou movimentos religiosos, nomeados por "messiânicos" ou "milenaristas"[55], como Canudos e Contestado; ou seja, ainda, no secularismo marxista (o comunismo ou a sociedade sem classes) (Pompa, 1998; Cohn, 1996; Queiroz, 1965), a crença exata ou aproximada do "final dos tempos" consistiria numa fronteira entre um tempo ou um mundo "antes" e um tempo ou um mundo "depois" de vivência na Terra. Ele prenunciaria a exaustão dos "tempos mesmos" ou habituais ("velhos tempos") e o alvorecer de "tempos outros" ("novos tempos"). A promessa da continuidade temporal – e, por consequência, da continuidade do mundo, da Terra ou da vida na Terra, mundo esse superior ao antecedente em qualidade, despertaria a expectativa e até o desejo da passagem pelo "final dos tempos". Além disso, o "final dos tempos" como passagem, mesmo que mantivesse a representação de "tempos difíceis", levaria consigo os indícios do "novo mundo", sendo este presentificado tanto na expectativa dos indivíduos pelo futuro prometido, quanto pela antecipação da vivência dos ideais do "novo mundo" na história do presente ainda "velha" (Pompa, 1998; Teixeira Monteiro, 1974). De tal modo que sinalizaria, concomitantemente, desejo e temor, destruição e construção, desordem e ordem, caos e cosmos (Queiroz, 1965; Cohn, 1990). O "final dos tempos", assim compreendido, guardaria em si ambivalência.

Essas digressões iniciais a propósito de significados distintos para o arranjo "final dos tempos" permitem a emergência de questões importantes que aprofundam a análise sobre ele mesmo. A noção de "tempo" e a noção de "novo" e, consequentemente, a de "velho", serão privilegiadas no presente

---

[55] Para Queiroz (1965), messianismo não é o mesmo que milenarismo, sendo o primeiro uma subdivisão do segundo. Conceitos derivados da tradição judaico-cristã, milênio é a realização do Reino de Deus na Terra que se estabelece independentemente da intervenção humana, é graça de Deus; enquanto que messianismo é um processo social onde um messias surge como uma liderança carismática que mediará a passagem para o Reino de Deus.

estudo que abordará a leitura sobre o "final dos tempos", elaborada por uma das configurações mais atuais do cristianismo católico: a Comunidade de Vida Canção Nova. Ela, introduzida no contexto católico pela Renovação Carismática, compartilha em vários aspectos das concepções católicas para o "final dos tempos": a ideia de passagem (transição) entre um "velho" para um "novo mundo/tempo", onde "novo" supõe o triunfo do bem contra o mal e a recuperação para a humanidade do paraíso terrestre; a espera pela vinda de um messias[56] que salvará a humanidade do mal e a conduzirá ao "mundo novo"; a previsão de dias difíceis no "final dos tempos", mas também concebidos como necessários para se viver os próximos tempos. Entretanto, a Canção Nova também adota interpretações singulares a respeito dele, identificando, na história contemporânea, sinais concretos de que ele está próximo ou de que ele já chegou e se desdobra. Para ela, o "final dos tempos" é tanto o dia da vinda de Jesus (uma data especial) quanto um tempo de espera e de preparo para a Sua vinda (um processo). Mergulhada nesse cenário, a Canção Nova empenha-se na missão evangélica de salvação dos homens do pecado antes da volta do Messias.

Mas, vejamos, antes de tudo, o que é a Comunidade Canção Nova.

A Comunidade de Vida Canção Nova

Canção Nova é o nome de um agrupamento comunitário formado por católicos carismáticos, compreendendo homens, mulheres, solteiros, casados, celibatários e sacerdotes, que se dizem "chamados" por Deus a abandonarem seus planos pessoais (emprego, estudo, relacionamentos afetivos, família, propriedades) e a compartilharem o cotidiano em habitação comum, com o propósito de viverem a "vida no Espírito". "Viver no Espírito"

---

[56] Weber (1982) entende o messias como um líder carismático. Contemplado na categoria "profeta", é tanto a re-encarnação do herói ou da divindade.

significa abandonar-se à ação direta de Deus na condução da vida comunitária diária (mística) e dedicar-se exclusivamente à missão evangélica para salvação do mundo, cumprida pela difusão dos preceitos católico-doutrinários nos meios de comunicação próprios e em megaeventos organizados para fiéis não-comunitários (ascetismo)[57] (Oliveira, 2003).

Diz-se comunidade de vida para evidenciar a particularidade da forma comunitária onde seus membros vivem juntos e não apenas frequentam periodicamente um espaço comunitário, como nas pastorais paroquiais ou nos grupos de oração[58]. Segundo seus membros, a comunidade e sua missão mantêm-se graças à Providência Divina. Ela atua, sobretudo, inspirando fiéis frequentadores e simpatizantes do ideal comunitário cançãonovista a fazerem doações em dinheiro ou em bens materiais, e a comprarem material de cunho religioso produzido pela comunidade. A despeito de já ser identificada pela Igreja Católica como um tipo de estrutura organizativa do movimento carismático, a Canção Nova não é ainda aprovada pelo Código Canônico (Oliveira, 2003).

A sede da Canção Nova, instituída em 1978 e coordenada pelo padre Jonas Abib, está localizada na cidade interiorana de Cachoeira Paulista, São Paulo[59]. No Brasil, ela é a primeira e a maior em termos estruturais das cerca de 400 Comunidades de Vida ou Novas Comunidades Carismáticas[60]. Inaugurada com 12 pessoas, os últimos dados somaram cerca

---

[57] Weber (1982) contrapôs misticismo ao ascetismo. Indicando-os como orientações opostas de condutas renunciadoras do mundo, enquanto o místico procuraria minimizar sua ação no mundo, o asceta seria avaliado através de sua ação no mundo.

[58] Grupo de fiéis carismáticos que se reúnem em paróquias ou suas próprias casas com uma frequência semanal para orar, cantar, louvar e exercitar os dons carismáticos.

[59] A área da Comunidade Canção Nova – 414.698,69 m2 – é nomeada por "Complexo de Evangelização": diz respeito às estruturas edificadas para a reunião, acolhimento e sustento de fiéis nas variadas atividades e eventos de pequeno a grande porte acontecidos na comunidade.

[60] Citemos algumas delas: as Comunidades Aliança de Misericórdia; Maria Porta do Céu; Rainha da Paz; El Shaddai; Jesus Te ama, todas sediadas em São Paulo; Shalom, Fortaleza/CE; Emanuel e Mãe Rainha, no Rio de Janeiro (Oliveira, 2003).

Canção Nova, homens novos, mundo novo 151

de 300 membros em sua casa-sede e um total de mais de 600 membros, se contabilizados os participantes distribuídos nas 30 (trinta) casas-filiais de missão, dispostas em todo o território nacional e, também, em países como Itália, França, Portugal, EUA e Israel (Oliveira, 2003).

Apesar de sua veia comunitária, o "viver junto" cançãonovista está condicionado à missão religiosa que acredita ser um dom especialmente designado a ela por Deus. A comunidade foi constituída "espiritualmente" nos planos de Deus antes mesmo da sua materialização na realidade e é hoje o grande encontro de sujeitos predestinados à vida religiosa e comunitária carismática católica que se dispõem à missão de salvação do mundo, realizada pela difusão dos preceitos doutrinários da Igreja nos meios de comunicação social, para "preparar" a humanidade para o "final dos tempos". A proximidade ou o advento do "final dos tempos" é sabido, segundo a Canção Nova, porque são bastante visíveis, no mundo de hoje, os sinais disso. "A aurora começa a clarear e o sol que está vindo é Jesus" (Abib, 1996).

O tempo do Espírito Santo e o tempo da misericórdia divina[61]

O primeiro, maior e principal sinal do "final dos tempos" é a irrupção da realidade sobrenatural no mundo ordinário dos homens mediante o "derramamento do Espírito Santo" (Abib, 1996). O "derramamento do Espírito Santo" é outro nome para "batismo no Espírito Santo"[62] e diz respeito ao recebimento de dons carismáticos que abrem canais diretos de

---

[61] As informações expostas neste tópico e em seu subitem foram ouvidas pela pesquisadora nas palestras proferidas por padre Jonas Abib nas palestras *Consagrados para o mundo*, 2000, fita cassete; e *Nova Era*, 1993, fita VHS.

[62] Trata-se da experiência "espiritual" vivida por fiéis carismáticos tal como no episódio bíblico de Pentecostes quando Apóstolos de Jesus Cristo receberam dons carismáticos enviado pelo Espírito Santo. Os dons carismáticos podem ser divididos em três grupos: 1º- os dons de manifestação verbal: profecia, línguas e interpretação das línguas; 2º- os dons de manifestação pela revelação: sabedoria, ciência e discernimento; 3º- os dons de manifestação pela ação: cura, o poder de operar milagres e libertação.

comunicação com Deus e provocam uma mudança na percepção da realidade: quem o recebe, tem visões "espirituais", poder de cura e profecia, ora na "língua dos anjos"[63], audição apurada para receber mensagens de Deus, da Virgem Maria, dos santos e anjos, sensibilidade corporal para sentir a presença "espiritual" de Jesus (Oliveira, 2003; Maués, 2003).

Segundo padre Jonas Abib, o fenômeno do "derramamento do Espírito" ocorre desde 1967 na Igreja Católica com o surgimento da Renovação Carismática e representa a efusão espiritual mais abrangente e intensa desde Pentecostes[64] (Abib, 1996). A fundação da Canção Nova e o seu crescimento, bem como o estabelecimento de outras novas comunidades carismáticas, estaria inserida no contexto do "tempo do Espírito Santo", pois que ela, considerando-se obra movida pela intervenção imediata do Espírito Santo, acredita que é uma via privilegiada para atuação da misericórdia divina na salvação dos homens e do mundo. Sente-se "chamada" por Deus a ser exemplo do "novo mundo" que virá com o retorno de Jesus. O que não significa que os que a ela pertencem sejam perfeitos, ressalta. Mas sim que os princípios por ela professados, somados à sincera vontade de genuinamente praticá-los, são suficientes para promover o desenvolvimento espiritual e a santidade, elementos avaliados como "novos" e, por isso, apontados como constituintes elementares do "mundo novo". Sua missão é fomentar a preparação dos homens para o advento de Jesus porque haverá o Julgamento Final, a separação entre escolhidos e não escolhidos para entrar no "Reino" (Abib, 2006).

Antes da vinda de Jesus será proclamado a todos o tempo do arrependimento dos pecados ou o "tempo da misericórdia de Deus", pois a

---

[63] Também chamada de "oração em línguas", o dom de línguas, o fenômeno que os teólogos chamam de "glossolalia", isto é, um conjunto de sons pronunciados de modo rítmico, sem significação aparente, se manifesta em um momento de oração, onde todos falam ao mesmo tempo numa espécie de canto improvisado, mas de forma harmônica como se fosse uma só voz (Oliveira, 1978, p. 52).

[64] Episódio do recebimento de dons carismáticos enviado pelo Espírito Santo aos Apóstolos de Jesus Cristo.

condição para alguém entrar no "mundo novo" equivalerá a sair do "mundo velho" onde imperam o pecado e o demônio (Abib, 1996). A Canção Nova e os fiéis da Renovação Carismática de um modo geral empregam a palavra "mundo"[65] ou as locuções "do mundo" e "no mundo" quando querem explicar quais são o lugar, o tempo ou a natureza do pecado e do mal. "No mundo", reinam a promiscuidade sexual, a degeneração da família, o hedonismo, o secularismo, o pluralismo, o relativismo, a diversidade religiosa. Além disso, compreende guerras, destruição, morte, fome, injustiça, separação. "O mundo" representa tudo aquilo que é perecível, passível, corruptível, efêmero. Velho. Em oposição ao "mundo e ao tempo de Deus" ou ao "mundo novo" ou à eternidade (lugar e ocasião da santidade), "o mundo" é um arranjo semântico que configura uma totalidade e, em última instância, denota o "mal": ele é o império do demônio[66]. Ao mesmo tempo, afirmam os cançãonovistas que a eternidade de Deus também se faz presente "no mundo" em realidade "espiritual" – manifesta na irrupção dos carismas do Espírito Santo e na ação da Providência Divina – e em realidade histórica – manifesta nas iniciativas de evangelização dos movimentos pastorais e comunitários da Igreja, mas particularmente na Renovação Carismática e nas Novas Comunidades Carismáticas que são dons de Deus para o "final dos tempos".

Neste panorama, a Canção Nova faria parte do "tempo e do mundo de Deus", representando o modelo de "novo verdadeiro" para o "velho" ou "novo falso" que é "o mundo". O tempo do "final dos tempos" é, então, ocasião

---

[65] Deste ponto em diante, toda vez que a palavra "mundo" for mencionada com aspas será feito em referência ao significado nativo explicado no texto. De outro modo, quando a mesma palavra estiver escrita sem aspas carregará o significado de "sociedade".

[66] O demônio, segundo a literatura a respeito da batalha espiritual no pentecostalismo e na Renovação Carismática, é identificado como o mal onipresente que está nas origens de todos os acontecimentos pessoais e sociais e que prejudica a ordem do cotidiano através da violência, do desemprego, da injustiça, das doenças, do alcoolismo, das brigas, dos desentendimentos familiares etc (Birman, 1997; Carranza, 2000).

de preparo do homem e do mundo "velhos" para o começo de um "mundo novo": "Formar homens novos, renová-los, transformá-los, fazê-los novos, fazê-los chegar à santidade original. É para um mundo novo: novas estruturas, novo sistema de vida, nova ordem. Um mundo dentro do projeto inicial de Deus" (Comunidade Canção Nova, 2002, p. 52). O "novo" será experimentado por todo aquele que abandonar "o mundo" e buscar viver sob os princípios da santidade. Uma vida resguardada "do mundo" – concebida como totalmente possível e, inclusive, buscada pela Canção Nova e pelas demais Novas Comunidades Carismáticas – pretende oferecer a contrapartida: a "boa sexualidade" ou "nova sexualidade", que se baseia no regramento e na contenção sexual, a valorização da família aos moldes tradicionais, a fidelidade religiosa ao catolicismo, particularmente o carismático, a certeza de que só existe uma verdade e não que a verdade é relativa, a necessidade da vida com espírito comunitário[67]. Todos esses são valores, segundo ela, orientadores para se chegar à santidade e que ela incorpora em seus princípios ou regras de vida comunitárias quais sejam: o masculino e o feminino vivendo em sadia convivência, a vida sob a dependência da Providência Divina, a vida fraterna, o trabalho santificado, autoridade e submissão e partilha e transparência (Comunidade Canção Nova, 2002). É possível afirmar que os parâmetros de correção moral e "espiritual" defendidos pelos cançãonovistas estão condensados nos mesmos seis princípios que organizam a sua própria vida comunitária e que, segundo padre Jonas Abib, ajudam-lhes a passarem juntos pelo processo de restauração "espiritual" que simultaneamente apregoam para "o mundo": "Estamos todos num processo doloroso de restauração. Estamos numa batalha interior: o velho e o novo, o pecado e a graça lutam dentro de nós" (Abib, 2000, p. 107). A restauração moral é consequência da restauração "espiritual" advinda com o derramamento do Espírito Santo, na

---

[67] Essa concepção é compartilhada por fiéis carismáticos de uma maneira geral e já foi apontada por outros estudiosos como Machado (1996), Mariz (2004), entre outros.

medida em que suscitará o empenho para o abandono do "velho" em direção do "novo". A restauração "espiritual" é resultado da restauração moral, porque quanto mais "renovado", mais desenvolvido "espiritualmente" se fica.

Entretanto, pensamos que o princípio de "viver em sadia convivência" toma ascendência na Comunidade Canção Nova, em termos de missão evangélica para restauração moral "do mundo", tendo em vista o "final dos tempos". Um "mundo novo" depende da cura dos relacionamentos afetivos e sexuais. Para eles, uma "sadia convivência" entre homens e mulheres pressupõe o cumprimento rigoroso dos preceitos da moral sexual previstos na doutrina da Igreja que condenam, entre outras coisas, a prática sexual antes do casamento, o homossexualismo, o adultério, o divórcio, o aborto (Machado, 1996; Oliveira, 2003; Mariz, 2005). Na expressão "sadia convivência", o adjetivo "sadia" sugere que, na opinião da Canção Nova, existe um tipo de convivência "boa" ou "saudável" em contraposição a outra(s) "má(s)" ou "doentia(s)". Dentro do contexto do "mundo novo", poderíamos dizer que essa seria a "velha" sexualidade. Padre Jonas Abib afirma que a Canção Nova é a prova de que a intersecção de homens e mulheres no âmbito diário doméstico de uma comunidade não necessariamente culminará em "promiscuidade sexual", tal como provavelmente aconteceria "no mundo": "Deus quer provar que é possível viver a pureza, viverem sem malícia e em sadia convivência homens e mulheres" (Abib, 2000, p. 60).

No tempo da misericórdia de Deus no "final dos tempos", a Canção Nova propagará, mediante os meios de comunicação, o princípio da "sadia convivência" e os demais princípios normatizadores da vida na comunidade com o propósito de preparar pessoas para que sejam dignas do "céu e terra novos". Ela se apresentará como uma amostra, um reflexo real e presente do "novo" prometido para o futuro e recuperado do passado, porque o "novo de Deus" não tem tempo, sempre é, desde a criação do mundo.

Junto ao tempo da misericórdia de Deus, virá o tempo da enganação do demônio – a ofensiva do anticristo através das seduções e ilusões do "mundo velho" – precedente ao advento de Jesus.

O tempo da enganação: o movimento
Nova Era e a Nova Ordem Mundial[68]

Um grupo seleto de pessoas acompanha, circunspecto, a palestra de padre Jonas Abib batizada de "Nova Era". Ele afirma que Deus tem mostrado os sinais do "final dos tempos". Tudo o que é dito na Carta de São Paulo aos Tessalonicenses e no Apocalipse de São João já está acontecendo no presente: antes do retorno de Jesus, vem o "filho da perdição", o "adversário", "aquele que se levanta contra tudo o que é divino e sagrado" – o anticristo – com a intenção de ocupar o lugar de Deus. Um dos sinais cristalinos de que o anticristo já está na Terra e de que, por consequência, Jesus se aproxima, é o surgimento do chamado movimento Nova Era[69]. Se é verdade que Deus prepara uma "Nova Era" (novos tempos) para o mundo, o anticristo, que é mentiroso e enganador, tenta convencer os homens de que a promessa de Deus está sendo cumprida com o nascimento do movimento Nova Era. O anticristo é "lobo em pele de cordeiro", travestido de "novo". Mas, o seu mundo será "novo" só na aparência. O demônio vai apresentar-se como se fosse o próprio Deus.

O processo político e econômico trazido com a Nova Ordem Mundial é outro sinal do "final dos tempos", principalmente no que diz respeito ao estabelecimento de moeda única e de um único governo mundial. O governo da Nova Era trará um estado falso de equilíbrio social, mas quem acreditar nele será destruído com ele. Nesse governo mundial, saúde, educação, alimentação, moradia, uma melhor distribuição de renda serão disponibilizados a todos. Mas isso fará parte da enganação. "(...) quem cair nas políticas de hoje, nos PTs da vida, vai cair facilmente no grande PT deste

---

[68] Versões muito parecidas da interpretação exposta neste item podem ser encontradas tanto entre outros grupos e comunidades carismáticas quando entre grupos evangélicos, sobretudo, pentecostais, e adeptos do movimento Nova Era.

[69] O movimento Nova Era foi caracterizado por Amaral (2000) como uma religiosidade caleidoscópica ou um "sincretismo em movimento", ou seja, uma composição em se fazendo de múltiplos elementos de diversas tradições culturais religiosas ou não religiosas.

mundo. Quem acredita nas histórias do PT, acreditando que a salvação virá com um determinado político, cairá facilmente no que virá acontecer (Abib, Fita VHS, palestra: *Nova Era*, 1993).

Todos poderão usufruir os falsos benefícios do governo do anticristo, desde que permitam serem marcados com um código de barras no corpo. Através do código de barras, todos seremos controlados. Só poderão ter conta em banco, as pessoas que possuírem código de barras. Haverá, também, um imposto único, uma central de controle de alimentos. E um único líder controlará tudo isso. Caso alguém não queira se submeter ao governo do anticristo, recusando-se a ser marcado, não terá acesso a sua subsistência, além de ser perseguido. À altura do que foi o nazismo, a perseguição focalizará os cristãos e os judeus, aqueles que acreditam no Messias. Isso explica por que a Canção Nova proclama viver da Providência Divina. É, segundo ela, um treinamento para que os cristãos perseguidos suportem viver somente do necessário quando chegar "o dia", pois, dentro do "sistema" não conseguirão sobreviver. Por isso, a necessidade da Comunidade Canção Nova e de outras Comunidades Carismáticas que surgirem terem como princípio a pobreza e a simplicidade.

O "novo" e "velho" do "final dos tempos"

Canção *Nova*, formar homens *novos* para um mundo *novo*, *Nova* Era, *novos* tempos... Quando pensamos na cosmovisão cançãonovista, é quase impossível compor uma expressão sem a ajuda do adjetivo "novo" ou de seus derivados. Na Canção Nova, a noção de "novo" está enredada, além de várias outras questões, à ideia da proximidade do "final dos tempos" e ambas à noção de "tempo". Embora nem todo catolicismo contemporâneo identifique em acontecimentos do mundo contemporâneo o estabelecimento ou a iminência do "final dos tempos", nem atribua os mesmos sentidos à noção de "novo" imputados pela Canção Nova, vemos que essa comunidade procura sempre respaldar suas interpretações nas teses da Igreja e no universo da tradição cristã, conforme o enredo mítico a seguir.

O "final dos tempos" é uma passagem para tempos e mundo "novos", quando o "tempo e o mundo de Deus" – o Reino de Deus ou o paraíso perdido – se estabelecerem plenamente na Terra. "Plenamente" porque "o tempo de Deus" nunca deixou de acontecer na história dos homens. Ele não é inédito. Como Deus, o "tempo", o "mundo" e o "novo" de Deus são eternos, permanentes e imutáveis. O "novo" de Deus existiu em estado originário na criação do mundo, coexistiu com o "velho" da história dos homens, existirá no final da história dos homens e será o mesmo "novo" do "mundo novo" para além da história dos homens. A primeira vinda de Jesus recuperou o "novo" criado por Deus no início, mas esse "novo" cristão conviverá com o "velho" "do mundo" até a segunda vinda de Jesus, quando só existirá plenamente o "verdadeiro novo", que não é novo (inédito), pois ele sempre houve. Entretanto, Deus e o Seu eternamente "novo" só podem fazer-se "eternos" e "novos" mediante o que é provisório, histórico e "velho", uma vez que é o princípio da mudança que orienta o entendimento humano e a história do mundo (Neto, 2004, p. 144). No plano da salvação, Deus não se abstrai do mundo dos homens. Ao contrário, se faz homem em Jesus. Assim, para se eternizar, o "tempo de Deus" rende-se à transitoriedade do "tempo dos homens". A passagem do "final dos tempos" – que está circunscrita historicamente no tempo extinguível dos homens – também contém "o tempo de Deus", combina o "velho" do "tempo dos homens" e o "novo" do "tempo de Deus". Da mesma maneira que a ideia de "final dos tempos" sugere um processo que começou no passado, se estende no presente e continua no futuro, assim também é o "novo".

Essa leitura cristã do "final dos tempos", que mostra ambivalência e simultaneidade na noção de "tempo", nos remete, no catolicismo, às teses neoplatônicas de Santo Agostinho, especialmente nas obras "A cidade de Deus" (1990) e "Confissões" (1980), mas também nos lembra as proposições de raiz aristotélicas feitas por São Tomás de Aquino (1973), quando incorpora a ideia de movimento histórico ao tempo. Para Agostinho (1980; 1990), é a simultaneidade e não a continuidade ou a mensurabilidade que

Canção Nova, homens novos, mundo novo 159

definem o tempo. O tempo agostiniano se desdobra em dois: o "tempo dos homens" – transitório, visível, finito – e o "tempo de Deus" – constante, invisível, permanente, eterno. O "tempo de Deus" é o Tempo com maiúscula e no singular, aquele que compreende todos os "tempos", enquanto que o "tempo dos homens" é o tempo em minúscula e no plural – "tempos" –, aquele que representa a transitoriedade, multiplicidade e diversidade. Este duplo aspecto do tempo é tratado na obra "A Cidade de Deus", quando o autor demonstra a existência simultânea das duas cidades – a terrestre, onde o tempo é linear, e a celestial, onde o tempo é eterno – e também na obra "Confissões", quando afirma que o tempo é o presente do passado (a memória), o presente do presente (que já pertence ao passado de tão rápido que corre o tempo) e presente do futuro (a esperança) (Agostinho, 1980: XI, 20, 26). Para Agostinho, passado e futuro se manifestam no presente, o que faz com que o presente não tenha duração. O presente é o canal por onde circula o passado e o futuro: ele é a memória do passado e a esperança do futuro. No presente, passado e futuro se encontram, embora o passado já não mais exista e o futuro ainda não tenha vindo. O espírito do homem mede os tempos, efetuando, pela antecipação, uma distensão em direção ao futuro e, pela memória, uma dilatação em direção ao passado (Agostinho, 1980, p. 228). O tempo agostiniano parece corresponder à circularidade do tempo mítico quando indica que o futuro é um retorno ao passado. Entretanto, devemos lembrar que está inserido na tradição judaico-cristã, para quem o tempo corre da criação à chegada do Messias e até a sua segunda vinda e estabelecimento do paraíso terrestre. Se entendido que a ida à "terra prometida" é o retorno ao paraíso terrestre, então concluiremos pela semelhança ao tempo cíclico do mito (Whitrow, 1993, p. 72-73). Embora São Tomás de Aquino compartilhe com Santo Agostinho (1980; 1990) no que se refere a imutabilidade e eternidade de Deus, em Compêndio de Teologia (1973) ele expõe sua crença na relação entre tempo e movimento presumida por Aristóteles, defendendo a sucessão temporal do "antes" e do "depois". O tempo só existiu quando Deus determinou. Por isso, o tempo tomista é o esforço de coincidir a eternidade de Deus à história dos homens. Desdobra-se em três: tempo dos corpos e fenômenos terrestres que é sequência com começo e fim definidos, a eternidade cuja prerrogativa é de Deus e o tempo dos anjos, dos corpos celestes e das ideias que têm começo, mas não fim. Essa ideia de tempo sucessivo considera as mudanças históricas e ajuda na construção da concepção de irreversibilidade do tempo que estará presente em toda a modernidade.

Concentremos, agora, a análise na Canção Nova. Podemos dizer que uma combinação entre a interpretação agostiniana e a interpretação tomista sobre o tempo está, em muito, refletida na concepção cançãonovista sobre o "final dos tempos", atualizando a influência que o pensamento desses autores exerceu na instituição católica em particular (Comblin, 1968). A retomada desses dois autores ajuda particularmente no entendimento do ideal e do compromisso missionário da Canção Nova, assumidos como dons de Deus: ela é uma comunidade existente e atuante na história dos dias de hoje (presente), concebida por Deus antes de todos os tempos (passado), com o propósito de preparar os homens para a passagem pelo "final dos tempos" e para o começo do "novo tempo/mundo" que virá no amanhã, o mesmo "novo" que também existiu no passado e fora trazido pela memória ao presente e ali já era operado na Canção Nova com a esperança de se concretizar plenamente no futuro. O "final dos tempos", segundo a Canção Nova, é, ao mesmo tempo, o dia do retorno de Jesus e o período decorrido até a Sua vinda. Quando o "final dos tempos" toma o primeiro significado, ele é um tempo futuro, mas quando adquire a segunda acepção, ele é um tempo que abrange passado, presente e futuro. Nessa última definição, "final dos tempos" é um processo que já começou, está em andamento e ainda prosseguirá até que Jesus venha. Mais se parece com um espaço onde se desdobram os acontecimentos sociais e históricos. E também o inverso: é a irrupção de determinados acontecimentos sociais onde o espaço e o tempo são feitos. Numa conclusão semelhante sobre o "tempo e espaço estrutural", de Evans-Pritchard no seu estudo da sociedade Nuer (1974), diríamos que não é a sucessão dos anos, dos dias ou das horas que indica a iminência ou a chegada do "final dos tempos" – pois o tempo exato dele só Deus sabe – mas os tipos de relações sociais, dos acontecimentos políticos, econômicos, culturais e religiosos que estão atuantes na sociedade contemporânea. São os "sinais dos tempos" que apontarão o "final dos tempos".

Por isso, pensamos que o "final dos tempos" cançãonovista é construído pela relação entre a história – o transcorrer dos acontecimentos do "velho mundo" que passará, a atuação missionária cançãonovista de transformar o "velho mundo" em "novo mundo", o processo – e o mito – o próprio evento do advento de Jesus e o eterno "novo" de Deus que costura passado, presente e futuro e é presentificado na Canção Nova como um dom para "formar homens novos para um mundo novo". Na relação mito e história, a comunidade continuamente ressignifica historicamente seu mito de origem que, por sua vez, vincula-se ao "final dos tempos": aquilo que é eternamente "novo" (mito) coexiste com o que é "velho" (história) e, amiúde, a ele se adapta para continuar sendo sempre "novo" (mito) hoje e no mundo que há de vir. Se o mito é transcrito na história, ele é igualmente re-escrito historicamente na ação dos sujeitos. Sahlins (1987) observou que os acontecimentos históricos comumente simbolizam as realidades míticas dos eventos. Se a história é determinada por uma estrutura pré-existente ao evento que a ele dá sentido, o evento, introduzindo-se nessa estrutura, a transforma.

O trabalho desenvolvido por Neto (2004) parece caminhar perto das análises apresentadas acima[70]. Para ele, o sentido de "renovação" atribuído pelo catolicismo de uma forma geral é ambivalente: significa, simultaneamente, "tornar novo", "substituir o velho pelo novo", "ir adiante (sugerindo ideia de futuro), e "restabelecer", "retornar a um tempo ido", "restaurar"

---

[70] Considerando – como veremos adiante - que o "novo" concebido pela Canção Nova significa, simultaneamente, "renovado" (ou ainda, restaurado, um salto do presente ao passado) e "inovado" (ou ainda, inédito, um salto do presente ao futuro), entendemos que estamos, nesta análise, falando do mesmo conceito ou, pelo menos, da mesma leitura do conceito feita por aquele autor.

(sugerindo ideia de passado) (Neto, 2004, p. 164). "Renovação" é o esforço de adaptação do catolicismo ao que a sociedade traz de "novo e melhor" no limite de sua transitoriedade e, simultaneamente, o empenho de adaptação da sociedade à permanente novidade cristã. Nesse sentido, a "renovação" corresponde, simultaneamente, ao tempo linear, histórico, irreversível, e ao tempo mítico do eterno retorno (Neto, 2004; Eliade, 1959).

Assim, entendemos que a Comunidade de Vida Canção Nova se apresenta como a corporificação do "novo" do "final dos tempos" em meio ao "velho" que ele também congrega e representa. Em termos míticos, a Canção Nova participa do eterno "novo" de Deus, pois que é uma dádiva divina que existiu no plano "espiritual" desde a criação (passado) e se materializou no presente para anunciar ao mundo o "final dos tempos" e o regresso de Jesus (futuro). Em termos históricos, ela investe no resgate moral e "espiritual" da humanidade pecadora (velha) para o eterno "novo" que já experimenta e que – profetiza – logo estará instaurado integralmente na Terra. Para viver o mito, a Canção Nova faz história, e para viver a história, ela recorre ao mito.

A interação entre permanência divina (eternidade, invisibilidade, imutabilidade, mito) e transitoriedade humana (mortalidade, visibilidade, mutabilidade, história) é capaz de explicar, por exemplo, por que a Canção Nova construiu o Centro de Evangelização Dom João Hipólito de Moraes, também chamado de Novo Rincão – um estádio para retiros com capacidade para até 100 mil pessoas. Deus, em comunicação "espiritual" manifesta em profecia[71], orientou ao administrador da comunidade que construísse um imenso e novo templo com a doação de objetos pessoais de fiéis em

---

[71] O dom de profecia é o fenômeno no qual o fiel, "inspirado" pelo Espírito Santo, subitamente começa a declamar uma mensagem ou revelação divina como se o próprio Deus, Jesus Cristo ou a Virgem Maria falassem através dele, no estilo: "Meus filhos, Eu vos digo...". Logo que esse fiel começa a "profetizar", algum outro membro do grupo diz que confirma a profecia, pois assim não restam dúvidas de se tratar realmente de mensagem direta de Deus e não criada pela pessoa.

ouro: "uma aliança, um anel de formatura, uma medalha, até ouro extraído de dentes". O novo templo seria a manifestação visível do que se originou no invisível, pois Deus planejou o Novo Rincão quando criou a Canção Nova (Abib, 2004).

A profecia recebida pelo administrador a respeito da construção de um novo templo recuperou o mito de origem da Canção Nova, recordando-a de que ela existe, em termos humanos e estruturais, desde o início, nos planos de Deus e que ela tem uma missão no presente tendo em vista o futuro. Na revelação profética do Novo Rincão, Deus pede que a construção do templo, a ser usado na missão cançãonovista de "renovação" "do mundo", seja custeado com a doação pelos fiéis de pertences pessoais em ouro. Obviamente que isso tem um extraordinário peso simbólico na reprodução do mito, atualizando a eternidade do "novo" que a Canção Nova guarda. Mas também promove a alteração do mito, na medida em que a Canção Nova, feita originalmente por Deus para a pobreza, eleva, em nome da pobreza, um estádio de proporções admiráveis, rico em modernidade tecnológica e arquitetônica e a partir da arrecadação de metal que, na cultura capitalista, "vale ouro". Ou seja, para inovar, é lícito e até aconselhado se valer do "velho". Se o "velho" inova é porque ele, de alguma maneira, é "novo". Na mistura do "velho" com o "novo", o "novo" se modifica, permanecendo, miticamente, sempre "novo". Algo do "velho" é absorvido pelo "novo" para continuar sendo "novo". O Novo Rincão é tanto a atualização na história presente do mito de origem da Canção Nova (o "novo" de Deus), quanto a apropriação dos elementos da história presente (o "velho" "do mundo") para o mito de origem que se projeta no futuro. O preparo dos homens para o "final dos tempos" consiste, portanto, em ensiná-los a identificar o que é "novo" e o que é "velho", além do que quando o "velho" é "novo" (pertencente a Deus), quando o "novo" é "velho" (novo falso, pertencente "ao mundo").

Como vimos na palestra proferida por padre Jonas Abib sobre os sinais histórico-contemporâneos do "final dos tempos", os contornos da sociedade moderna, de uma maneira geral, representam aquilo que é "velho" no mundo. Notemos que a descrição de padre Jonas faz alusão à sociedade contemporânea em processo de globalização econômica e cultural que unificou países e estabeleceu moeda única. Curiosamente, o registro de "velho" abarcaria o cumprimento, em governos vinculados a ideologias reputadas de centro-esquerda do tipo do PT, do projeto social da modernidade que diz respeito, entre outras coisas, à garantia de prosperidade econômica, de assistência pública em saúde, de expansão da educação, de investimento no mercado de trabalho, de segurança nacional etc. (Soares, 1999, p. 224-225). Responsabilizando o demônio, tece críticas à modernidade.

No caso do discurso do padre Jonas Abib, o que percebemos é justamente a atribuição à ação demoníaca do possível sucesso ideal-típica do projeto social moderno. Ou seja, quando um governo estiver garantindo concretamente os direitos sociais a todos, então não restará dúvidas de que é o anticristo que estará por detrás disso. Por isso, não só será necessário rejeitar o mundo de bem-estar social oferecido pelo anticristo, como também se prepararem, mediante a vida em comunidades, "alternativas" ao sistema, para sofrer privações e pobreza, acreditando que Deus nunca deixará de providenciar o necessário: "viver da Providência Divina"[72].

A identificação da sociedade capitalista moderna e de suas obras, grosso modo, como o "velho" – ou, no limite, com o império do demônio – não faz com que a Canção Nova as rejeite de modo algum. Ao contrário, ela os adota. Ela dirá que se trata de transformar "velho" em "novo" e, assim sendo, o "velho renovado" não só é permitido como recomendado. Inclusive no âmbito da política. Dentre outros casos, a comunidade, nas últimas eleições para Presidente da República circulou carta, por mala direta, na qual seu fundador indicava a votação no candidato que "comunga dos ideais na Canção Nova,

---

[72] Não resistimos à tentação de, em dando continuidade à simbologia "nativa" dos sinais, notar que, à época dessa palestra, o PT ainda não havia assumido o governo no Brasil e que, nos últimos anos, outros governos de perfil popular e ideologia de centro-esquerda ascenderam na América Latina, o que sugeriria, seguindo aquela lógica, que anda a passos longos a segunda vinda de Jesus.

há um longo tempo"; "que é católico praticante, convicto de suas obrigações cristãs"; "é uma pessoa que evolui sempre na direção do bem: é simples, é ético, é trabalhador" e "que tem proximidade com a nossa comunidade, desde o início, o que nos é motivo de orgulho": Geraldo Alckmin (Abib, 2006). O candidato recomendado – portanto pertencente à "nova" política – é aquele que compartilha dos ideais da Canção Nova (que conhece e crê no mito de origem cançãonovista que é formar homens novos para o "final dos tempos" e que conhece, crê e/ou segue os seis princípios de vida aconselhados para se atingir a santidade); que cumpre as obrigações cristãs (frequenta missas e os sacramentos da Igreja), é ético (aqui, parece uma referência aos escândalos de corrupção vividos pelo governo do PT no último ano) e tem proximidade com a Canção Nova (mantém uma relação de intimidade com a comunidade, cumprindo o princípio de vida fraterna e integrando a "família Canção Nova"). Ou seja, embora sendo político, profissão normalmente reputada de forma genérica ao que é "velho", a Canção Nova aproxima o candidato apoiado dos parâmetros do "homem novo", que têm como medida os princípios morais e religiosos seguidos pela Canção Nova. Além disso, podemos dizer que, ao indicar publicamente um candidato específico à presidência da República, está assumindo um engajamento político (velho) em nome da missão evangélica prevista em seu mito de origem ("eterno novo"). Preparar para o "final dos tempos", no caso da política, seria ensinar os homens a reconhecerem o que há de "novo verdadeiro" na "velha" política (seguindo o exemplo, o "novo" seria o candidato Alckmin) e o que há de "velho" naquela que se diz nova política, mas é falsamente "nova" e, portanto, "do mundo" (seguindo o exemplo, seria o candidato do PT).

Na mesma direção, outro exemplo é a relação da comunidade com a produção de bens materiais de cunho religioso e com a promoção de *shows* com estilo semelhante aos encontrados da sociedade secular atual, apesar do seu enfoque religioso. Crítica do consumismo dominante na sociedade moderna, a Canção Nova produz e vende, em grande escala, produtos audiovisuais (CDs e fitas cassetes de músicas, palestras); livros, revistas, produtos religiosos (bíblias, terços e imagens de santos); vestuário que acompanha a moda "do mundo", mas com a grife da comunidade e com motivos religiosos (camisetas, sapatos, bonés, bermudas com a imagem de Jesus ou palavras do tipo "castidade", por exemplo)[73]. A comunidade também organiza em sua sede e em suas casas de missão *shows* com bandas de música católica carismática que executam quase todos os estilos rítmicos mais populares, embora teor das letras seja religioso: rock, axé, forró, reggae, samba, pagode, balada, música eletrônica, entre outros. Muitas vezes, os músicos, além de tocarem instrumentos, incorporam na sua performance as danças típicas de cada ritmo. As luzes do ambiente são apagadas, só restando a iluminação do palco e dos holofotes coloridos que alcançam os artistas e a plateia. Esta, predominantemente jovem, canta, grita, pula, acompanha coreografias, dança em pares, namora.

Tanto a propósito da comercialização de bens materiais quanto sobre a promoção de shows, ambos com feições modernas, a Comunidade Canção Nova explica que, embora a forma seja a mesma daquelas "do mundo", o conteúdo é diferente. Reconhece que a forma que "o mundo" usa é "nova", mas o conteúdo é "velho". É preciso, então, infundir a eterna "novidade de Deus" naquilo que, "no mundo", é passageiramente "novo" na forma, mas invariavelmente "velho" no conteúdo. Uma comunitária em entrevista dizia que o objetivo da Canção Nova é, sobretudo, atingir os não-evangelizados, especialmente os jovens que estão à mercê do "secularismo assediador" e são "dopados" pelas novidades "do mundo". É preciso criar produtos de evangelização tão atraentes como os "do mundo", sem que isso signifique ser "do mundo" (Clarinha, celibatária, entrevista, 2006). Novamente, o caminho pelo "final dos tempos" rumo ao "mundo novo" trazido com a volta de Jesus é o aprendizado das fronteiras entre o novo e o velho: o que há de

---

[73] Campbell (2001) indicou relações entre o comportamento do hedonista moderno, a racionalidade protestante e o romantismo.

"velho" naquilo que se diz novo num *show* "do mundo", o que há de "novo" (eterno, pertencente a Deus) presente no "velho" do *show* "do mundo". No encontro do "novo" com o "velho", ambos se transformam, embora o mito do "eternamente novo" se mantenha.

Considerações finais

O "final dos tempos" para a Canção Nova não é o "final do mundo". Virá um outro. *Tempo. Mundo.* Novo. O mesmo "novo" que nunca deixou de ser e que ela, por dom de Deus, foi incumbida de encarnar e experimentar no presente. Ela, que não é uma comunidade de pessoas perfeitas, guarda uma diferença "do mundo": possui o dom de ser eternamente "nova" (Comunidade Canção Nova, 2002, p. 142). É um mito. Deus a fez para ser uma fôrma do "novo mundo". Quando chegar Jesus, ela já estará pronta (ou se aprontando) e terá aprontado o maior número de pessoas para entrar no Reino de Deus. Passado, presente e futuro juntos.

Mas, o seu "novo" coexiste com o "velho" "do mundo" no mundo. O mundo (sociedade) é a combinação "do mundo" mau e pecador com o mundo santo e querido por Deus. Uma dicotomia desponta na análise, mas não dura porque o "novo", embora eterno, pra ser real, visível e vivível depende justamente da fugacidade do "velho" que constrói a história. O mito (evento) se recompõe na história (estrutura) que compõe o mito, apenas para mantê-lo (Sahlins, 1987). Mito e história coexistem em ambivalência, e muito mais: sofrem metamorfose. O "novo" fica um tanto "velho" e o "velho" fica um bocado "novo", consequência da interação.

Entretanto, isso não retira a necessidade de se construir e manter fronteiras entre "novo" (a comunidade) e "velho" ("o mundo"). A Canção Nova precisará e quererá sempre distinguir o que é verdadeiramente "novo" do que é falsamente "novo", e também do que é "novo" naquilo que é "velho" e o que é "velho" mesmo. O ponto é que existem fronteiras entre "novo" e "velho", mas elas não são fixas. Elas andam. Questões presentes na sociedade secular usualmente consideradas "velhas", como a política, o dinheiro, o consumo, a moda, a mídia, podem, às vezes, ser "novas", se estiverem a serviço da sustentação e atualização do mito. Como propôs Barth (2000) a respeito da mobilidade das fronteiras étnicas, diríamos que, na Canção Nova, o "novo" e o "velho" são categorias identificadoras das fronteiras da comunidade, fronteiras a todo tempo ressignificadas pelos próprios cançãonovistas para organizarem suas relações sociais. Na interação, diferentes elementos e processos geram e mantêm as fronteiras entre o que é "novo" e o que é "velho". Revelações "espirituais", princípios de vida comunitária, a expectativa do "final dos tempos", o compromisso com a restauração do mundo, a apropriação de elementos materiais e simbólicos "do mundo". A preparação missionária cançãonovista para o "final dos tempos" atualiza as fronteiras da comunidade, ensinando *quando* o "novo" é "velho" e *quando* o "velho" é "novo".

7

DOCE DE COSME E DAMIÃO: DAR, RECEBER, OU NÃO?[74]

Edlaine de Campos Gomes

Introdução

> Misturam-se as almas nas coisas; misturam-se as coisas nas almas. Misturam-se as vidas e eis como as pessoas e as coisas misturadas saem, cada uma, das suas esferas e se misturam: o que é precisamente o contrato e a troca (Mauss, 2001, p. 81).

Inicio este capítulo com uma situação vivenciada em dias de distribuição de doces de *Cosme e Damião*. Estava em minha casa quando tocou a campainha. Era uma vizinha que sempre encontro no corredor do prédio onde moro – mas confesso nem saber seu nome – segurando um saquinho de doces de *São Cosme e Damião*. Numa rápida conversa e com certo constrangimento, a senhora perguntou se me incomodava que ela oferecesse doces para minha filha, pois sabia que "tem pessoas que não gostam desse tipo de coisa". A princípio, achei a pergunta um pouco estranha: pedir licença para dar?! Na verdade, sua indagação era uma tentativa de mapeamento acerca da possibilidade de uma interlo-

---

[74] Uma versão deste capítulo foi apresentada no formato de comunicação na 25ª Reunião Brasileira de Antropologia, no GT Religião em espaços públicos: escolas, universidades e prisões, 2006, Goiânia (GO).

cução, na qual a dinâmica dar-receber-retribuir (Mauss, 2001) pudesse se concretizar.

Ao aceitar os doces permiti que o circuito das trocas simbólicas prosseguisse seu fluxo, com a ofertante – agora mais tranquila – cumprindo sua promessa aos *santos*. Mais que isso, se considerarmos que se trata de uma relação desigual entre uma moradora antiga do prédio e uma neófita, o ato de aceitar o doce acionou relações sócioafetivas mais profundas, que incorrem em aproximação ou afastamento em relação à vizinhança. Ao aceitar o pacote, abria-se a possibilidade de retribuição, seja de um objeto do mesmo tipo, seja de uma visita ou qualquer auxílio entre vizinhos. Havia nesta relação a produção de um sentimento amigável. Ao receber, "sabemos que nos comprometemos (...) Faz-se mais do que se beneficiar de uma coisa e de uma festa, aceitou-se um desafio, pôde-se aceitá-lo porque se tem a certeza de retribuir, de provar que não se é desigual" (Mauss, 2001, p. 122). Nas relações modernas a dinâmica da reciprocidade é tensa, na medida que a aproximação supõe a existência de uma produção de afetividade, em contraposição à fluidez e à intensidade das relações.

Na situação mencionada, não se tratava apenas da oferta de doces, mas da magia que eles carregavam por serem ofertados como promessas, prática comum no catolicismo popular – ou pela oferenda aos Orixás. No caso mencionado, estava lidando com o primeiro tipo. Na incerteza sobre a crença religiosa daquele a quem se quer dar torna-se necessária a certificação prévia de seu pertencimento/adesão/*ethos* religioso, para o conhecimento da existência de uma postura religiosa exclusivista ou não. É interessante notar que o rápido diálogo continha o reconhecimento de uma atitude religiosa exclusivista implantada nas relações cotidianas.

Digamos: se a resposta fosse "sim, eu me incomodo" para a questão "posso dar um saco de doce de *Cosme e Damião* para sua filha?", as diferenças de percepção sobre o religioso ficariam mais nítidas e a reciprocidade bloqueada. A negação do consumo do doce de *Cosme e Damião* não é um dado novo. Assim como a prática dos despachos nas esquinas por umbandistas ou candomblecistas, os doces são cercados por uma aura de "pureza", do ponto de vista de quem pratica, e de "perigo", na perspectiva de quem a refuta, devido à magia neles inscrita (cf. Douglas, 1966). Aceitá-los e comê-los significa compartilhar uma cosmologia calcada no sincretismo tradicional, hierárquico (Sanchis, 1994). Apenas aceitá-los representa tanto um ato de cortesia quanto expressa a 'harmonia hierárquica' da religiosidade brasileira. Não aceitar e não comer, nesse contexto caracteriza uma postura religiosa exclusivista característica do campo evangélico. Embora algumas denominações evangélicas pentecostais reinterpretem a doação de doces de *Cosme e Damião*, substituindo-a por 'doces consagrados', um novo sentido é conferido a esta prática.

Na mesma semana tive acesso a um comunicado distribuído aos pais de uma escola privada da Zona Oeste do Rio de Janeiro com o seguinte texto:

> a escola, enquanto instituição laica, atende famílias das mais diversas opções religiosas cuidando em abranger aspectos socioeducacionais, sem abordar diretivamente questões confessionais. Desta forma, não são comemoradas, direta ou indiretamente datas religiosas (como *Cosme e Damião*), objetivando a manutenção da localidade institucional e o respeito a todas as famílias. Assim, contamos com a colaboração de todos em não enviar quaisquer objetos relativos a comemorações religiosas (Trecho do comunicado).

As duas situações chamaram minha atenção pelo fato de que, naquele momento, estava analisando como o pluralismo religioso de tendência exclusivista influía na sociabilidade de integrantes de uma ampla rede familiar de origem católica, da Baixada Fluminense[75]. Refletia em que medida as conversões às igrejas evangélicas geravam conflitos e acomodações

---

[75] Projeto *Os irmãos agora são eles': família e trajetórias em contexto religioso plural*, que visava compreender conflitos, acomodações, rupturas e continuidades provocados pela emergência do pluralismo religioso em contexto familiar e de vizinhança. A pesquisa foi desenvolvida como atividade pós-doutoral no Programa de Pós-Graduação em Antropologia Social do Museu Nacional, UFRJ, entre os anos de 2005 e 2006. Agradeço a Luis Fernando Dias Duarte as discussões e críticas, assim como a oportunidade de desenvolver a pesquisa.

internas e externas, em relação à vizinhança, em especial, analisando as celebrações familiares (casamentos, funerais, aniversários). Uma informante da rede havia dito que esses encontros se tornaram menos frequentes e que as conversões exerciam um papel importante nesse processo. Além disso, observa que ocasiões como *Cosme e Damião* acabavam se tornando dramáticas. Ela mesma oferecia doces nessa época, mas não poderia mais oferecê-los a todas as crianças da família, já que as crianças cujos pais são pentecostais não comem este tipo de doce. A questão era "como tratar as crianças de maneira desigual?".

A oferta de doces em uma escola laica, por exemplo, é apresentada como algo incompatível. O argumento apresentado é a liberdade religiosa manifestada na presença de "famílias das mais diversas opções religiosas", isto sem mencionar o argumento médico. Há um reconhecimento de que ser brasileiro não significa ser automaticamente católico. Nesse contexto impõe-se uma qualificação diferenciada do que é ser religioso. A elaboração desse tipo de argumento não é aleatória ao contexto mais amplo, e anterior, de reivindicação do direito à diversidade e à liberdade.

A atitude de reserva em relação ao "dar-receber" é exemplo da tendência exclusivista do campo religioso contemporâneo. A adoção de um comportamento exclusivista não significa obrigatoriamente posturas fundamentalistas ou intolerantes. Há espaço para combinações e ajustes. Em consonância com Giumbelli (2004, p. 11), considero que o que está em jogo "é a produção de uma nova versão de cristianismo hegemônico (não necessariamente intolerante e sobretudo pouco fundamentalista)".

As situações descritas acima exemplificam as complexas transformações nas relações interpessoais que envolvem algum tipo de fonte religiosa, em contexto de pluralismo de tendência exclusivista. Neste sentido, dar e receber doce de *Cosme e Damião* não é o objeto de análise. O objetivo é discutir as transformações, combinações e conflitos que vêm ocorrendo nas relações cotidianas urbanas, e disposições sociais e pessoais, diante do quadro de pluralismo religioso exclusivista – marcado pelo crescimento quantitativo e pela influência conquistada pelo chamado campo evangélico no cenário religioso brasileiro. É necessário apresentar algumas características da comemoração do *Cosme e Damião*.

A distribuição de doce à época do dia das crianças e de *Cosme e Damião* (entre 27 de setembro e 12 de outubro) é uma prática corrente, especialmente na Baixada Fluminense e no subúrbio do Rio de Janeiro, e pode ser feita em diferentes formatos, que foram alterados ao longo do tempo[76]. As descrições sobre os formatos de "dar doce" e as tensões inerentes a essa prática foram sintetizadas das experiências de integrantes de uma rede familiar pesquisada pela autora, e através de trinta redações sobre o tema elaboradas por alunos, com idade entre 14 e 20 anos, de uma escola estadual do Rio de Janeiro[77]. A atividade foi desenvolvida com estudantes do ensino médio, informados que não se tratava de uma atividade obrigatória. Os alunos foram orientados a escrever sobre o tema a partir da seguinte pergunta: o que significa o dia de *Cosme e Damião*? Não foi pedido a eles que identificassem suas respectivas confissões religiosas, partindo da hipótese que o *ethos* religioso se manifestaria pela forma como abordariam a questão, o que, de fato, ocorreu. Em todas as redações encontram-se descrições do *Cosme e Damião*: algumas com nostalgia, por considerarem um evento que rememora uma

---

[76] Tanto a questão do tempo quanto a de pertencimento social alteram as formas de distribuição dos doces. 'Dar doce' também representa obtenção ou manutenção de prestígio diante da vizinhança (Piccolo, 2006, p. 106). É uma celebração que mobiliza e incrementa as relações cotidianas dos bairros, sendo uma data importante mesmo nas agendas de políticos, em época de processo eleitoral.

[77] Esta escola foi alvo de pesquisa desenvolvida pelo sociólogo Luis Cláudio de Oliveira no ano de 2003. Foram aplicados questionários com 262 alunos do Colégio Estadual Alcindo Guanabara, situado no município de Guapimirim, no Rio de Janeiro. Em relação à filiação religiosa dos alunos os resultados foram muito superiores aos apresentados pelo Censo 2000 (IBGE) com 35% (91 dos 262 alunos) dos alunos se declarando "evangélicos", contra 15,4% (Censo 2000) e 51% indicando o catolicismo como opção, contra os 74% indicados pelo Censo. Entre os alunos do Colégio Alcindo Guanabara, houve um grande número de menções aos nomes específicos das denominações evangélicas das quais participavam, mostrando uma maior diversificação e predomínio de denominações evangélicas pentecostais e neopentecostais, com adesão de 62% dos alunos evangélicos.

"felicidade" característica do passado. Em outras, a malignidade contida nos doces foi enfaticamente narrada. Considero, também, experiências pessoais relativas ao dar e receber doce de *Cosme e Damião* para caracterizar os diferentes formatos encontrados e as alterações da distribuição na atualidade. Estes podem ser generalizados, não sendo exclusivos do material citado.

Na primeira forma descrita, mais identificada aos anos 1970 e 80, várias pessoas se posicionam nos portões das casas e distribuem saquinhos de papel com diversos tipos de doces – em sua maioria, industrializados. A maneira de "pegar doce" é sair de casa com sacolas e andar pela vizinhança com colegas ou algum adulto. A segunda maneira é ir a um Centro de Umbanda ou a uma casa de algum integrante dessa religião. Lá, se encontra uma grande mesa, coberta com uma toalha branca, com muitas guloseimas, como bolos e doces caseiros. O terceiro modo é receber os doces em casa. Nessa modalidade, as relações de amizade ou vizinhança se reforçam: mesmo que as crianças não fossem buscá-los, os doces são guardados e enviados no mesmo dia ou nos subsequentes. Era de bom-tom aceitá-los, mesmo que não fossem repassados às crianças. Duas situações contrastantes apareceram nessa modalidade. Na primeira, os doces provenientes de pessoas ligadas às religiões mediúnicas são recebidos como cortesia pela família católica, mas não são comidos. A crença na magia permanece nesse caso, pois se acredita no que os doces transportam. Em outra situação, também em família católica, os doces são recebidos e consumidos justamente pela recusa da crença na magia. Comê-los é uma prova de que não carregam magia alguma. Em todos os formatos o que conta é a relacionalidade presente nos laços sociais. De casa em casa, de saquinho em saquinho, as pessoas comungavam de certa sociabilidade religiosa.

Uma outra maneira de "dar doce" surgiu com o tempo e vem ganhando espaço. O ofertante vai para a rua e expõe sua disposição de "dar doces" e espera aqueles que são receptivos se aproximarem. A expectativa da procura é semelhante à das pessoas que utilizam o espaço da casa para realizar a doação. Seria um tipo de dádiva entre estranhos (Godbout, 1999), em formato arriscado, pois possibilita a emergência de situações conflituosas e/ou constrangedoras. No caso narrado no início do capítulo, os doces foram ofertados seguindo essa lógica. Apesar da oferta ter sido da parte de uma vizinha, sabe-se do caráter individualizante da vizinhança moderna, na qual os "vizinhos de porta" sequer se conhecem pelos nomes.

Transformar-se em ofertante solitário, quase um andarilho, não é consequência apenas da falta de recursos financeiros, como seria possível supor. Esse argumento pode até ser considerado, mas não explica o movimento de mudanças. As pessoas continuam ofertando doces, mesmo que os sacos estejam menos cheios. Essa nova forma de exercício religioso pode ser compreendida em um espectro mais amplo de novas configurações, atravessadas pelo que pode ser denominado como ethos religioso não-confessional (Duarte et al, 2006). Assim, perpassa pela separação entre casa e rua, marcante no processo de individualização que também atravessa as camadas populares (DaMatta, 1979).

O diferencial refere-se à utilização do espaço público: de certa maneira, o indivíduo recolhe para si, isoladamente, o exercício da prática religiosa. Na casa, necessariamente, toda a família estava envolvida no ritual. Além disso, no momento da distribuição a casa, de certa maneira, também estava sendo partilhada com os visitantes. Os preparativos requeriam a ajuda de todos: 1) escolher e comprar os doces em quantidade e variedade suficiente para encher o número de saquinhos estipulado pela promessa; 2) ensacá-los de modo equânime; 3) distribuí-los. 'Dar doce' em casa significa proximidade e afetividade que, em contextos modernos e individualistas, podem ser consideradas disposições perigosas e invasivas.

Embora possamos problematizar as categorias utilizadas, as noções de (in)tolerância e exclusivismo são aqui tomadas como tipos ideais, servindo como instrumentos para a análise das implicações entre (in)tolerância religiosa e espaço público. O campo religioso contemporâneo – sob a égide de "mercado" notadamente fragmentado e diversificado – vem acompanhado de uma nova qualidade de pluralismo. A disposição para o exclusivismo é apontada como característica significativa. No movimento de aceitação do "outro" há, concomitantemente, uma reafirmação generalizada de identidades religiosas exclusivas. Combinações e conflitos são manifestados nas relações de sociabilidade mais corriqueiras do cotidiano das cidades, principalmente aquelas que envolvem religiosidades populares. Exemplo singular é a tradicional distribuição de doces de *Cosme e Damião* que, devido ao exclusivismo religioso recebe novos contornos, alterando tradicionais relações de sociabilidade em espaços como a vizinhança, a família e a escola.

Observa-se que, em contexto de exclusivismo[78], apesar das estratégias de convivência emergirem na mesma proporção, as regras de cortesia ou a produção de um sentimento amigável, inerente ao jogo da sociabilidade, estão pautadas pelo proselitismo e pelo exclusivismo. O proselitismo religioso é um pressuposto cristão. Não se trata de uma escolha. Afirmação pública do pertencimento religioso tem que ser reiterada no cotidiano do "crente". São diferentes as formas de expressá-lo: através da transmissão da mensagem religiosa por missionários que transitam pelas ruas e praças; nos meios de comunicação; ou mesmo pela forma de instalação dos templos na cidade (Gomes, 2004; Contins e Gomes, 2007). Essa vista como espaço polifônico (Canevacci, 1997) e como espaço político (Habermas, 1984) no qual a prática religiosa é exercida. A polifonia também aparece em relação à distribuição de doces de *Cosme e Damião*.

Para evangélicos, em geral, e religiões neocristãs como as Testemunhas de Jeová, não há lugar para a cortesia. Para esses grupos os "doces" representam o mal ou a idolatria. O doce ofertado possui uma espécie de *mana* negativo, ligado às religiões afro-brasileiras e ao catolicismo popular, marcado pelo sincretismo religioso. São provenientes de uma "religião

---

[78] A discussão sobre os impactos do exclusivismo nas relações cotidianas urbanas é o eixo central do projeto de pesquisa "(In)Tolerância, exclusivismo religioso e espaço público: dinâmicas e transformações nas relações cotidianas urbanas". Para tanto, a autora realiza estágio pós-doutoral junto ao Centro de Estudos da Metrópole (CEBRAP), com financiamento da Fapesp.

Doce de Cosme e Damião: dar, receber, ou não?

falsa", que deve ser combatida. E dos quais todo aquele que professa a "religião verdadeira" deve se afastar. Destaco alguns trechos das redações[79] para exemplificar essa postura:

> No meu pensar, acho que cada um com seu cada um, mas há um Deus no céu que é o criador do céu e da terra e acho que devemos adorar somente a Ele, pois ele deu seu único filho em prol da humanidade e para nos salvar. Então não creio em imagens que não falam e isso não é coisa de Deus, mas sim do inimigo (Camila, 16 anos).
>
> Há quem negue que Jesus Cristo, filho de Deus, foi santo e tendo isso como base, ouso mais uma vez dizer que desconsidero a possibilidade de esses seres serem santos. (...) Sendo assim, uso meu senso crítico e digo que assim como as pessoas não são obrigadas a dar suas opiniões sobre a santidade do "meu" Jesus, eu, da mesma forma, não tenho que aceitar opiniões prontas ou ceder sobre tais "santos" (Andréa, 19 anos).
>
> Esta é uma data muito comemorada nos Candomblés quando algumas pessoas são incorporadas por espíritos de crianças. Lá acontecem várias coisas que chamam muito a minha atenção. Portanto acho que essa data é de espiritismo puro, porque antes de eles darem os doces eles entregam os doces para algum espírito maligno (Thaís, 18 anos).

O aspecto da malignidade das práticas vinculadas especialmente às religiões afro-brasileiras e ao catolicismo se expande por diferentes situações, como ocorreu na "Sexta-feira da Paixão", em 2006, na cidade do Rio de Janeiro. A cidade serviu de palco para a manifestação do tipo de pluralismo de tendência exclusivista que está em discussão. O Jornal do Brasil, de 15 de Abril de 2006, apresentou como matéria de capa: "Evangélicos fazem ato contra católicos". A foto publicada – que ocupava meia página do jornal – mostrava a tradicional procissão do Senhor Morto realizada pela Igreja Católica na Sexta-feira Santa, em uma das principais ruas do centro da cidade. Ao largo da procissão se posicionaram diversos integrantes de igrejas identificadas como evangélicas pentecostais, que se manifestavam contra a Igreja Católica e expunham cartazes contra o Papa.

---

[79] Os nomes das alunas foram substituídos.

O acontecimento mencionado é exemplo das tensas relações que podem se desencadear em contexto de pluralismo com tendência exclusivista. Alguns autores enfatizam que, mesmo em contexto de pluralismo, a religião atua como mediadora de conflitos no espaço público (Novaes, 2004; Mafra, 2003); para outros, vive-se atualmente um momento no qual a autenticidade das identidades dos grupos religiosos é posta em questão (Carvalho, 1999). O exclusivismo, contudo, também aparece sob a forma de conflitos. Característica que não apaga a possibilidade de passagens e combinações no processo.

Na perspectiva exclusivista as pessoas só são percebidas como iguais em termos religiosos se comungam do mesmo corpo de crenças, ritos e doutrinas; as demais são impuras e devem ser conquistadas ou convertidas. Os preceitos da igualdade e da liberdade estão inscritos intrapressupostos religiosos. Os membros dessas confissões assumem a própria conversão e a conversão dos outros como missão primordial de sua prática religiosa, quase sempre em uma manifestação da experiência religiosa não como "hábito aborrecido", mas como "febre ardente" (James, 1991). Tal característica é socialmente controversa, pois a excitação pode acarretar a perda do autodomínio, concebida como um risco para a ordem social moderna (Elias, 1992).

Há espaço para combinações e ajustes. A própria distribuição de doces de *Cosme e Damião* é re-configurada por representantes das denominações evangélicas pentecostais. As implicações e rearranjos são mencionados por Vagner Gonçalves (2005), que aponta a existência de uma sincronia entre o calendário da Igreja Universal do Reino de Deus – encarnando as características das igrejas neopentecostais – e o das religiões afro-brasileiras[80]. De acordo com o autor:

---

[80] As controvérsias que cercam o debate sobre a autenticidade das práticas iurdianas, incluindo os *doces consagrados* foram analisadas em minha tese de doutorado (Gomes, 2004). A tese demonstra como inautenticidade e sincretismo aparecem como categorias acusatórias no diálogo desta igreja com a sociedade mais ampla. Dentro do próprio campo evangélico é vista como "igreja menos pura", "igreja desfigurada". A tese analisa como a igreja elaborou um tipo de autenticidade distinta através da categoria nativa "pontos de contato". A concepção

As festas de erês são celebradas em setembro, por causa da homenagem aos santos católicos Cosme e Damião, médicos tidos como protetores das crianças. Nestas festas há geralmente farta distribuição de brinquedos e guloseimas para as crianças. Nas igrejas neopentecostais, temendo que as crianças sejam endemoniadas pelos alimentos ofertados por ocasião destas festas, é feita também distribuição de balas e doces abençoados.

Apesar da oferta de *doces consagrados* a própria IURD, por meio das palavras de seu líder observa que "de todas as leis e mandamentos durante a Antiga Aliança com respeito aos sacrifícios, restou apenas a proibição de comer coisas que são sacrificadas aos santos, aos espíritos ou a qualquer deus, como, por exemplo as comidas oferecidas nos dias de *Cosme e Damião*, de Santo Antônio, de festas espíritas etc."[81].

Outros autores mencionaram a controvérsia que envolve as comemorações do *Cosme e Damião* diante da expansão do campo evangélico. Ao analisar a atuação da Igreja Universal do Reino de Deus em Portugal e no Brasil, Mafra observa que existem orientações institucionais que regulam o consumo de doces de *Cosme e Damião* pelos fiéis, investindo na mudança de hábitos presentes nas culturas locais (1999, p. 379). A autora não se furta em considerar o viés sincrético desta igreja, mas não o trata da mesma forma que Mariano (2004), que defende a ideia de que o tipo de sincretismo elaborado por esta igreja, e os chamados neopentecostais, é deliberado e beligerante.

---

expressa pela IURD em seus documentos, os "Pontos de Contato" são os "objetos" ou "coisas físicas" utilizados por ela em suas práticas rituais, cuja característica essencial é a de que não possuem, em si, um poder mágico. Eles são utilizados para possibilitar uma espécie de porta para a ativação da fé, fato que não se caracterizaria como idolatria. A utilização ou não desses "pontos" depende do grau de inserção que o fiel possui em relação à igreja. Conforme vai ocorrendo um "amadurecimento" da crença, a importância desse uso entra em declínio. (Gomes, 2004, p. 120).

[81] Trecho do livro *Aliança com Deus* de autoria do Bispo Macedo constante no site www2. arcauniversal.com.br/bispomacedo/estudos_biblicos_int.jsp?codest=15858&codtit=15224 (acesso em 10/12/2006).

O proselitismo e a identificação/exposição imediata da 'fé em ação' são características intrínsecas a este campo religioso[82]. Ainda que a diversidade religiosa já estivesse presente na vida cotidiana, a autoidentificação relativa às experiências religiosas minoritárias não era uma prática visibilizada. A obrigação de levar a Palavra para que todos tenham acesso à salvação faz com que seja necessário o estabelecimento de diálogos e mediações no tenso processo comunicativo. "Escolha" x "intolerância" e "autoidentificação" x "respeito pela diferença" são tensões ativas nessa dinâmica.

A manifestação pública do exclusivismo aparece nesse contexto de obrigação de expor as antipatias e aversões ao "outro". O conflito se estabelece no contexto urbano de forma coletiva: um segmento religioso contra outro. Mas, é possível que integrantes desse conflito público se socializem em outros momentos sem animosidades, ou mesmo com cortesia, já que o indivíduo moderno tem a possibilidade de se integrar a redes de sociabilidade distintas e, até mesmo, incompatíveis (Natividade e Gomes, 2006; Duarte et al, 2006).

Não somente em eventos públicos o pluralismo de tendência exclusivista imprime novas abordagens em relação à sociabilidade. Nas festas e celebrações se dão alterações significativas, que se refletem nas relações familiares e de vizinhança. Em contexto de pluralismo religioso são constatados conflitos e acomodações. Os conflitos se tornam mais evidentes quando as identidades religiosas buscam ocupar novos espaços, marcar presença nas celebrações, rituais e festas, e assumem a postura exclusivista como norteadora de suas práticas[83].

---

[82] Neste sentido, enfatizam a ética no sentido proposto por Weber (1982) como um sistema de disposição para a ação.

[83] A dimensão da cortesia entre católicos e evangélicos exemplifica a noção de sociabilidade como "um mundo artificial" (Simmel, 1986, p.172). Em Duarte e Gomes (2008), observou-se que a participação dos evangélicos nas celebrações e rituais familiares é percebida por católicos como uma cortesia, já que os aceitam por respeito ao bem maior: a família. Por outro lado, evangélicos procuram conquistar e afirmar seu espaço. Em grande parte, seguindo o caráter proselitista, englobando a vida familiar pela religião. Oram, cantam e recusam o que creem ser do mal, em nome da religião (cf. Gomes, 2006; 2006b).

A complexificação do campo religioso e a intensificação do trânsito interconfessional implicam também uma negociação dos usos dos espaços da cidade[84]. A busca por novas experiências religiosas supõe deslocamentos – na e pela cidade. Os evangélicos pentecostais realizam parte de seus eventos em grandes espaços urbanos. O fato de serem realizados no espaço da grande cidade vem sendo considerado um dado relevante na compreensão das transformações das relações de sociabilidade contemporâneas.

Mafra (2003) tematiza as relações entre espaço público e religião em seu trabalho etnográfico em favelas no Rio de Janeiro. Para a autora, que entrevistou católicos e evangélicos nos morros Pavão-Pavãozinho e Cantagalo, a religiosidade é elemento importante nas negociações de conflitos e desigualdades sociais. Ser católico ou evangélico nestes locais "diz respeito a modos de inscrição e negociação com os outros do entorno" (Mafra, 2003, p. 212), há tentativas, ainda que distintas entre si, de recriar e ocupar a vida pública local, por meio de ações práticas que visam a construção de novos lugares sociais. Desta forma, a religião colabora na redefinição de fronteiras sociais na chamada 'cidade partida', na medida em que oferece os meios de engajamento em redes de sociabilidade e solidariedade, através de relações de reciprocidade mais intensas.

Em estudo sobre a Religião na Metrópole Paulista, Ronaldo de Almeida (2004) aponta o caráter relacional e distinto das ações sociais empreendidas pelas diferentes confissões religiosas. Afirma que as ações de católicos e kardecistas possuem um caráter universalista e, portanto, não pautadas no proselitismo. Segundo o autor, "a atividade católica é menos proselitista e mais voltada para uma ação social que procura atingir as causas sociais da pobreza; a filantropia kardecista tem um perfil mais assistencialista sem

---

[84] Devido à reconfiguração do campo religioso brasileiro nas últimas décadas, em especial com a expansão do campo evangélico pentecostal, as representações do político e da cidade como *lócus* do profano sofrem alterações. Diferentes autores (Giumbelli, 2002; Birman, 1996, 1997, 1999; Gomes, 2004) problematizaram esta nova forma de exercício da religião, enfocando particularmente o papel da Igreja Universal do Reino de Deus neste processo.

enfatizar as transformações sociais; e, por fim, os evangélicos compreendem as dificuldades materiais como decorrência das ordens moral e espiritual, mas cujos efeitos indiretos do regramento do comportamento e da solidariedade interna entre os *"irmãos de fé"* atenuam a vulnerabilidade social" (Almeida, 2004, p. 7).

A relação com a cidade tem repercussões no processo de construção da subjetividade, como diversos autores já assinalaram, notadamente Georg Simmel e a tradição de estudos da chamada antropologia urbana no Brasil (Velho, 1981, 1995; Oliven, 1987; Magnani, 1996, 2003). O movimento permanente de incorporação e diferenciação de estilos de vida e visões de mundo distintas é característico da grande cidade (Velho, 1995). No mesmo sentido, a vida cosmopolita, como ressalta Magnani (2003), oferece possibilidades e alternativas ao indivíduo através de redes de pertencimento, sistemas de troca, mediações e trocas contínuas inscritas no contexto da cidade. O fluxo entre fronteiras religiosas e reinterpretações das orientações institucionais admitem novas representações em termos de categorias espaciais e sociais. O espaço da cidade permite e suscita trânsito e trocas intensas entre fiéis de diferentes confissões religiosas (Contins e Gomes, 2007).

Considerações finais

Na atualidade, o "dar doce" está associado às relações de sociabilidade que se expressam no contato entre confissões religiosas distintas. Com o pluralismo de tendência exclusivista, as regras que pautam as relações de sociabilidade se transformaram juntamente com os novos modos de lidar com o corpo: a maneira de se vestir, cortar os cabelos, andar sempre com a Bíblia, imprimir nas conversas cotidianas temáticas religiosas, assumindo características de pregações e evangelização. Ter a *obrigação* de levar a Palavra para que todos tenham acesso à salvação faz com que sejam necessários diálogos e mediações neste processo de comunicação que envolve autoidentificação e reconhecimento mútuo entre as diferentes identidades religiosas. Há uma disputa e rearranjos entre sistemas de reciprocidade distintos.

A cortesia fazia parte do circuito da distribuição dos doces de *Cosme e Damião* em contexto de pluralismo tradicional. Integra o tipo de sincretismo religioso existente entre as classes populares e o pluralismo tradicional do campo religioso brasileiro (Sanchis, 1994). Em diferentes relatos de informantes provenientes do catolicismo aparecem as distinções entre receber doces de católicos ou de integrantes das religiões afro-brasileiras. Não havia recusa em recebê-los. Mas de maneira geral, não eram consumidos pelas crianças. Os adultos, mais especificamente as mães, cuidavam de manter as pacíficas relações com a vizinhança, acolhendo as ofertas de doces. Censuravam o consumo dependendo da identidade religiosa dos doadores. O que se mantinha era a lógica da sociabilidade.

A relação entre o catolicismo e as religiões afro-brasileiras expressa o tipo de sincretismo no qual o jogo da sociabilidade é marca constante. Pode-se dizer que a interação presente no dar e receber doce de *Cosme e Damião*, entre católicos e integrantes das religiões afro-brasileiras, evoca o princípio da sociabilidade em que oferecer e receber estão circunscritos por valores compatíveis e reconhecíveis por ambos. No entanto, a vocação sincrética do catolicismo não impede que "alguns sejam mais iguais que os outros" (Sanchis, 1994).

A questão das delimitações das fronteiras entre as religiões no Brasil é um tema bastante discutido, em princípio a partir de estudos sobre as religiões afro-brasileiras (Bastide, 1971; Carneiro, 1984, entre outros). Essas fronteiras quase sempre aparecem como fluidas e se interpenetram em um movimento tão dinâmico que podem não ser percebidas, ou sequer reconhecidas como tal[85]. Este debate sobre delimitação de fronteiras religiosas

---

[85] Para uma discussão mais aprofundada do debate sobre sincretismo no Brasil, ver em Sanchis et al. *"Fiéis e Cidadãos: percursos do sincretismo no Brasil*. Rio de Janeiro: 2001"; e ainda em *"A dança dos sincretismos"*. Comunicações do Iser, Rio de Janeiro: 1994.

está diretamente associado à discussão sobre sincretismo. Dentro dos novos movimentos religiosos, em especial entre os pentecostais, levanta-se o debate sobre a questão do pluralismo e do trânsito religioso, onde a categoria conversão recebe uma nova leitura e significações, podendo ser vista como "ruptura", ou como "passagem".

Autores como Birman (1996) e Semán (2000) abordam a questão do trânsito religioso do ponto de vista das "passagens". Outros validam a noção de conversão, como Mariz e Machado (1998), que adotam a ideia de que a identificação a um determinado grupo religioso perpassa pela adoção de um novo *ethos,* embora reconheçam que o processo de conversão não se dá de uma hora para outra. Contins (1995) abre a possibilidade de lidar com a conversão como um processo contínuo, onde o converso não tem sentido sem os seus "outros". É nesse diálogo que sua experiência religiosa é construída. Em trabalho recente (Duarte et al, 2006) verificou-se a hipótese de que os sujeitos sociais se vinculam às confissões religiosas que mais se adaptem às suas disposições de *ethos*, seja através de processos de conversões ou re-elaborando a relação que estabelecem com a religião atribuída originalmente pela família. Duarte (2005, p. 139) nos apresenta essa proposta invertendo a interpretação das escolhas religiosas como derivadas da *"orientação de ethos privado oficial das diferentes denominações religiosas"*[86].

Simmel observa que a interação somente é possível se houver uma renúncia dos conteúdos objetivos e se os valores de sociabilidade forem obtidos por todas as partes envolvidas. A característica da sociabilidade, segundo este autor, é que nesta "se faz de conta que todos são iguais e, ao mesmo tempo, se faz de conta que cada um é reverenciado em particular" (1983,

---

[86] Embora seu papel seja significativo, o autor sugere que "a disposição de ethos abraçada pelos sujeitos sociais é, pelo contrário, o que os impele – em articulação com outros motivos, de diferente qualidade social – a uma aproximação a tal ou qual opção confessional (ou à adoção de uma reserva subjetiva em relação às determinações de sua religião atribuída)" (Duarte, 2005, p. 3).

p. 173). A sociabilidade seria uma espécie de mundo ideal em que "o prazer de um indivíduo está intimamente ligado ao prazer dos outros" (1986, p. 172). Em um sentido semelhante, em relação ao sincretismo brasileiro, Giumbelli diz: "se é verdade que, em termos comparativos, predominou um clima amistoso em meio à pluralidade religiosa na história brasileira, isso só ocorreu porque certas diferenças foram recusadas" (2004, p. 11).

Devido ao cenário religioso marcado pelo pluralismo com tendência exclusivista, situações relacionadas à distribuição de doces de *Cosme e Damião* ilustram as transformações que vêm ocorrendo nas relações de sociabilidade – não somente relacionadas ao espaço familiar, mas também à sociedade mais ampla. A forte tendência exclusivista, impulsionada pela adesão religiosa às igrejas evangélicas, especialmente as pentecostais, altera a dinâmica da sociedade em geral e se reflete no cotidiano das pessoas e das famílias. As combinações, apropriações e conflitos manifestados nas relações mais corriqueiras, nas quais a postura religiosa exclusivista aparece, nem sempre de forma sutil, constituem objeto de interesse por refletirem as transformações mais amplas, identificadas ao estilo de vida contemporâneo.

8

Parceria civil, aborto e eutanásia: Controvérsias em torno da tramitação de projetos de lei

Edlaine Gomes
Marcelo Natividade
Rachel Aisengart Menezes

Introdução

A tramitação de projetos de lei constitui temática cara às ciências sociais, embora muitas vezes seja relegada ao segundo plano das análises. Trata-se de assunto importante por evidenciar dinâmicas e processos que envolvem distintos atores, gerando controvérsias e impactos nas relações sociais mais amplas. Apresentamos aqui os principais resultados de uma pesquisa que se intitulou "Entre o público e o privado: influência dos valores religiosos na proposição e tramitação de Projetos de Lei"[87], tomando como objeto de análise os discursos produzidos no âmbito da influência política da atuação de religiosos no Brasil, relativas ao aborto, à orientação sexual e à eutanásia. Refletiu sobre os nexos entre religião e sociedade,

---

[87] Pesquisa coordenada por Luiz Fernando Dias Duarte, desenvolvida no Núcleo de Pesquisa "Sujeito, interação e mudança: problemas e perspectivas na sociedade brasileira", do Programa de Pós-Graduação em Antropologia Social, Museu Nacional, Universidade Federal do Rio de Janeiro, UFRJ (pesquisa encerrada em 2007).

enfocando a retórica religiosa que circula no espaço público em torno de temas controversos, referentes aos direitos sexuais e aos usos do corpo.

A produção sociológica sobre religião no Brasil já diagnosticou a investida dos evangélicos na esfera pública, sobretudo por sua participação na vida política do país (Fernandes, 1998; Machado, 1996; Mariz e Machado, 1996). As transformações sociais, a pluralização de estilos de vida e o crescimento de novas demandas na sociedade civil acendem posicionamentos de atores de instituições religiosas, em especial, no contexto da elaboração e reformulação de leis. As respostas tanto podem ser no sentido de flexibilização das normas como de seu recrudescimento. Criam-se assim novos embates, resistências e núcleos de discussão, envolvendo disputas no espaço público.

A coleta do material foi empreendida pela captura de proposições que estiveram ou estavam em tramitação em três casas legislativas: Assembleias Legislativas dos Estados do Rio de Janeiro (ALERJ) e de São Paulo (ALESP) e Câmara Federal. Foram 751 proposições identificadas no conjunto da pesquisa[88]. A consulta aos *sites* da Câmara Federal, da ALERJ e ALESP foi efetuada por sistemas de busca que possibilitaram, distintamente, o resgate de informações, procedimentos legislativos e andamentos dos projetos de lei (PL). A busca no *site* da Câmara Federal partiu de palavras-chave selecionadas e foi independente da legislatura na qual a proposição foi apresentada, permitindo o resgate de todos os projetos catalogados no site. A pesquisa envolveu também observação etnográfica de certos eventos, como o IV Seminário Nacional GLBT (22/05/07, Brasília), a Audiência Pública no Senado Federal (23/05/2007, Brasília), convocada pela Comissão de Direitos Humanos e Legislação Participativa, além da Audiência Pública sobre a Lei de Biossegurança (Lei n. 11.105/05, Brasília), na qual abordou-se a determinação dos limites da vida, questão que

---

[88] Além de Projetos de Lei, foram identificadas outras proposições, que foram classificadas como "atos legislativos", que dizem respeito às ações e reações no âmbito da atuação parlamentar.

fundamenta o debate mais amplo sobre aborto e eutanásia. Entrevistas com informantes privilegiados, de movimentos sociais, além de consulta aos arquivos do Grupo Arco-Íris de Conscientização Homossexual, permitiram o resgate de documentos concernentes ao tema "orientação sexual". Este trabalho reflete sobre os valores e as representações que integram os discursos de distintos sujeitos neste campo, identificando as linhas de força e os enfrentamentos em torno de certas demandas da sociedade civil.

A centralidade da participação política: religião e laicidade

A emergência, nos anos 1970, dos movimentos em defesa dos direitos humanos e a luta pela reconquista dos direitos de participação política na década de 1980 influenciaram decisivamente a formulação da Constituição de 1988. Esta Carta redefiniu as relações entre os Três Poderes brasileiros, em busca de maior democratização do país. A partir desse período, segmentos organizados da sociedade civil passaram a gozar da faculdade de provocar intervenção do Supremo Tribunal Federal, no sentido de arguir a inconstitucionalidade de lei ou norma da Administração (Vianna, 2003, p. 11). Este novo lugar da esfera pública, construído em torno do direito, de suas instituições e procedimentos, passou a mobilizar formas e mecanismos relativos à representação funcional, como o Poder Judiciário, o Ministério Público, o sindicalismo, as organizações não governamentais (ONGs) e a vida associativa em geral. Em termos do panorama cultural mais amplo, a Constituição Federal representa um marco jurídico de afirmação dos direitos humanos no país, sendo a cidadania e o pluralismo político, princípios fundamentais. Confirma as convenções, pactos e tratados internacionais dos quais o país é signatário.

Nesse cenário político, a questão do Estado Democrático remonta ao problema das tensões entre o ideal de laicidade e os valores religiosos, na gestão da vida política no país. O debate em torno dos nexos entre liberdade de crença e Estado Laico aponta as complexas relações entre o religioso e as demais esferas da vida social (Giumbelli, 2002). O processo de secularização do mundo, amplamente discutido e analisado pelas ciências sociais, contrasta com o reavivamento religioso que marcou as últimas décadas do século XX. Diversas pesquisas (Freston, 1994; Fernandes, 1994; Fernandes, 1998; Mariz e Machado, 1998) evidenciam a crescente complexificação do campo religioso brasileiro, sensivelmente marcada nos anos 1990.

A participação política e a efetiva atuação de instituições e sujeitos religiosos nas instâncias decisórias do país assinalam as múltiplas interações contemporâneas, entre Religião e Estado. A inserção na política, pela eleição de candidatos de diferentes confissões religiosas, para cargos no Poder Legislativo, está articulada ao que é definido pelas instituições religiosas como "direito" de defender sua "verdade" e atuar na esfera pública, em oposição a ações e conquistas capazes de ameaçar os valores cultivados no religioso. Referimo-nos aqui, em especial, à perspectiva de atuação de segmentos cristãos, considerando que a participação de evangélicos pentecostais no âmbito político se intensificou nos anos 1980/1990. Mariz e Machado (1998) ressaltam que a tendência ao pluralismo institucional é então fortalecida, com maior visibilidade no espaço público de igrejas pentecostais e neopentecostais, caracterizadas pela filiação religiosa exclusiva. As autoras também identificam dinâmicas de desinstitucionalização religiosa. Estes processos, opostos e concomitantes, foram confirmados por dados do último Censo do IBGE (2000): católicos 73,9%, evangélicos 15,6%, outras religiões 3,2%, sem religião 7,4%. Há sensível aumento dos que se declaram "sem religião", indicando claro processo de desinstitucionalização, o que não deve ser confundido com ausência de religiosidade. Segundo Jacob et al. (2003), o Censo 1991 apresentou 4,7% de "sem religião", enquanto o de 2000 indicou um aumento para 7,4%. Até então, o padrão religioso brasileiro seguia os moldes do "sincretismo católico" (Sanchis, 1997), entendido como hegemônico e englobante das práticas religiosas relacionadas às religiões afro-brasileiras.

O discurso institucional pentecostal passou a enfatizar a evangelização e a defesa de interesses religiosos, impulsionando o exclusivismo religioso, inclusive entre alguns segmentos católicos, ligados à Renovação Carismática Católica (Gomes, 2008). A inserção na esfera pública pela política representava uma transformação marcante no quadro político nacional, com participação cada vez maior de evangélicos, compondo uma bancada disputada, na definição de certas votações[89]. Apesar disso, a presença de sujeitos de identidade católica nessas mesmas instâncias assinalam a existência de linhas de força, que podem ser confluentes na atuação política contrária a demandas de reconhecimento de certos movimentos sociais, principalmente aqueles em defesa das minorias sexuais.

Atualmente, segmentos cristãos desempenham papel ativo na formação da opinião pública, influenciando fortemente a formulação de políticas e legislações referentes a temas polêmicos, como homossexualidade, aborto e eutanásia. Na elaboração de leis, a ética e os valores das instituições religiosas tendem a orientar posicionamentos na atividade parlamentar. Machado (2004) observa que a participação evangélica na esfera política é crescente, o que pode ser ilustrado pelo cenário fluminense, com três governadores com esta identidade religiosa entre 1999 e 2004 (Machado, 2004, p. 2). Fonseca (1998) destaca o alcance do poder político de lideranças evangélicas, em programas religiosos, na mídia[90].

A defesa dos valores religiosos, em tensão com as liberdades individuais, é evidente quando o tema é o exercício da sexualidade e as decisões referentes aos usos do corpo (cf. Duarte et al, 2006). Indivíduos

---

[89] Em 2002 houve debate acerca da coligação entre o Partido dos Trabalhadores e o Partido Liberal (identificado com a Igreja Universal do Reino de Deus) para as eleições de cargos do Legislativo e do Executivo, incluindo a presidência da República. Observou-se também a disputa de candidatos leigos por "votos evangélicos".

[90] Diferentes autores (Mariano, 1995; Giumbelli, 2002; Birman, 1996, 1997, 1999; Gomes, 2004) problematizaram esta nova forma de exercício da religião. A participação política de representantes religiosos também serviu como um "divisor de águas", entre o que seria pentecostalismo e neopentecostalismo. Um dos aspectos ressaltados pela crítica às ditas igrejas neopentecostais se refere ao estreito vínculo que estabelecem com a política, estimulando a junção entre religião e política, com a formação de quadros nessa área.

e grupos conservadores atuam organizadamente, com vistas a impactar e obstruir demandas da sociedade civil no campo legislativo. Os debates em fins dos anos 1980, na Assembleia Nacional Constituinte, são exemplares. Na ocasião, líderes do movimento homossexual e políticos simpáticos às reivindicações das minorias sexuais se confrontaram com segmentos religiosos na esfera parlamentar, em discussão sobre a equiparação da discriminação por orientação sexual ao crime de racismo (Câmara, 2002). A inclusão do termo "orientação sexual" na Carta Magna foi objeto de violenta rejeição, ancorada em valores religiosos. Do ponto de vista da luta feminista pela descriminalização do aborto e de seus desdobramentos nas discussões sobre eutanásia, também há forte resistência religiosa, embasada no argumento de "defesa da vida". Alguns novos eixos de discussão têm lugar na cena pública, a partir da proposição de projetos de lei que contemplam os direitos sexuais e a eutanásia.

A participação política e a efetiva atuação de sujeitos e grupos religiosos nas instâncias decisórias do país expressam a complexidade das relações entre Religião e Estado na contemporaneidade. O espaço público constitui-se como *locus* de enfrentamentos entre distintos atores sociais, movidos por interesses e valores conflitantes, que expressam disputas e relações de poder, cujos impactos se fazem sentir sobre a tramitação de PL. O tema orientação sexual emerge com certa recorrência na esfera pública, sinalizando o reconhecimento social e político das minorias sexuais. Por outro lado, o uso de contraceptivos e a descriminalização do aborto ganham visibilidade e legitimidade, verificando-se ampliação sem precedentes do debate, com desdobramentos que também abarcam discussões específicas sobre eutanásia. O projeto que originou estas reflexões teve por objetivo a análise dos valores e das representações que fundamentam os discursos de distintos sujeitos em interação nos debates contemporâneos sobre orientação sexual, aborto e eutanásia.

Orientação Sexual: criminalização da homofobia e homossexualidade como pecado

A área de Orientação Sexual capturou PLs entre 1979 e 2007[91]. Com vistas a inventariar as principais linhas de atuação, referentes aos direitos sexuais de populações não-heterossexuais e as respostas religiosas a estes, foram identificados os temas recorrentes. Desta forma, o banco de dados contém proposições sobre: educação sexual; cidadania e direitos sexuais; união civil entre pessoas do mesmo sexo; criminalização da homofobia. Neste cenário comparecem questões relativas à visibilidade de pessoas GLBT, ao direito à liberdade de expressão sexual, sobretudo por um discurso de valorização da diversidade sexual e combate à discriminação por orientação sexual. Há grande número de PLs sobre o tema "educação sexual" na escola, envolvendo ou não discussões sobre "homossexualidade/orientação sexual", além de prevenção à DST/AIDS, gravidez na adolescência e uso de drogas. Nos anos 1990 proliferam iniciativas para "tornar obrigatória a matéria 'orientação sexual' nos currículos escolares"; consideram-se urgentes os temas 'prevenção' e 'saúde', gravidez na adolescência, abordagem de métodos contraceptivos, uso de drogas etc. Apesar disso, é relativamente recente (no que concerne ao tema educação sexual) o estabelecimento de propostas que buscam considerar a sexualidade como questão de direitos humanos e defendem um discurso político de respeito à livre orientação sexual. Em 2006, Gilberto Palmares apresenta na ALERJ o PL 3372, que "estabelece a capacitação dos professores da

---

[91] Nessa área buscou-se apreender ampla gama de projetos, para abarcar o tema homossexualidade/orientação sexual, mediante expansão das categorias inicialmente propostas (parceria civil, homossexualidade e orientação sexual). Efetuou-se busca mais exaustiva nas três Casas Legislativas, com os seguintes descritores: "gay", "homofobia", "homossexuais", "homossexualidade", "homossexualismo", "lésbicas", "opção sexual", "orientação sexual", "parceria civil", "transgênero", "travesti", "união civil". Destes, 118 correspondem a PLs em tramitação, arquivados ou (em raros casos) constituíram-se em Leis. Na Câmara Federal há 56 PLs, na ALERJ 39 registros, e na ALESP, 23 PLs. Os achados aqui sumarizados dizem respeito a este levantamento.

rede estadual de ensino para a abordagem dos direitos sexuais e reprodutivos", atualmente em tramitação. Na Câmara Federal, o PL 7/2003, de Iara Bernardi (PT/SP), apresenta proposta de criação de programa de orientação sexual e de prevenção à AIDS e outras doenças sexualmente transmissíveis. Quando associado ao discurso de valorização da diversidade sexual, o tema origina respostas religiosas. O PL 7/2003 teve emendas apresentadas pelo deputado religioso Elimar Damasceno (Partido de Reedificação da Ordem Nacional, São Paulo), solicitando supressão dos termos "gênero" e "orientação sexual", por considerá-los "neologismos para consagrar o homossexualismo contrário às tradições da sociedade brasileira".

Nos anos 1990/2000, o debate público sobre os direitos sexuais no Brasil foi ampliado, inaugurando uma preocupação mais explícita com a cidadania e os direitos das pessoas GLBT. O Projeto de Parceria Civil (PL 1151/1995), apresentado por Marta Suplicy em 1995 na Câmara Federal, buscava disciplinar a união civil entre pessoas do mesmo sexo. Sua tramitação constitui um marco na história dos direitos sexuais no Brasil, ao enfatizar a necessidade de compreensão da sexualidade, como questão de direitos humanos e cidadania. A proposta objetivava regular os direitos civis dos homossexuais, a partir de sua afirmação como sujeitos políticos. Estabelecia o direito à herança, à extensão de benefícios previdenciários, à aquisição de seguro-saúde em comum e outros direitos, próprios de uma união estável. O projeto sofreu redirecionamentos, versões substitutivas e entraves, que culminaram na retirada da pauta de discussão, em 2001 (Mello, 2005; Lopes, 2004).

Na tramitação na Câmara dos Deputados, múltiplos discursos se confrontaram. Os baseados em valores religiosos, a favor de sua rejeição, argumentavam ser a homossexualidade "pecado", "doença" ou "comportamento que atrai a ira divina" (Lopes, 2004; Lopes 2004b). Apesar disso, a pesquisa mostrou que o tema é alvo de reações, e os valores religiosos constituem entraves à tramitação das propostas. O tema da "união civil" entre pessoas do mesmo sexo é retomado, pela inclusão de novas temáticas em pauta, referentes aos benefícios previdenciários e seguros de saúde privados. O PL proposto por Laura Carneiro (antigo PFL, Rio de Janeiro) proíbe a "empresa operadora de planos de saúde de frustrar ou impedir a inscrição do dependente companheiro ou companheira do mesmo sexo do beneficiário" (PL 6309/2005). O PL 6874/2006, da mesma autora, discute o reconhecimento legal da união homossexual, ao buscar alterar o Código Civil para "dispor sobre o contrato civil de união homoafetiva". Ambos os PLs encontram-se arquivados. Na ALERJ, o PL 2050/2004, de Cidinha Campos, busca legislar sobre a "assistência à saúde de servidores estatutários e seus beneficiários", equiparando "à condição de companheira ou companheiro os parceiros do mesmo sexo que mantenham relacionamento estável". Argumentos religiosos embasam posições contrárias à sua aprovação, considerando a "inconstitucionalidade" da proposta, pois a união estável entre pessoas do mesmo sexo ainda não é direito constitucional. Exemplar dos embates travados entre religiosos e representantes dos direitos sexuais em torno do tema da união civil é a tramitação do PL 2385/2001, apresentado por Carlos Minc (PT) e Sergio Cabral (à época, PSDB) na ALERJ. A proposição buscou equiparar a condição de "companheira ou companheiro" os parceiros do mesmo sexo, para benefícios previdenciários de funcionários públicos. Este PL originou a Lei 3786/2000, que teve liminar "determinando sua suspensividade". Recentemente, a proposta foi reapresentada (PL 215/2007) e aprovada. Os debates e respostas religiosas à sua tramitação também representam as linhas de força que se confrontam no espaço público.

Os anos 1990 inauguram também uma preocupação acerca da discriminação e do preconceito por orientação sexual. Em 1995 Marta Suplicy apresentou proposta para incluir "a liberdade de orientação sexual dentre os objetivos de promover o bem de todos sem preconceito nos objetivos fundamentais da República Federativa do Brasil, alterando a nova Constituição Federal" (PEC 39/1995, Câmara Federal). A partir da década de 2000, questões relativas aos direitos das pessoas GLBT ganham reconhecimento e legitimidade na esfera pública, passando a integrar a agenda dos políticos. A criação das Frentes pela Livre Expressão Sexual, entre 2003 e 2004, nos

Estados de São Paulo (ALESP), Rio de Janeiro (ALERJ) e Brasília (Câmara Federal), expressa esta militância. Do ponto de vista das políticas públicas, a implementação do Programa "Brasil sem Homofobia" representa o impacto dos discursos da militância e demandas dos movimentos de minorias sexuais sobre o Poder Público. Nesse contexto, é preciso compreender a proliferação de propostas que buscam legislar as formas de se evitar a discriminação por orientação sexual. Combater o preconceito é tema de PLs atualmente em tramitação: instituir o Dia Nacional do Orgulho Gay e da Consciência Homossexual (PL 5430/2001; PL 379/2003, Câmara Federal); excluir do Código Penal Militar o "crime de pederastia" (PL 2773/2000, Câmara Federal); definir como crime "a rejeição de doadores de sangue resultante de preconceito por orientação sexual" (PL 287/2003, Câmara Federal); alterar a Lei de Execuções Penais para permitir visita íntima para presos, independentemente da orientação sexual (PL 9/2003, Câmara Federal); impedir ações discriminatórias pela orientação sexual no trabalho; entre outras.

O combate às formas de discriminação que incidem sobre populações não-heterossexuais se coloca também a partir da preocupação com a homofobia. Buscam "Instituir o Dia Nacional de Combate à homofobia" (PL 81/2007, Câmara Federal)[92] ou legislar sobre as formas de combate à violência cotidiana, sofrida em razão da orientação sexual. Diversas propostas buscam alterar a Lei n. 7.716, de 5/01/1989, equiparando a discriminação por "orientação sexual" ou "opção sexual" aos crimes de raça e gênero. Iniciativa que merece destaque é o PL 3817/2004, que "estabelece como crime hediondo o cometido contra homossexuais em razão de sua orientação sexual" (Maninha, à época no PT, Câmara Federal). No

---

[92] O deputado Gilberto Palmares (PT/RJ) apresentou proposta correlata, ao buscar "instituir no calendário oficial do Estado do Rio de Janeiro o Dia de Combate à Homofobia" (PL 1511/2004, ALERJ). No que concerne ao tema da discriminação contra as pessoas não-heterossexuais, a pesquisa identificou ainda novos confrontos, em torno da aprovação da Lei 3406, no Estado do Rio de Janeiro, que "estabelece penalidades aos estabelecimentos que discriminem pessoas em virtude de sua orientação sexual".

Estado do Rio de Janeiro, a proposta de criação de uma delegacia para homossexuais também é vista como medida contrária à violência e à discriminação (PL 3250/2006, Alice Tamborideguy, ALERJ).

O mapeamento evidenciou que a tentativa de criminalização da homofobia possui longa trajetória, com ações específicas e reapresentação de vários PLs, que buscam posicionar o preconceito por orientação sexual ao lado dos crimes cometidos contra raça/cor e gênero, alterando o texto constitucional, em especial a Lei 7716/1989. Para nossa análise, o caso de maior relevância é o PL apresentado por Iara Bernardi à Câmara Federal, que "determina as sanções às práticas discriminatórias em razão da orientação sexual das pessoas" (PL 5003/2001), aprovado na Câmara dos Deputados e em tramitação no Senado Federal. Ele evidencia os distintos posicionamentos de sujeitos da sociedade civil, envolvidos na luta contra a homofobia (e a favor dos direitos humanos) e as posições religiosas, pela defesa "da família brasileira". Sua tramitação originou nova controvérsia, que envolveu a mobilização de grupos e movimentos sociais ligados ao movimento GLBT, e respostas de setores religiosos[93].

Atualmente, encontram-se em tramitação na Câmara Federal PLs referentes à "reorientação sexual". A criação de um programa de auxílio e assistência para pessoas "que voluntariamente optarem pela mudança de sua orientação sexual" consiste na proposta de Neucimar Fraga (antigo Partido Liberal, hoje Partido Republicano, Espírito Santo). Projeto correlato é apresentado por Elimar Damasceno (Prona, São Paulo), que pretende dar com-

---

[93] Na pesquisa acompanhamos os debates em torno deste PL, por meio de observação do "IV Seminário Nacional GLBT" e da Audiência Pública no Senado Federal (entre 22 e 23/05/2007, Brasília). O evento reuniu militantes, políticos e representantes dos direitos sexuais, e colocou em relevo a atuação contrária à aprovação do PL. Sujeitos de identidade religiosa posicionaram-se refratários à aprovação, argumentando "desrespeito" à lei de Deus e à Bíblia. O monitoramento de atividades de grupos, como a Visão Nacional para a Consciência Cristã (Paraíba) e a Associação Brasileira de Apoio aos que desejam deixar a homossexualidade (Rio de Janeiro), entre outros, apontam os valores que orientam a ação desses religiosos. A observação etnográfica e os debates na esfera pública evidenciam argumentos fundamentalistas.

petência a psicólogos, para aqueles que queiram "deixar a homossexualidade" (PL 5816/2005). Uma reação religiosa à demanda por reconhecimento social e à questão da visibilidade homossexual consiste no PL (arquivado) que busca "tornar contravenção penal o beijo lascivo entre pessoas do mesmo sexo em público" (PL 2279/2003), apresentado também por Damasceno na Câmara Federal. A pesquisa evidenciou que o embate na esfera pública prossegue, inclusive após aprovação de uma lei, conforme mostram PLs apresentados na ALESP, que buscaram revogar ou alterar o texto de lei, que dispõe sobre penalidades à discriminação por orientação sexual (PL 429/2002, PL 1167/2003). Contudo, algumas ações de cunho religioso e posicionamentos contrários às demandas dos direitos sexuais das pessoas GLBT escapam ao escopo da proposição de PLs, mas consistem em requerimentos de informação, indicações legislativas, homenagens e moções[94].

Aborto: entre origem divina e autonomia

O tema "aborto" identificou e classificou 87 PLs na Câmara Federal, com este foco ou temática subjacente[95]. No caso aborto, ao contrário do tema orientação sexual, que utilizou outros termos para a pesquisa nos *sites* das Casas Legislativas, optou-se pela captura das proposições somente pelo termo que dá título ao tema. Percebeu-se que ele agrupava outros temas, como doação de órgãos e eutanásia, por exemplo. O conteúdo da questão está em evidência. A complexidade emerge, principalmente pela existência

---

[94] É exemplar a iniciativa do deputado Milton Cárdias (PTB, RS), com a indicação legislativa (INC 2478/2004, arquivada) que "sugere que o Ministério das Relações Exteriores parabenize o Presidente dos Estados Unidos da América, W. George Bush, quanto à sua manifestação contrária ao casamento entre pessoas do mesmo sexo". Não são poucas as ações religiosas que solicitam ao Ministério da Saúde informação sobre o patrocínio às Paradas GLBT ou outras atividades ligadas aos movimentos sociais de defesa das minorias sexuais (RIC 1991/2004; RIC 2879/2005).

[95] Acrescente-se que foram coletados inclusive os PLs não mais em tramitação, para mapear a dinâmica histórica da questão do aborto no legislativo.

de atores sociais com posicionamentos contrastantes acerca de alterações na legislação. Os argumentos baseiam-se na "defesa da vida" do feto, na autonomia da mulher ou "em defesa da vida das mulheres". Há, também, propostas de um extremo ao outro: por um lado, em prol do enrijecimento da lei, defendendo a criminalização irrestrita do aborto, transformando em "crime hediondo"; por outro, postulando a descriminalização[96]. No primeiro caso, os principais representantes são "religiosos" de diferentes correntes e movimentos, liderados pelos preceitos cristãos relativos à "vida" e à "natureza divina". No segundo, sobretudo, os movimentos de mulheres.

O mapeamento evidenciou visível intensificação na apresentação de PLs a partir de 1980. Na década de 1940 foi apresentado apenas um; nos anos 1950 não houve propostas; na década seguinte dois PLs; nos anos 1970 o número de oito. Nas décadas de 1980 e 1990 foram propostos vinte e trinta e um, respectivamente. Até o término da coleta de dados, haviam sido apresentados vinte e cinco PLs, divididos entre a descriminalização (despenalização) e transformação do aborto em crime hediondo (transforma o aborto em "crime contra a vida"). Assinale-se que somente um passou por todas as etapas, sendo aprovado e transformado em Ordem Jurídica: PL 1104/1991, que não considera falta ao serviço por aborto (proposto pelos deputados Eduardo Jorge e Sandra Starling).

O conteúdo da questão está em evidência em vários fóruns de discussão e recebeu maior visibilidade midiática a partir dos anos 1990, sobretudo devido às repercussões do PL 1135/1991, ao qual foram apensadas outras propostas de parlamentares de distintas correntes, inclusive da oposição.

---

[96] O Código Penal Brasileiro (Decreto-Lei 2848, de 07 de dezembro de 1940) tipifica o Aborto em seus artigos 124, 125, 126, 127 e 128, sendo o aborto subdividido e analisado sob diversas óticas: I – O art. 124, 1ª parte, aponta o aborto provocado pela gestante ou o autoaborto; II – O art. 124, 2ª parte, revela o consentimento da gestante; III – O art. 125 trata do aborto provocado por outrem, sem o consentimento da gestante; IV – O art. 126 apresenta o provocado por outrem com o consentimento da gestante ou consensual; V – O aborto qualificado, no art. 127; VI – Aborto Legal (art. 128).

Como exemplo, o PL 7235/2002, apresentado em 17/10/2002 pelo então presidente da Câmara dos Deputados, Severino Cavalcanti, com o objetivo de revogar o art. 128 do Decreto-2.848, de 7/12/1940, apensado ao PL 1135/1991, em 29/10/2002. A tramitação ocorre de modo complexo: após apensação houve pedido de desapensação em 2005, negado. Em janeiro de 2007, com a mudança de legislatura, foi arquivado pela Mesa Diretora da Câmara dos Deputados. Nos dois meses seguintes foram apresentados cinco Requerimentos, solicitando o desarquivamento do PL, efetuado em 3/04/2007, como resposta ao REQ-213/2007, estando os outros suspensos.

Nesse processo ocorreram momentos críticos, dentre os quais ressaltam-se três, tendo por base os PLs propostos para sua efetiva implementação e reativos a eles: 1) edição *da Norma Técnica para "Prevenção e Tratamento dos Agravos Resultantes da Violência Sexual contra Mulheres e Adolescentes"* (Ministério da Saúde, 1999, revisada em 2005)[97]; 2) instalação da Comissão Tripartite de Revisão da Legislação Punitiva sobre Aborto/Audiência Pública, em 2005; e 3) Audiência Pública sobre Aborto, ocorrida em 27/06/2007. Estes trazem à tona a controvérsia, os atores e as forças políticas que vêm atuando nos debates públicos sobre o tema[98].

---

[97] A citada Norma Técnica, e sua posterior implementação, é de extrema relevância para a contextualização da questão. Ela trata especificamente da vinculação entre o aborto e a atenção humanizada em saúde, concernente à atuação dos profissionais da área atuantes nos Serviços de Referência que atendem mulheres e adolescentes vítimas de violência sexual e suas consequências, dentre as quais o abortamento previsto em lei. É o primeiro documento elaborado após a vigência da lei, presente no Código Penal Brasileiro de 1940 que, finalmente, normatiza a atenção e os procedimentos relativos ao abortamento nos casos de estupro. Embora décadas tenham se passado desde a previsão do Aborto Legal no Código Penal Brasileiro, foi somente nos anos 1990 que a responsabilidade do setor saúde sobre o atendimento a estes casos foi normatizado pelo Ministério da Saúde (Norma Técnica, 2004), seguindo as orientações das conferências internacionais e as orientações relacionadas à Atenção Integral às mulheres.

[98] Como observa Costa, "no entanto, os serviços que estão implantados surgem das reivindicações e das lutas feministas. Não há nenhum serviço no Brasil que tenha sido implantado por decisão do gestor de saúde ou do secretário estadual ou municipal" (2005). Cabe ressaltar a grande dificuldade de implementação desses serviços, em especial, no que concerne ao abortamento previsto em lei, que tem na Objeção de Consciência um dos principais impeditivos para a efetivação do atendimento (Galli e Gomes, 2006).

Esses procedimentos estão alinhados às diretrizes do programa de Atenção Integral à Mulher do Ministério da Saúde, com apoio irrestrito da Secretaria Especial de Políticas para as Mulheres. Esse processo não ocorre sem tensões individuais e coletivas[99]. A Norma Técnica volta a ser tema de debate na Câmara dos Deputados em 2007. O Projeto de Decreto Legislativo 42/2007, do deputado Henrique Afonso (PT, AC), está na Comissão de Seguridade Social e Família. O projeto objetiva proibir o SUS de interromper gravidez resultante de violência sexual (estupro), revogando o dispositivo previsto na norma técnica *Norma Técnica para "Prevenção e Tratamento dos Agravos Resultantes da Violência Sexual contra Mulheres e Adolescentes*. Na mesma comissão está em análise o PL 478/07, dos deputados Luiz Buassuma (PT, BA) e Miguel Martini (PHS, MG), que objetiva a criação do Estatuto do Nascituro (inclui seres humanos concebidos 'in vitro' e os produzidos por meios científicos[100].

Não há como fugir dos aspectos médico e jurídico, em tensa relação no debate sobre aborto, quando se observa que grande parte dos atores envolvidos é especialista das duas áreas. O diagnóstico de anencefalia, por exemplo, inscrito na problemática do aborto eugênico, provoca polêmica no universo jurídico, tanto internacional quanto nacional, por enfocar a discussão em torno de valores éticos e religiosos, no que tange ao enten-

---

[99] Cabe frisar que houve posteriormente a edição da Norma Técnica de *"Atenção Humanizada ao Abortamento"* (Área Técnica de Saúde da Mulher, Ministério da Saúde, 2004), que aborda tanto o abortamento previsto em lei como a atenção pós-abortamento, que na prática delega às mulheres nessa situação o estigma do aborto. Há que se levar em conta que o atendimento a casos de pós-aborto sempre foram responsabilidade do setor saúde, mas eram classificados geralmente sob outras designações, o que reflete a 'invisibilidade' do problema. A questão assume dimensão distinta, quando os procedimentos para o abortamento são delegados ao setor saúde (em casos previstos em lei ou mediante autorização judicial, em caso de anencefalia), uma vez que há uma Norma específica que lida diretamente com a questão, ensinando os procedimentos para abortamento e pós-abortamento. O impacto se torna evidente, já que a implementação está em andamento e passa a ser um problema a ser combatido pelos contrários ao aborto, e como meio de reivindicar a descriminalização em todas as situações.

[100] www2.câmara.gov/comissões/cssf/projeto-proibe-sus-de-realizar-abortos-em-caso..., acesso em 26/06/2007.

dimento do conceito "vida". O diagnóstico técnico de anencefalia é visto em analogia ao diagnóstico de morte encefálica, o que é corroborado pelo Conselho Federal de Medicina. A aceitação do abortamento nesses casos se refere ao entendimento do que seria vida para este grupo profissional e, ainda assim, exceções são assinaladas pela autora do PL (nas quais sobressaem valores religiosos e éticos). Tendo em vista que aborto é a interrupção da gestação com consequente morte do concepto, e no caso em questão já constando laudo de anencefalia (semelhante à morte encefálica), não haveria que se falar em aborto, pois tecnicamente o feto já se apresentaria como tal. Por outro lado, a medicina indica que, provavelmente, ao nascer, o anencéfalo morre imediatamente ou resiste somente alguns segundos, minutos ou horas[101]. Trata-se de um ponto central para a discussão da legislação. Em termos jurídicos, nasce com vida aquele que comprovadamente respirou. Para este diagnóstico o direito busca auxílio, ironicamente, na própria medicina (Legal). Assim, se nasceu com vida, adquiriu personalidade, uma série de questões de direitos e deveres é desencadeada. Cabe frisar que o aborto por motivo de "anomalias fetais incompatíveis com a vida" é mais aceito socialmente do que em caso de estupro.

A controvérsia se acirra com o debate na Câmara dos Deputados do anteprojeto de 2005, que propõe a descriminalização do aborto. Estavam em ação as duas linhas de força: criminalização e descriminalização. Reconhecido como tema de grande complexidade e relevância social, o debate teve lugar na Comissão Tripartite[102], em 2005. Coube a esta discutir e propor a revisão

---

[101] Matéria *Bebê anencéfala será ícone em ato contra o aborto*, Folha de São Paulo, 22/03/2007. Caso exemplar neste debate é do bebê anencéfalo "Marcela" que, ao contrário das indicações médicas e legais, se mantém vivo, com auxílio de equipamentos médicos modernos. Nasceu em 20/11/2006. No entanto, mais importante que sua data de nascimento, tem sido a marca de seu tempo de vida. As matérias da mídia apontam 51 dias, 70 dias, 5 meses de vida.

[102] A diretriz de gestão conforme dispõe a Constituição Federal foi posta em prática na formação da Comissão Tripartite: os 18 membros integrantes foram igualmente distribuídos entre o Poder Executivo, o Poder Legislativo e a Sociedade Civil. Esta última contou com "especialistas" reconhecidos no campo dos movimentos sociais, da medicina e do direito.

da legislação punitiva do aborto, para ampliar os permissivos legais. Cunha (2006) observa que diversos ajustes foram necessários, até que se alcançasse consenso sobre a temática. Três mudanças foram significativas: passagem da proposta de legalização para descriminalização; abordagem do aborto como questão de saúde pública; não mais tratar a questão como aborto, por seu caráter estigmatizado, mas como *interrupção voluntária da gravidez*[103]. Termo que passou a constar dos discursos de religiosos e não religiosos.

Outros PLs, anteprojetos e emendas estão em constante discussão no Legislativo. Os debates e controvérsias não se restringem às bancadas dos partidos políticos, mas incorporam pontos de vista dos diferentes segmentos da sociedade civil. Da pauta de discussão constam diversas propostas, com objetivos díspares: descriminalização da interrupção da gravidez até a 12ª semana; punição para casos de aborto resultante de estupro; permissão de laqueadura tubária nos períodos de parto e aborto em caso de cesariana anterior; tornar o aborto e a eutanásia crimes hediondos em qualquer caso, com base na inviolabilidade do direito à vida (art. 266, par. 7 CF); isenção de punição ao aborto em casos de anencefalia fetal e aborto terapêutico com comprovação por laudos de dois médicos; supressão da lei que criminaliza a prática do aborto[104].

O PL 1135/1991, de autoria dos ex-deputados Eduardo Jorge e Sandra Starling, representa um marco das tensões, em seus distintos aspectos: ético, político e religioso. A ele são apensados diversos projetos, inclusive aqueles em

---

[103] Cabe ressaltar que tal estratégia, apesar de apelar para as estatísticas do SUS para dimensionar em termos quantitativos a situação dos abortamentos no país, parece não surtir efeito. Exemplo disto foi a massiva campanha dirigida pela Igreja Católica contra a então deputada federal Jandira Feghali, na fase final do processo eleitoral de 2006, no qual disputava cadeira para o Senado Federal. A divulgação da associação de Feghali com a reforma da lei do aborto entre os católicos foi diretamente responsável por seu fracasso no pleito.

[104] Maria Isabel Rocha e Jorge Andalaft Neto (2003) apresentam análise da legislação vigente e dos PLs apresentados à Câmara Federal até o ano 2000. Em consonância com o que encontramos, observam que, até com a crescente postura favorável à possibilidade de interrupção da gravidez nas proposições apresentadas nas últimas legislaturas, ocorrem concomitantemente reações contrárias. Como primeira hipótese, sugerimos tratar-se de um movimento composto por valores e posicionamentos contrastivos, que se visibilizam e se consolidam a partir deste contraste.

oposição, o que evidencia a complexidade do processo, que segue em andamento. Em 2005 foi debatido, em audiência pública na Câmara dos Deputados. Outra audiência pública foi realizada em 2007, sob coordenação da Comissão de Seguridade Social e Família, com especialistas de diferentes posicionamentos (científicos, jurídicos e religiosos), convocados à discussão do tema[105]. Um dado interessante é a forte presença de representantes dos dois "coletivos" em posições estratégicas no processo de tramitação dos PL. Assim como certa ausência de parlamentares não engajados nesses grupos nos debates, uma possível conclusão em relação a este posicionamento (ou não-posicionamento) se refere ao caráter crítico do tema aborto, delegado a grupos ativistas, sejam religiosos ou vinculados aos direitos sexuais e reprodutivos das mulheres.

Autonomia no limite da vida: Eutanásia

A pesquisa sobre esse tema foi efetuada a partir de três palavras-chave: eutanásia, morte encefálica e doação de órgãos, contabilizando um total de noventa e nove PLs e dezenove proposições outras (requerimento; requerimento de informação; sugestão; projeto de lei complementar; projeto de decreto legislativo e projeto de resolução), nas três Casas Legislativas (Câmara Federal, ALESP e ALERJ).

Os projetos levantados por busca pela expressão "doação de órgãos" surgem a partir da década de 1980 e são dirigidos tanto ao estabelecimento de regras para a doação e extirpação de órgãos, tecidos e partes do corpo humano, para fins de transplante, terapêuticos e científicos, como os PLs

---

[105] Participaram do evento: Adson Roberto França (coordenador do Pacto Nacional pela Redução de Mortalidade Materna e Neonatal do Ministério da Saúde); Zilda Arns (coordenadora da Pastoral da Criança); Jandira Feghali (ex-deputada e médica); Marli Virgínia Macedo Lins e Nóbrega (médica ginecologista). O relator foi o deputado Jorge Tadeu Mudalen (DEM-SP), interessante é o seu posicionamento: é evangélico, mas afirma que "a grande meta a ser perseguida é a legitimidade da discussão" e que o "assunto precisa ser debatido". (Assessoria de Imprensa, Portal da Câmara dos Deputados, site http://www2.camara.gov.br/internet/comissoes/permanetes/cssf, acesso em 26/6/2007).

1169/1988 e 4303/1989 da Câmara Federal, quanto ao estímulo à doação de órgãos, como, por exemplo, os PLs 653/1088 e 55/1989, da ALESP, propondo, respectivamente, concessão de tratamento prioritário para doadores em vida de órgãos, e estímulos especiais a residentes em território paulista que doarem, em vida, órgãos passíveis de serem transplantados, quando de sua morte, com o propósito de restabelecer funções vitais à saúde.

A busca a partir da palavra-chave morte encefálica indica o surgimento de PLs e outras proposições a partir da década de 1990, estabelecendo critérios de constatação de morte encefálica, especialmente para fins de transplante de órgãos. Os dois termos – doação de órgãos e morte encefálica – estão intimamente articulados, havendo, inclusive, coincidência de PLs na busca empreendida nas três Casas Legislativas. Como exemplo, o PL 2617/1992, proposto na Câmara federal, "define morte do tronco encefálico (morte cerebral) através de critérios clínico-neurológicos, dirimindo dúvidas em pacientes críticos, em estado de coma, grau 03 na escala de coma Glasgow, com ventilação mecânica e potenciais doadores para transplantes de órgãos e tecidos (poder conclusivo das comissões, artigo 24, inciso II)". A partir da aprovação da Resolução CFM n. 1.480, em 8/8/1997, pelo Conselho Federal de Medicina, que estabeleceu novos critérios de constatação de morte encefálica[106], há expressiva redução de proposições em torno de morte encefálica e um aumento nas propostas de estímulo à doação de órgãos. Outro tema abordado pelas proposições concerne às normas de funcionamento da lista única de espera de transplantes de órgãos, como o PL 4165/2004, proposto na Câmara Federal, que "altera a Lei n. 9.434, de 4/2/1997, a Lei dos Transplantes, para inserir diretrizes sobre o funcionamento da lista única de espera".

---

[106] No termo de declaração de morte encefálica deve constar a identificação da causa do coma, o resultado do exame neurológico, as assinaturas dos profissionais que procederam ao exame clínico, os exames complementares e as observações que indicam as recomendações para a prática dos diversos exames e testes. A partir desse registro, é possível a autorização de familiares (no caso de não haver registro do desejo do paciente) de retirada de órgãos para doação.

A busca pelas palavras-chave doação de órgãos e morte encefálica evidenciou a normatização das condições técnicas de doação de órgãos e partes do corpo humano. Este processo ocorreu sem conflitos ou apresentação de posições antagônicas, o que indica ampla aceitação dos diversos setores da sociedade – como movimentos sociais, profissionais de saúde e posicionamentos religiosos – em torno da doação e do transplante de órgãos. Este dado pode ser compreendido a partir de duas referências centrais na cosmologia ocidental contemporânea: o valor da vida e do indivíduo, às quais pode ser acrescentada outra ideia, também preeminente na contemporaneidade: a solidariedade. Entretanto, cabe uma ressalva no que diz respeito ao estatuto da doação de órgãos: majoritariamente, as proposições objetivam estimular a doação. Quando a proposição se destina a tornar obrigatória, em documentos oficiais, a referência ao portador ser ou não doador de seus órgãos, como é o caso do PL 511/1006, apresentado na Alesp, que "dispõe sobre a obrigatoriedade de toda carteira nacional de habilitação, expedida pelo departamento estadual de trânsito de São Paulo, conter a opção expressa pelo seu portador quanto a doação ou não de seus órgãos", geralmente há polêmica. Neste caso, o PL foi arquivado em 2000. Estes dados evidenciam a preeminência do direito de autonomia individual no que diz respeito ao próprio corpo e seus desígnios, o que não ocorre do mesmo modo em relação a outros temas, como aborto e eutanásia.

Os PLs e outras proposições levantadas a partir da palavra-chave eutanásia[107] demonstram claramente dois posicionamentos ideológicos: o primeiro concerne ao poder médico – em última instância, na crença na ciência – na determinação dos limites da vida, enquanto o segundo evi-

---

[107] A eutanásia é definida como a interrupção da vida, causando a morte de alguém com doença terminal ou incurável. A eutanásia ativa envolve uma ação de um médico, como a administração de injeção letal, e a passiva usualmente refere-se à omissão de recursos, tais como medicamentos, hidratação e alimentação (Howarth e Leaman, 2001, p. 177). A eutanásia pode ser voluntária, segundo desejo expresso pelo doente, ou involuntária, quando a pessoa é incapaz de dar consentimento. Há ainda outra categoria, o suicídio assistido, que se distingue da eutanásia pelo sujeito que executa a ação: o próprio doente comete o ato, com drogas prescritas pelo médico para esse propósito (Howarth e Leaman, 2001, p. 177).

dencia posições religiosas, para as quais a vida consiste em valor supremo. Assim, as duas posições em torno das deliberações individuais acerca da interrupção da vida reivindicam, por um lado, a legalização da eutanásia e, por outro, a criminalização deste procedimento.

As proposições do Projeto de Decreto Legislativo 244/1993, visando "convocar plebiscito sobre eutanásia", e do PL 1989/1991, que "dispõe sobre a prática da eutanásia nas circunstâncias que especifica", ambos de autoria do deputado Gilvam Borges, apontam a vertente favorável à eutanásia. Além deste parlamentar, o médico e deputado Inocêncio Oliveira apresentou proposições, em 1981 e 1983, com o seguinte texto: "permite ao médico assistente o desligamento dos aparelhos de um paciente em estado de coma terminal ou na omissão de medicamento que iria prolongar uma vida vegetativa, sem possibilidade de recuperar condições de vida sofrível, em comum acordo com os familiares e dá outras providências". Ambos os PLs foram arquivados, com base no artigo 28 da CF. Vale notar que o autor da proposta é médico, e que seu texto postula amplos poderes ao médico assistente.

As proposições que objetivam a criminalização da eutanásia – e também do aborto – foram apresentadas por Osmanio Pereira, católico, pertencente à Renovação Carismática Católica, e apoiam-se no princípio da inviolabilidade do direito à vida (artigo 266, parágrafo 7 CF). O texto do Projeto de Lei Complementar 190/1994 propõe: "regulamenta o art. 226, par. 7º, da Constituição Federal, dispondo sobre a inviolabilidade do direito à vida, definindo a eutanásia e a interrupção voluntária da gravidez como crimes hediondos, em qualquer caso". No caso dos PLs 999/1995 e 5058/2005, os significados dos textos são análogos: criminalização do aborto e da eutanásia.

Apesar de o montante de proposições relativas à eutanásia ser restrito – na Câmara Federal e nas duas Casas Estaduais – em comparação com os dados levantados a partir das duas outras palavras-chave (morte encefálica e doação de órgãos), evidenciam posições relevantes na sociedade e, sobretudo, a influência da religião e dos valores religiosos na proposição e tramitação de PLs.

Cabe acrescentar a importância de dois eventos recentes, para a análise da influência da religião e dos valores religiosos na proposição e tramitação de PLs – articulados às temáticas do aborto e da eutanásia: a Audiência Pública, convocada pelo Supremo Tribunal Federal sobre a Lei de Biossegurança (n. 11.105/05), que dispõe sobre pesquisas com células-tronco embrionárias humanas; e a recente Moção 17/2007 (20/4/2007), apresentada pelo deputado José Bittencourt, do PDT, na ALESP, apelando ao Presidente da República a declaração de nulidade da Resolução n. 1.805, de 2006, do Conselho Federal de Medicina[108]. À esta demanda foi concedido parecer favorável, de modo que a Resolução foi suspensa, em liminar, em 2007. No caso da Audiência Pública, a decisão ainda não foi divulgada até o presente momento.

Orientação sexual, aborto e eutanásia como focos de tensão

A pesquisa identificou os principais eixos de discussão em torno dos quais diferentes sujeitos, entidades e grupos se enfrentam na esfera pública. Esta arena é palco de tensas interlocuções e possíveis negociações. Considera-se que não apenas valores, discursos e argumentos, mas, sobretudo, ações, reações, procedimentos técnicos e outras formas de atuação são evidenciados, como parte das estratégias dos atores envolvidos nas disputas.

A estratégia do segmento político contrário às demandas pela descriminalização do aborto e legalização da eutanásia é enfatizar o caráter divino da vida. Neste sentido, mais do que criminalizar, apontam a urgência de transformá-los e inseri-los no rol dos crimes hediondos, listados pela Lei 8072/1990, por exemplo, juntamente com o genocídio e o terrorismo. No caso da criminalização da homofobia e da união civil, argumentos religiosos são expressos pela ideia de pânico moral, que considera o homossexual como indivíduo perigoso à ordem social e familiar. Combater os avanços do movimento homossexual na esfera pública seria medida urgente, vinculada à missão religiosa de resguardar a moral, o casamento cristão e os valores da família. É com base nessa postura que o proselitismo religioso propõe o apoio a iniciativas religiosas de reorientação sexual, argumentando que a sexualidade é uma "construção sexual" e, portanto, uma orientação (homo)sexual pode ser passível de cura ou libertação (Natividade, 2006; 2006b). Grupos religiosos vêm se organizando para oposição ativa ao projeto que prevê a criminalização da homofobia, sendo um de seus argumentos, que "acima dos direitos sexuais está a Palavra de Deus".

No ano de realização da pesquisa ocorreram duas Audiências Públicas, que ilustram as controvérsias protagonizadas pela influência dos valores religiosos e de determinadas instituições religiosas no debate público sobre os temas abordados: limites da vida (aborto e eutanásia) e criminalização da homofobia. Neste início de século vêm se apresentando crescentes demandas em prol da legalização do aborto – em diversos países e, sobretudo, nos católicos, como Espanha, Portugal e México –, da interrupção do chamado encarniçamento terapêutico (ou obstinação terapêutica ou, ainda, tratamento fútil) ao final da vida ou da legalização da eutanásia. A determinação dos limites da vida varia segundo o contexto histórico, social e cultural. Portanto, a cada reivindicação de mudança das normas referentes ao início e final da vida, as diversas perspectivas necessariamente estarão em evidência. Na audiência observada em 20/04/2007 constatou-se controvérsia entre duas posições, concernentes ao uso de células-tronco embrionárias: uma que defende a laicidade dos direitos individuais na sociedade, e outra, fundamentada nos valores religiosos.

Essas posições, concernentes aos limites da vida, representam basicamente dois grupos: de um lado, os religiosos e, de outro, movimentos sociais, organizações não-governamentais e setores da sociedade que veiculam determinados valores, caros à cultura ocidental contemporânea, como liberdade e autonomia individual. É possível constatar que, diante de cada proposição aceita, que se baseia nos princípios da sociedade laica, surge um movimento em oposição, proveniente de posições religiosas. Por outro lado, pode-se afirmar o mesmo tipo de reação, por parte dos movimentos sociais e de representantes da posição laica, acerca das propostas religiosas de criminalização de certas condutas, como o aborto e a recusa ao prolongamento da vida, às custas de sofrimento, quando não há mais possibilidades de cura da doença.

Na tramitação dos projetos identificou-se ora o uso retórico de argumentos centrados em leitura literal da Bíblia (acima dos direitos dos homossexuais está a Palavra de Deus), ora em argumentos laicos (a inconstitucionalidade da proposta). Os impactos do poder religioso na tramitação de PLs se fazem sentir, sobretudo, pela forte atuação de sujeitos portadores de valores religiosos que, com a proposição de emendas e de outras ações, buscam retardar a discussão e tramitação de propostas contrárias a suas visões de mundo. Os pareceres, votos em separado, proposições de outros projetos, pedidos de encaminhamentos, constituem mecanismos através dos quais os religiosos atuam para obstruir a aprovação de propostas concernentes aos temas aqui abordados. Apesar disso, esses processos comportam resistências e negociações entre diferentes atores, instituições e grupos em disputa.

REFERÊNCIAS BIBLIOGRÁFICAS

A BÍBLIA SAGRADA. Traduzida em português por João Ferreira de Almeida. Edição Revista e Atualizada no Brasil. São Paulo: Sociedade Bíblica do Brasil, 1969.

ABIB, Jonas. *Céus Novos e Terra Nova*. São Paulo: Loyola, 1996.

_____. *Canção Nova: Uma obra de Deus – Nossa história, identidade e missão*. São Paulo: Loyola, 2000.

_____.Coração de Jesus, fonte de toda consolação, in *Revista Canção Nova*, Ano IV, n. 42, p. 4, junho, 2004.

_____. *Carta a você que quer um Brasil melhor*, 2006. Disponível em: http://www.cleofas.com.br/virtual/texto.php?doc=eleicao2006&id=ELO010 (acesso em 22/10/2006).

AGOSTINHO, Santo. *A Cidade de Deus*. Petrópolis: Vozes, 1990.

_____. *Confissões*. São Paulo: Abril Cultural, 1980.

ALBERY, Nicholas; WIENRICH, Stephanie (eds.). *The New Natural Death Handbook*. London: Virgin, 2000.

ALMEIDA, Ronaldo. "Religião na Metrópole Paulista", in *Revista Brasileira de Ciências Sociais*, v. 19, n. 56, p. 15-27, out. 2004.

AMARAL, Leila. *Carnaval da alma: comunidade, essência e sincretismo na Nova Era*. Petrópolis: Vozes, 2000.

AQUINO, São Tomás de. *Compêndio de Teologia*. São Paulo: Abril Cultural, 1973.

ARAGÃO, Luiz Tarlei. "Em nome da mãe: Posição estrutural e disposições sociais que envolvem a categoria mãe na civilização mediterrânea e na sociedade brasileira"; in FRANCHETTO, Bruna.; CAVALCANTI, Maria Laura V. C.; HEILBORN, Maria Luiza. (org.). *Perspectivas antropológicas da mulher 3*. Rio de Janeiro: Zahar, 1983. p. 109-45.

BASTIDE, Roger. *As religiões africanas no Brasil*. São Paulo: Pioneira, 1971.

_____. *La rêve, la transe et la folie*. Paris: Flammarion, 1972.

_____."Cavalos dos Santos"; em esboço de uma sociologia do transe místico, in *Estudos afro-brasileiros*. São Paulo: Perspectiva, 1973. p. 293-323.

BARTH, Fredrik. *O guru, o iniciador e outras variações antropológicas*. Rio de Janeiro: Contra Capa Livraria, 2000.

BASZANGER, Elizabeth. *Douleur et Mèdecine, la fin d'um oubli*. Paris: Seuil, 1995.

BAUMANN, Zygmunt. *O mal-estar da pós-modernidade*. Rio de Janeiro: Jorge Zahar, 1998.

BECKER, Howard. *Uma teoria da ação coletiva*. Rio de Janeiro: Zahar, 1977.

BENVENISTE, Émile. *Le vocabulaire des institutions indo-européennes*; 1. Économie, parenté, société. Paris: Les Éditions de Minuit, 1969.

BERGER, Peter. (1976), *Perspectivas sociológicas*. São Paulo: Abril Cultural.

BIRMAN, Patrícia. "Laços sem 'nós': vida familiar, conflitos comunitários e percursos religiosos"; in Duarte *et al*. Família e Religião. "Família e Religião". São Paulo: Contracapa, 2006.

_____. *Fazer estilo criando gêneros: possessão e diferenças de gênero em terreiros de umbanda e candomblé no Rio de Janeiro*. Rio de Janeiro: Relume-Dumará, 1995.

_____. "Males e malefícios no discurso neopentecostal", in BIRMAN, Patrícia.; NOVAES, Regina; CRESPO, Samira (orgs.). *O mal à brasileira*. Rio de Janeiro: EdUERJ, 1997. p. 62-79.

_____. "Cultos de possessão e pentecostalismo no Brasil: passagens", in *Religião e Sociedade*, v. 17, n. 1-2, p. 90-109, ago, 1996.

_____. "O Bispo, o Povo e a TV: alguns efeitos, talvez inesperados, da presença política recente dos pentecostais", in *Cadernos de Conjuntura do IUPERJ*, n. 54, Rio de Janeiro, 1996.

_____. *Feitiço, carrego e olho grande, os males do Brasil são*. Dissertação (Mestrado em Antropologia Social) – Programa de Pós-Graduação em Antropologia Social, Museu Nacional, Universidade Federal do Rio de Janeiro, Rio de Janeiro, 1980.

BIRMAN, Patrícia; LEHMANN D. *Religion and Media in a Battle for Ideological Hegemony: the Universal Church of the Kingdom of God and TV Globo in Brazil*. Great Britain: Society for Latin American Studies, 1999.

BOLTANSKI, Luc. *La souffrance à distance: morale humanitaire, médias et politique*. Paris: Métailié, 1993.

BOURDIEU, Pierre. *A dominação masculina*. Rio de Janeiro: Bertrand Brasil, 1999.

BREIBART, William. "Espiritualidade e sentido nos cuidados paliativos", in *O Mundo da Saúde: Cuidados Paliativos*. São Paulo: Centro Universitário São Camilo, 2003, 27(1), p. 41-57.

BROWN, Peter. *Corpo e sociedade: O homem, a mulher e a renúncia sexual no início do cristianismo*. Rio de Janeiro: Jorge Zahar, 1990.

BROWN, Diana. "O papel histórico da classe média na Umbanda", in *Religião e sociedade*. 1(1), p. 31-42, 1977.

CÂMARA, Cristina. *Cidadania e orientação sexual: a trajetória do Grupo Triângulo Rosa*. Rio de Janeiro: Academia Avançada, 2002.

CAMARGO, Cândido Procópio. *Kardecismo e Umbanda*. São Paulo: Pioneira, 1971.

CANEVACCI, Massimo. *A cidade polifônica: ensaio sobre a antropologia da comunicação urbana*. São Paulo: Studio Nobel, 1997.

CARNEIRO, Edison. *As religiões negras*. Rio de Janeiro: Civilização Brasileira, 1984.

CARVALHO, José Jorge de. *Um espaço público encantado. Pluralidade religiosa e modernidade no Brasil*. 1999.

CAVALCANTI, Maria Laura Viveiros de Castro. *O mundo invisível: cosmologia, sistema ritual e noção de Pessoa no Espiritismo*. Rio de Janeiro: Zahar, 1983.

CENSO 2000. IBGE, Brasília.

CESAR, Bel. *Morrer não se improvisa*. São Paulo: Gaia, 2001.

CLARCK, David; SEYMOUR, Jane. *Reflections on Palliative Care*. Buckingham: Open University Press, 1999.

CONTINS, Marcia. *O caso da Pomba-Gira: reflexões sobre crime, possessão e imagem feminina*. Dissertação (Mestrado) – Programa de Pós-Graduação em Antropologia Social, Museu Nacional, Universidade Federal do Rio de Janeiro, Rio de Janeiro, 1983.

_____. *Tornando-se pentecostal: um estudo comparativo sobre pentecostais negros nos EUA e no Brasil*. Tese (Doutorado) – Escola de Comunicação, Universidade Federal do Rio de Janeiro, Rio de Janeiro, 1995.

_____. "Pentecostalismo e umbanda: identidade étnica e religião entre pentecostais negros no Rio de Janeiro", in *Interseções*, v. 4, n. 2, p. 83-98, 2002.

_____. "Espaço, Religião e Etnicidade: um estudo comparativo sobre as representações do espírito santo no catolicismo popular e o pentecostalismo", in BIRMAN, Patrícia (org.). *Religião e Espaço Público*. São Paulo: Attar Editorial, 2003a. p. 221-234.

_____. "Convivendo com o inimigo: pentecostais negros no Brasil e nos Estados Unidos", in *Caminho: Revista do Mestrado em Ciências da Religião da Universidade Católica de Goiás*, v.1, n.1. Goiânia, Ed. da UCG, 2003b, p. 83-103.

CONTINS, Márcia; GOLDMAN, Márcio. Religião e violência; uma análise do jogo discursivo entre Umbanda e violência: "O caso da Pomba-Gira", in *Religião e Sociedade*, v. 11, n.1, p. 103-132, 1984.

COSTA, Ana Maria. "Desenvolvimento e implementação do PAISM no Brasil"; in Giffen, Karen M; COSTA, Sarah (orgs). *Questão da saúde reprodutiva*. Rio de Janeiro: Fiocruz, 1999.

CRAPANZANO, Vincent. "Reflections on Hope as a Category of Social and Psychological Analysis", in *Cultural Anthropology*, v. 18, n. 1, fev. 2003.

CAMPBELL, Colin. *A ética romântica e o espírito do consumismo moderno*. Rio de Janeiro: Rocco, 2001.

CAMURÇA, Marcelo. "Renovação carismática católica: entre a tradição e a modernidade", in *Revista Rhema*, v. 7, n. 25, p. 1-6, 2001.

Referências Bibliográficas

CARRANZA, Brenda. *Renovação carismática: origens, mudanças e tendências.* Aparecida: Editora Santuário, 2000.

COHN, Norman. *Cosmos, caos e o mundo que virá.* São Paulo: Companhia das Letras, 1996.

COMBLIN, Josef. *O provisório e o definitivo.* São Paulo: Herder, 1968.

COMUNIDADE CANÇÃO NOVA. *Nossos Documentos*, São Paulo: Canção Nova, 2002.

CORREIA, Clara Pinto. *The Ovary of Eve: Egg and Sperm and Preformation.* Chicago; Londres: University of Chicago Press, 1997.

COULANGES, Fustel de. *A cidade antiga.* São Paulo: Martin Claret, 2003.

CUNHA, Anna Lúcia Santos da. "Revisão da legislação punitiva do aborto: embates atuais e estratégias políticas no parlamento", in Anais VII Seminário Internacional *Fazendo Gênero*, Florianópolis, 2006.

DANTAS, Beatriz Góis. *Vovó Nagô e papai branco.* Rio de Janeiro: Graal, 1988.

DROGGERS, André. "A religiosidade mínima brasileira", in *Religião e sociedade*, v. 14, n. 2, p. 62-86, 1987.

DA MATTA, Roberto. *Carnavais, malandros e heróis: para uma sociologia do dilema brasileiro.* Rio de Janeiro: Zahar, 1979.

DOUGLAS, Mary. *Pureza e perigo.* São Paulo: Perspectiva, 1976.

_____. *Natural symbols: exploration in cosmology.* Londres: Barrie & Rockliff, 1970.

DUMONT, Louis. *Homo aequalis.* Paris: Gallimard, 1977.

_____. *Homo hierarchicus.* Paris: Gallimard, 1979.

DUARTE, Luiz Fernando Dias. "Ethos privado e justificação religiosa. Negociações da reprodução na sociedade brasileira"; in HEILBORN, Maria Luiza; DUARTE, Luiz Fernando Dias; PEIXOTO, Clarice; BARROS, Myriam Lins (orgs.). *Sexualidade, família e ethos religioso.* Rio de Janeiro: Garamond, 2005. p. 137-176.

_____. "Ethos privado e modernidade: o desafio das religiões entre indivíduo, família e congregação"; in DUARTE, Luiz Fernando Dias;

HEILBORN, Maria Luiza; BARROS, Myriam Lins; PEIXOTO, Clarice (orgs.). *Família e religião*. Rio de Janeiro: Contracapa, 2006.

DUARTE, Luiz Fernando Dias; JABOR, Juliana de Mello; GOMES, Edlaine Campos; LUNA, Naara. "Família, reprodução e ethos religioso: subjetivismo e naturalismo como valores estruturantes"; in DUARTE, Luiz Fernando Dias; HEILBORN, HEILBORN, Maria Luiza; BARROS, Myriam Lins; PEIXOTO, Clarice (orgs.). *Família e religião*. Rio de Janeiro: Contracapa, 2006. p. 15-50.

DUARTE, Luiz Fernando Dias, GOMES, E. C. *Três famílias. Identidades e Trajetórias Transgeracionais nas Classes Populares*. Rio de Janeiro: FGV, 2008. p. 285.

DÉSVEAUX, Emmanuel. "La Consanguinité: Horizon Indépassable de la Raison Parentaire?", in *L'Homme*, v. 164, p. 105-124, oct./déc. 2002.

DUBY, Georges. "Le lignage Xe-XIIIe siècle"; in NORA, Pierre (dir.). *Les lieux de mémoire II: La Nation*. Paris: Gallimard, 1986. p. 31-56.

EILBERG-SCHWARTZ, Howard. "The Father, the Phallus, and the Seminal World: Dilemmas of Patrilineality in Ancient Judaism"; in MAYNES, Mary Jo; WALTNER, Ann; SOLAND, Birgitte; STRASSER, Ulrike (eds.). *Gender, Kinship, Power: A Comparative and Interdisciplinary History*. New York; London: Routledge, 1996. p. 27-41.

ELIADE, Mircea. *O mito do eterno retorno*. Lisboa: Edições 70, 1985.

ELIAS, Norbert. *O processo civilizador. Volume I: uma história dos costumes*. Rio de Janeiro: Jorge Zahar, 1997.

_____. *A solidão dos moribundos. Rio de Janeiro:* Jorge Zahar, 2001.

_____. *Em busca da excitação*. São Paulo: Difel, 1992.

EVANS-PRITCHARD, E. E. *Os Nuer*. São Paulo: Perspectiva, 1978.

_____. *Bruxaria, oráculos e magia entre os Azande*. Rio de Janeiro: Zahar, 1978.

FERNANDES, Rubem César. *Novo Nascimento: os evangélicos em casa, na igreja e na política*. Rio de Janeiro: Editora Mauad, 1998.

Referências Bibliográficas

FERNANDES, Rubem Cesar. "Governo das Almas: as denominações evangélicas no Grande Rio", in *Nem anjos nem demônios*: interpretações sociológicas do pentecostalismo. Petrópolis: Vozes, 1994.

FINKLER, Kaja. *Experiencing the New Genetics: Family and Kinship on the Medical Frontier*. Philadelphia: Penn; University of Pennsylvania Press, 2000.

FLANDRIN, Jean-Louis. *Families in former times*: Kinship, household and sexuality. Cambridge: Cambridge University Press, 1992.

FLECK, Ludwik. *La gênesis y el desarollo de um hecho científico. Introducción a la teoria del estilo de pensamiento y del colectivo de pensamiento*. Madri: Alianza, 1986.

FIRTH, Raymond. *Tikopia ritual and belief*. Boston: Beacon Press, 1968.

FONSECA, Alexandre Brasil. "Nova Era evangélica, Confissão Positiva e o crescimento dos sem-religião", in *NUMEN: Revista de Estudos e Pesquisa da Religião*, v. 3, n. 2, p. 63-90, jul./dez. 2000.

_____. "Lideranças Evangélicas na Mídia: Trajetórias na Política e na Sociedade Civil", in *Religião e Sociedade*, V. 19, n. 1. Rio de Janeiro: ISER, 1998.

FONTENELLE, Aluízio. *Exu*. Rio de Janeiro: Espiritualista, s/d.

FRESTON, Paul. "Breve história do pentecostalismo brasileiro"; in *Nem anjos nem demônios*: interpretações sociológicas do pentecostalismo. Petrópolis: Vozes, 1994.

FRY, Peter. "Feijoada e soul food: notas sobre a manipulação de símbolos étnicos e nacionais"; in *Para inglês ver*. Rio de Janeiro: Zahar, 1982. p. 47-51.

_____. "Febrônio Índio do Brasil: onde cruzam a psiquiatria, a profecia, a homossexualidade e a lei"; in Fry et al. *Caminhos cruzados*. São Paulo Brasiliense: 1982a. p. 65-80.

_____. "Homossexualidade masculina e cultos afro-brasileiros"; in *Para inglês ver*. Rio de Janeiro: Zahar, 1982b. p. 54-73.

FRY, Peter; HOWE, Gary Nigel. "Duas respostas à aflição: umbanda e pentecostalismo", in *Debate e Crítica*, n. 6, p. 74-93, jul. 1975.

GEERTZ, Clifford. "From the native's point of view: on the nature of anthropological understanding"; in SHWEDER, Richard; Levine, Robert A. *Culture theory: essays on mind, self, and emotion*. New York: Columbia University, 1977. p. 480-492.

GEERTZ, Clifford. *A interpretação das culturas*. Rio de Janeiro: LTC Editora, 1979.

GIUMBELLI, Emerson. "Pentecostais no Brasil: sua intolerância tem fundamento?". In: REUNIÃO BRASILEIRA DE ANTROPOLOGIA. Cd-rom 24ª. Reunião Brasileira de Antropologia, Recife, 2004.

_____. *O fim da religião: dilemas da liberdade religiosa no Brasil e na França*. São Paulo: Attar Editorial, 2002.

GODBOUT, J. *O espírito da dádiva*. Fundação Getúlio Vargas: Rio de Janeiro, 1999.

GOMES, Edlaine de Campos. *A era das catedrais da IURD: a autenticidade em exibição*. Tese (doutorado em Ciências Sociais) – Programa de Pós-Graduação em Ciências Sociais, Universidade do Estado do Rio de Janeiro, Rio de Janeiro, 2004.

_____. "Família e Trajetórias Individuais em Contexto Religioso Plural"; in DUARTE, Luiz Fernando Dias; HEILBORN, Maria Luiza; BARROS, Myriam Lins; PEIXOTO, Clarice (orgs.). *Família e Religião*, Rio de Janeiro: Contra Capa, 2006. p. 113-150.

GOMES, Edlaine de Campos. "Morte em família: ritos funerários em tempo de pluralismo religioso", in Revista de Antropologia (USP), v. 49, p. 731-754, 2006b.

GOMES, Edlaine de Campos; NATIVIDADE, Marcelo Tavares. Para além da família e da religião: segredo e exercício da sexualidade, in *Religião e Sociedade*, v. 26, n. 2, p. 41-57, 2006.

GOMES, Edlaine de Campos; CONTINS, Márcia. "Os Percursos da Fé: uma análise comparativa sobre as apropriações religiosas do espaço urbano entre carismáticos e neopentecostais", in *PontoUrbe*, v. 1, 2007.

GOOD, Mary-Jo Del Vecchio; GOOD, Byron Jay; SCHAFFER, C.; LIND, S. E. American Oncology and the Discourse of Hope, in *Culture, Medicine, and Psychiatry*, v. 14, n. 1, Marth p. 59-79, 1990.

GOODY, Jack. *The development of the family and marriage in Europe*. Cambridge: Cambridge University Press, 1983.

GUEDES, Simone. "Umbanda e Loucura"; in VELHO, Gilberto. *Desvio e divergência*. Rio de Janeiro: Zahar, 1974. p. 82-98.

HABERMAS, Jurgen. *Mudanças Estruturais da Esfera Pública*. Rio de Janeiro: Tempo Brasileiro, 1984.

HEILBORN, Maria Luiza. "Construção de si, gênero e sexualidade"; in Heilborn, Maria Luiza (org.). *Sexualidades: o olhar das ciências sociais*. Rio de Janeiro: Jorge Zahar. 1999. p. 40-58.

HEILBORN, Maria Luiza. "Ser ou estar homossexual: dilemas de construção da identidade social", In: HEILBORN, Maria Luiza. *Sexualidades Brasileiras*. Rio de Janeiro: Relume-Dumará, 1996. p. 105-118.

HENNEZEL, Marie; LELOUP, Jean-Yves. *A arte de morrer*. Petrópolis: Vozes, 1999.

HERSCHMANN, Micael. *O funk e o hip-hop invadem a cena*. Rio de Janeiro: Editora UFRJ, 2000.

HERVIEU-LÉGER, Danièle. *La religion en mouveument: Le pélerín et le converti*. Paris: Flammarion, 1999.

_____. Representam os surtos emocionais contemporâneos o fim da secularização ou o fim da religião?, in *Religião & Sociedade*, v. 18, n. 1, p. 31-47, 1997.

_____. "Present-day emotional renewals - The end of secularization or the end of religion?"; in SWATOS, Willian H. (ed). *A future for religion? New paradigms for social analysis*. Melbury Park: Sage, 1993. p.129-148

HOWARTH, Glennys; LEAMAN, Oliver (eds.). *Encyclopedia of Death and Dying*. Londres: Routledge, 2001.

HURST, Jane. *Uma história não contada: a história das idéias sobre o aborto na Igreja Católica*. São Paulo: Católicas pelo Direito de Decidir, 2000.

JACOB, François. *A lógica da vida: Uma história da hereditariedade*. Rio de Janeiro: Graal, 1983.

JACOB, Cesar Romero et al. *Atlas da filiação religiosa e indicadores sociais no Brasil*. Rio de Janeiro: PUC-Rio; São Paulo: Loyola, 2003. 240 p.

JAMES, William. *As variedades da experiência religiosa: um estudo sobre a natureza humana*. São Paulo: Cultrix, 1991.

JOSEPH, Issac. *"El transeunte y el espacio urbano"*: ensayo sobre la dispersión del espacio público. Barcelona: Gedisa editorial, 1988.

KELLEHEAR, Allan. *Experiences near Death: Beyond Medicine and Religion*. Oxford: Oxford University Press, 1996.

KLAPISCH-ZUBER, Christiane. "Le corps de la parenté"; in GODELIER, M.; PANOFF, M. *La production du corps: approches anthropologiques et historiques*. Amsterdan: Éditions des Archives Contemporaines, 1998. p. 357-74.

KÜBLER-ROSS, Elizabeth. *On death and dying*. New York: MacMillan, 1969.

_____. *O túnel e a luz: reflexões essenciais sobre a vida e a morte*. Campinas: Verus, 2003.

LAQUEUR, Thomas. *Making Sex: Body and Gender from the Greeks to Freud*. Cambridge; London: Harvard University Press, 1992.

LEACOCK, S. ; LEACOCK, R. *Spirits of the deep*. New York: Doubleday, 1972.

LEITE, Eduardo Oliveira. "Exame de DNA, ou o limite entre o genitor e o pai"; in LEITE, E. O. (org.). *Grandes temas da atualidade: DNA como meio de prova da filiação*. Rio de Janeiro: Forense, 2000. p. 61-85.

LEPINE, Claude. *Contribuição ao estudo do sistema de classificação dos tipos psicológicos no Candomblé de Salvador*. Tese (Doutorado em Antropologia Social) – Programa de Pós-Graduação em Antropologia Social, da Universidade de São Paulo, São Paulo, 1978.

LÉVI-STRAUSS, Claude. *Tristes Trópicos*. Edições 70: Lisboa, 1993.

LEWIS, Ioan. "A structural approach to witchcraft and spirit possession"; in DOULGAS, Mary. *Witchcraft confession & accusation*. London: Tavistock: 1970.

Referências Bibliográficas

LEWIS, Ioan. *Êxtase religioso: um estudo antropológico da possessão por espírito e do xamanismo.* São Paulo: Perspectiva, 1977.

LOPES, Moisés Alessandro de Souza. *Debates, diálogos e confrontos: representações sociais das homossexualidades nas discussões sobre a parceria civil registrada.* Dissertação de mestrado em ciências sociais. Londrina, Universidade Estadual de Londrina, 2004.

LUZ, Marco Aurélio; LAPASSADE, George. *O segredo da macumba.* Rio de Janeiro: Paz e Terra, 1972.

LLOYD, G. E. R. *Science, Folklore and Ideology: Studies in the Life Sciences in Ancient Greece.* Cambridge: Cambridge University Press, 1986.

MACHADO, Maria das Dores Campos. *Carismáticos e pentecostais: Adesão religiosa na esfera familiar.* Campinas: Autores Associados; São Paulo: ANPOCS, 1996.

MACHADO, Maria das Dores. *Religião, família e individualismo.* Comunicação apresentada no Simpósio Especial da ABA Religião e Sexualidade. Recife, 2004.

MACHADO, Maria das Dores & Mariz, Cecília. "Pentecostalismo e a redefinição do feminino", in *Religião e Sociedade*, 17 (1-2): 14-159, 1996.

MAFRA, Clara Cristina Jost. "A Habitação do Morro: Impressões de Moradores de Duas Favelas do Rio de Janeiro sobre Religião e Espaço Público"; in BIRMAN, Patrícia (org.), *Religião e Espaço Público.* São Paulo: Attar Editorial, 2003. p. 201-220.

_____. *Na posse da palavra: religião, conversão e liberdade pessoal em dois contextos nacionais.* Lisboa: Imprensa de Ciências Sociais, 2002.

_____. "Relatos Compartilhados: experiências de conversão ao pentecostalismo entre brasileiros e portugueses", in *Mana*, v. 3, n. 1, p. 57-85, 1997.

MAGGIE, Yvonne. *Guerra de Orixá: um estudo de ritual e conflito.* Rio de Janeiro: Zahar, 1975.

_____. *Medo do feitiço: relações entre magia e poder no Brasil.* Rio de Janeiro: Arquivo Nacional, 1992.

MAGGIE, Yvonne. *Virar no santo: notas sobre a ideia de transe e a identidade religiosa nos cultos afro-brasileiros*. 1972. (mimeo)

MAGGIE, Yvonne; CONTINS, Márcia. "Gueto Cultural ou a Umbanda como modo de vida: notas sobre uma experiência de campo na Baixada Fluminense"; in VELHO, G. *O desafio da cidade*. Rio de Janeiro: Campus, 1980. p. 77-92.

MAGGIE, Yvonne; CONTINS, Márcia; MONTE-MÓR, Patrícia. *Arte ou Magia Negra? Uma análise das relações entre a arte nos cultos afro-brasileiros e o Estado*. Rio de Janeiro: Funarte, 1979.

MAGNANI, José Guiherme Cantor. *O Brasil da Nova Era*. Rio de Janeiro: Jorge Zahar, 2000.

_____. "Quando o campo é a cidade: fazendo Antropologia na Metrópole"; in TORRES, Lílian de Luca (org.). *Textos de Antropologia Urbana*. São Paulo: Edusp, 1996.

_____. "De perto e de dentro: notas para uma etnografia urbana", in *Revista Brasileira de Ciências Sociais*, v. 17, n. 49, p. 11-29, 2002.

_____. "Ideologia, lazer e cultura popular: um estudo do circo-teatro nos bairros da periferia de São Paulo", in *Dados: Revista de Ciências Sociais*, v .23, n. 2, p. 171-184, 1980.

MARIANO, Ricardo. "Expansão pentecostal no Brasil: o caso da Igreja Universal", in *Estudos Avançados*, v. 18, n. 52, p. 121-138, dez. 2004.

_____. *Neopentecostalismo: os pentecostais estão mudando*. 1995. 250 f. Dissertação (Mestrado em Sociologia) - Faculdade de Filosofia, Letras e Ciências Humanas, Universidade de São Paulo, São Paulo, 1995.

MARIZ, Cecília Loreto. "Comunidades de Vida no Espírito Santo: um novo modelo de família?" In: VIII CONGRESSO LUSO-AFRO-BRASILEIRO, Coimbra, 2005.

_____. "A Teologia da Batalha Espiritual: uma revisão da bibliografia", in *Revista Brasileira de Informação em Ciências Sociais*, n. 47, p. 33-48, 1999.

_____. "Religion and Coping with poverty in Brazil". *PhD. Dissertation*. Boston University, 1989.

Mariz, Cecília L. "A Opinião dos Evangélicos sobre o Aborto"; in *Novo Nascimento; os Evangélicos em Casa, na Igreja e na Política*. R. C. Fernandes. Rio de Janeiro: Mauad. p. 211-223, 1998.

Mariz, Cecília L.; Machado, Maria das Dores Campos. "Encontros e desencontros entre católicos e evangélicos no Brasil"; in Sanchis, Pierre (org.). *Fiéis & Cidadãos: percursos de sincretismo no Brasil*. Rio de Janeiro: EdUERJ, 2001. p. 87-102.

_____. "Progressistas e católicas carismáticas: uma análise de discurso de mulheres de comunidade de base na atualidade brasileira", in *Estudos de Política e Teoria Social*, v. 2, n. 3, p. 8-29, 2000.

_____. "Mudanças recentes no campo religioso brasileiro", in *Antropolítica*, v. 6, n. 5, p. 21-44, 1999.

_____. "Sincretismo e trânsito religioso: comparando carismáticos e pentecostais", in *Comunicações do ISER*, ano 13, n. 45, p. 24-33, 1994.

Marrett, Robert. *Faith, Hope, and Charity in Primitive Religion*. New York: Macmillan, 1932.

Martins, Andréa Damacena. "Crenças e Motivações Religiosas"; in Souza, Luiz Alberto; Fernandes, Sílvia Regina Alves (orgs). *Desafios do catolicismo na cidade: pesquisa em regiões metropolitanas brasileiras*. Rio de Janeiro: CERIS; São Paulo: Paulus, 2002. p. 60-87.

_____. *Experiências Religiosas: um estudo sobre mística e autonomia nos discursos e práticas de católicos da libertação e católicos carismáticos*. Tese (Doutorado em Ciências Sociais) – Programa de Pós-Graduação em Ciências Sociais, Universidade do Estado do Rio de Janeiro, Rio de Janeiro, 2004

Maués, Heraldo. "'Bailando com o Senhor': técnicas corporais de culto e louvor (o êxtase e o transe como técnicas corporais)", in Revista de Antropologia, v. 46, n. 1, p. 9-40, 2003.

Mauss, Marcel. "Ensaio sobre o Dom"; in Mauss, Marcel. *Sociologia e Antropologia*. São Paulo: Cosac Naify, 2003.

_____. "Efeito físico no indivíduo da ideia de morte sugerida pela coletividade (Austrália, Nova Zelândia)"; in MAUSS, Marcel. *Sociologia e Antropologia*. São Paulo: Cosac & Naify, 2003. p. 345-365.

_____. "As técnicas do corpo", in: MAUSS, Marcel. *Sociologia e Antropologia*. São Paulo: Cosac & Naify, 2003. p. 367-397.

_____. "Uma categoria do espírito humano: a noção de 'pessoa', a noção do 'eu'. In: Sociologia e antropologia". São Paulo: EPU, 1974. p. 207–242.

MAYR, Ernst. *The Growth of Biological Thought: Diversity, Evolution and Inheritance*. Cambridge: Harvard University Press; London: Belknap Press, 1982.

MEDEIROS, Kátia Maria Cabral. "Orientações ético-religiosas"; in SOUZA, Luiz Alberto; FERNANDES, Sílvia Regina Alves (orgs). *Desafios do catolicismo na cidade: pesquisa em regiões metropolitanas brasileiras*. Rio de Janeiro: CERIS; São Paulo: Paulus, 2002. p. 199-251.

MELLO, Luiz. *Novas famílias. Conjugalidade homossexual no Brasil contemporâneo*. Rio de Janeiro: RJ, Garamond, 2005.

MELLO, Marco A. S.; VOGEL, Arno. *Quando a rua vira casa: a apropriação de espaços de uso coletivo em um centro de bairro*. Rio de Janeiro: IBAM/FINEP, 1981.

MENEZES, Rachel Aisengart. *Em busca da boa morte*. Antropologia dos Cuidados Paliativos. Rio de Janeiro: Fiocruz/Garamond, 2004.

_____. "Profissionais de saúde e a morte: emoções e formas de gestão", in *Teoria e Sociedade*, n. 13, v. 1, p. 200-225, 2005.

_____. "Religiosidade e interpretação da morte", in *Religião e Sociedade*, v. 26, n. 1, p. 174-197, 2006.

MINISTÉRIO DA SAÚDE. *Técnica Prevenção e tratamento dos agravos resultantes da violência sexual contra mulheres e adolescentes*. Brasil: Ministério da Saúde, 2005.

MIUNGI, Luijino. *Fundamental aspects of human generation in St Thomas Aquinas*. Tese (doutorado em Filosofia) – Facultas Philophiae, Pontificia Universitas Sanctae Crucis, Roma, 1999.

MOODY JR., Raymond. *Life after Life*. Covington: Mockingbird, 1975.

_____. *The Light Beyond*. London: Macmillan, 1988.

NATIVIDADE, Marcelo Tavares. *Carreiras homossexuais e pentecostalismo: uma análise de biografias*. Dissertação (Mestrado em Saúde Coletiva) – Instituto de Medicina Social, Universidade Estadual do Rio de Janeiro, Rio de Janeiro, 2003.

_____. "Homossexualidade, gênero e cura em perspectivas pastorais evangélicas", in Revista Brasileira de Ciências Sociais, v. 21, p. 115-132, 2006.

_____. "Os evangélicos e a cura da homossexualidade", in *Revista Interseções*, ano 8, n. 2, Rio de Janeiro, Contra Capa Livraria, 2006b.

NETO, Edgar Rodrigues Barbosa. "Os tempos da palavra: o conceito de renovação no catolicismo", in *Debates do NER*, ano 5, n. 5, p. 143-175, jun. 2004.

NOVAES, Regina Célia Reis. *Os Escolhidos de Deus: pentecostais, trabalhadores e cidadania*. Rio de Janeiro: ISER, 1985.

NULAND, Sherwin. *Como morremos*. Rio de Janeiro: Rocco, 1995.

OLIVEIRA, Eliane Martins de. *O mergulho no Espírito de Deus: diálogos (im)possíveis entre a Nova Era e a Renovação Carismática Católica na Comunidade de Vida no Espírito Canção Nova*. Dissertação (Mestrado em Ciências Sociais) – Programa de Pós-Graduação em Ciências Sociais, Universidade Estadual do Rio de Janeiro, Rio de Janeiro, 2003.

_____. "'O mergulho no Espírito de Deus': interfaces entre o catolicismo carismático e a Nova Era", in *Religião e Sociedade*, Rio de Janeiro, v. 24, n. 1, p. 85-112, 2004.

OLIVEIRA, Pedro Ribeiro. *Renovação Carismática Católica: uma análise sociológica*. Rio de Janeiro: Vozes, 1978.

OLIVEN, Ruben Georg. *A antropologia de grupos urbanos*. 2. ed. Petrópolis: Vozes, 1987.

ORTIZ, Renato. *A morte branca do feiticeiro negro*. Umbanda: integração de uma religião numa sociedade de classes. Petrópolis: Vozes, 1979.

ORTNER, Sherry. "Is female to male as nature is to culture?"; in *Making gender: the politics and erotics of culture*. Boston, Massachusetts: Beacon Press, 1996. p. 21-41.

PICCOLO, Fernanda Delvalhas. *Sociabilidade e conflito no morro e na rua: etnografia de um Centro Comunitário em Vila Isabel/RJ*. Tese (Doutorado em Antropologia) – Programa de Pós-Graduação em Antropologia Social, Museu Nacional, Universidade Federal do Rio de Janeiro, Rio de Janeiro, 2006.

POMATA, Gianna. "Blood Ties and Semen Ties: Consanguinity and Agnation in Roman Law"; in MAYNES, Mary Jo; WALTNER, Ann; SOLAND, Birgitte; STRASSER, Ulrike (eds.). *Gender, Kinship, Power: A Comparative and Interdisciplinary History*. New York; London: Routledge, 1996. p. 43-64.

POMPA, Cristina. "A construção do fim do mundo. Para uma releitura dos movimentos sócio-religiosos do Brasil 'rústico'", in *Revista de Antropologia*, v. 41, n.1, p. 177-212, 1998.

QUEIROZ, Maria Isaura. *O Messianismo no Brasil e no Mundo*. São Paulo: Dominus, 1965.

RIBEIRO, Lúcia. "Clero Católico e Sexualidade: o discurso dos sacerdotes da Baixada Fluminense"; in LIMA, Lana Lage da Gama; HONORATO, Marilda Corrêa Ciribelli; SILVA, Francisco Carlos da (orgs.). *História & Religião*. Rio de Janeiro: FAPERJ; Mauad, 2002. p. 259-276.

_____. *Sexualidade e Reprodução: O que os padres dizem e o que deixam de dizer*. Petrópolis: Vozes, 2001

ROCHA, Maria Isabel B.; NETO, Jorge. Andalaft. "A questão do aborto: aspectos clínicos, legislativos e políticos"; in BERQUÓ, Elza (org) *Sexo e Vida: panorama da saúde reprodutiva no Brasil*. Campinas, São Paulo: Editora Unicamp, 2003.

ROUCHE, Michel. "O corpo e o coração"; in ARIÈS, P.; DUBY, G. (orgs.) *História da Vida Privada 1: Do Império Romano ao Ano Mil*. São Paulo: Companhia das Letras, 1990. p. 437-65.

Sallins, Marshall. *Ilhas de história*. Rio de Janeiro: Jorge Zahar, 1990.

Semán, Pablo. *A "fragmentação do cosmos": um estudo sobre as sensibilidades de fiéis pentecostais e católicos de um bairro da Grande Buenos Aires*. Tese (Doutorado) – Programa de Pós-Graduação em Antropologia Social, Instituto de Filosofia e Ciências Humanas, Universidade Federal do Rio Grande do Sul, Porto Alegre, 2000.

Silva, Vagner Gonçalves da. "Concepções Religiosas Afro-brasileiras e Neopentecostais: uma Análise Simbólica. Dossiê Religiosidade no Brasil", in *Revista USP*, n. 67, p. 150-75, set./nov. 2005.

Sanchis, Pierre. "Religiões, religião... Alguns problemas do sincretismo no campo religioso brasileiro"; in Sanchis, Pierrer (org.). *Fiéis & Cidadãos: percursos de sincretismo no Brasil*. Rio de Janeiro: EDUERJ, 2001. p. 9-57.

_____. "Pra não dizer que não falei de sincretismo", in *Comunicações do ISER*, ano 13, n. 45, p. 4-11, 1994.

Schmitt, Jean-Claude. "Le corps en Chrétienté"; in Godelier, M.; Panoff, M. *La production du corps: Approches anthropologiques et historiques*. Amsterdan: Éditions des Archives Contemporaines, 1998. p. 339-355.

Schneider, David. *American Kinship: A cultural account*. Englewood Cliffs: Prentice-Hall, 1968.

Sevcenko, Nicolau. *Orfeu Extático na Metrópole: São Paulo, sociedade e cultura nos prementes anos 20*. São Paulo: Companhia das Letras, 1992.

Simmel, Georg. "A natureza sociológica do conflito"; in Moraes Filho, Evaristo (org.) *Simmel*. São Paulo: Ática, 1983. p. 123-134.

_____. *Sociología. Estudios sobre las Formas de Socialización*. Buenos Aires: Espasa-Calpe, 1939.

_____. "El secreto y la sociedad secreta"; in *Sociología 1: estudio sobre las formas de socialización*. Madri: Alianza Universidad, 1986.

Sissa, Giulia. "A Família na Cidade Grega (séculos V-IV a. C.)"; in Burguiére, André; Klapisch-Zuber, Christiane; Segalen, Martine; Zonabend, Françoise. *História da Família 1: Mundos Longínquos, Mundos Antigos*. Lisboa: Terramar, 1996. p. 143-169.

SOARES, Luiz Eduardo. *A duplicidade da cultura brasileira. O malandro e o protestante: a tese weberiana e a singularidade cultural brasileira.* Brasília: UNB, 1999.

SPOSITO, Marilia. "A sociabilidade juvenil na rua: novos conflitos e ação coletiva na cidade", in *Tempo Social*, v. 5, n. 1-2, p. 161-178, 1993.

STOLL, Sandra Jacqueline. *Espiritismo à Brasileira.* São Paulo: Universidade de São Paulo; Curitiba: Orion, 2003.

STRATHERN, Andrew J. *Body thoughts.* Ann Arbor: University of Michigan Press, 1996.

STRATHERN, Marilyn. *After nature: English kinship in the late twentieth century.* Cambridge: Cambridge University Press, 1992.

TABOADA, Diva. "Morrer e reviver"; in MONTEIRO, Dulcinéa da Mata Ribeiro. *Espiritualidade e finitude.* São Paulo: Paulus, 2006.

TEIXEIRA MONTEIRO, D. *Os errantes do novo século.* São Paulo: Duas Cidades, 1974.

THEIJE, Marjo. *Tudo o que é de Deus é bom.* Recife: FJN, Massangana, 2002.

_____.*All that is God's is Good: An Anthropology of Liberationist Catholicism in Garanhuns, Brazil.* PhD. Dissertation, Utrech University, 1999.

_____. "CEBs and catholic charismatics in Brazil"; in SMITH, Christian and PROKOPY, Joshua (eds). *Latin American Religion in Motion.* New York: Routledge, 1999. p. 111-124.

_____. "Charismatic renewal and base communities: the religious participation of women in a Brazilian Parish"; in BOUDEWIJNSE, Barbara; DROOGERS, André; KAMSTEEG, Frans. *More Than Opium: An Anthropological Approach to Latin American and Caribbean Pentecostal Praxis.* Lanham/London: The Scarecrow Press; Inc. Lanham, 1998. p. 225-247 (Studies in Evangelicalism, n. 14).

THOMAS, Yan. "Em Roma: Pais Cidadãos e Cidade dos Pais (século II a. C.-II d. C)"; in BURGUIÉRE, André; KLAPISCH-ZUBER, Christiane; SEGALEN, Martine; ZONABEND, Françoise. *História da Família 1: Mundos Longínquos, Mundos Antigos.* Lisboa: Terramar, 1996. p. 171-202.

TRINDADE, Liana Salvia. *Exu, poder e perigo*. São Paulo: Ícone, 1985.

TURNER, Victor. *Dramas, Fields, and Metaphors: Symbolic Action in Human Society*. Cornell University Press, 1978.

TURNER, Victor. *Schism and continuity in an African society*. Manchester, Manchester University Press, 1964.

VAINFAS, Ronaldo. *Casamento, Amor e Desejo no Ocidente Cristão*. São Paulo: Ática, 1986.

VELHO, Gilberto. *Projeto e metamorfose. Antropologia das sociedades complexas*. Rio de Janeiro: Jorge Zahar, 2003.

_____. *O desafio da cidade: novas perspectivas da antropologia brasileira*. Rio de Janeiro: Campus, 1981.

VEYNE, Paul. "Do ventre materno ao testamento"; in ARIÈS, P.; DUBY, G. (orgs.). *História da vida privada 1: do Império Romano ao ano mil*. São Paulo: Companhia das Letras, 1990a, p. 19-43.

VEYNE, Paul. "O casamento"; in ARIÈS, P.; DUBY, G. (orgs.) *História da vida privada 1: do Império Romano ao ano mil*. São Paulo: Companhia das Letras, 1990b. p. 45-59.

VIANNA, Luiz Werneck (org.) *A democracia e os três poderes no Brasil*. Belo Horizonte: Ed. UGMG, Rio de Janeiro: IUPERJ/FAPERJ, 2003.

WALTER, Tony. *The Eclipse of Eternity: A Sociology of the Afterlife*. Londres: MacMillan, 1996.

_____. *The Revival of Death. Londres*: Routledge, 1997.

WEBER, Max. *Ensaios de Sociologia*. Rio de Janeiro: Livros Técnicos e Científicos, 1982.

WEEKS, Jeffrey. "O corpo e a sexualidade"; in LOURO, Guacira Lopes. *O corpo educado*. Belo Horizonte: Autêntica, 1999. p. 37-82.

WHITROW, G. J. *O tempo na história: concepções do tempo da pré-história aos nossos dias*. Rio de Janeiro: Jorge Zahar, 1993.

WOLFF, Hans Walter. *Antropologia do Antigo Testamento*. São Paulo: Loyola, 1975.

Impressão e acabamento
Gráfica e Editora Santuário
Em Sistema CTcP
Rua Pe. Claro Monteiro, 342
Fone 012 3104-2000 / Fax 012 3104-2036
12570-000 Aparecida-SP